Jill Billington

Farbe für den Garten

Gestaltungsideen mit neuen Pflanzenkombinationen

aus dem Englischen von
Maria Gurlitt-Sartori

blv

Seite 1: Die kegelförmig hervortretende Mitte des Purpursonnenhuts *(Echinacea purpurea)* leuchtet orangegolden im Kontrast zu dem kühlen Karminrot der strahlenförmigen Blütenblätter.

Seite 2–3: Die Farben in diesem Garten reichen von den hellen, leuchtend türkisgrünen Fruchtkapseln des Schlafmohns *(Papaver somniferum)* bis zum tiefen Amethystton der Edeldistel *(Eryngium bourgatii)* mit intensiv blauen, verzweigten Trieben. Altrosa Mohn und die punktförmigen weinroten Blütenköpfe der Witwenblume *(Knautia macedonica)* unterstreichen den kühlen Blaustich.

Rechts: Die karminroten Blüten von *Rhododendron augustinii* subsp. *augustinii* zeigen einen orangefarbenen Schlund.

Für Dawn Farrant in Anerkennung ihrer ausgezeichneten Sachkenntnis und Dank für ihre einfühlsame Freundschaft

Die Deutsche Bibliothek –
CIP-Einheitsaufnahme
Ein Titeldatensatz für diese Publikation ist bei
Der Deutschen Bibliothek erhältlich

BLV Verlagsgesellschaft mbH
München Wien Zürich
80797 München

Titel der englischen Originalausgabe:
COLOUR YOUR GARDEN

Erschienen 2002 bei Quadrille Publishing Limited
Alhambra House, 27–31 Charing Cross Road
London WC2H 0LS

Übersetzung: Maria Gurlitt-Sartori
Recherchen: Christoph Gurlitt
Lektorat: Dr. Thomas Hagen
Herstellung: Peter Rudolph
DTP: Satz+Layout Fruth GmbH; München
Einbandgestaltung: Studio Schübel, München
Einbandfotos: Nicola Browne

Printed in Singapore ISBN 3-405-16399-4

Inhalt

Rechts: **Pastelltöne bilden eine harmonische Verbindung, wie der Farbklang aus lilaviolettem Eisenkraut *(Verbena bonariensis)* und den strohgelben, haferähnlichen Blütenständen des Pfriemengrases *(Stipa gigantea)* zeigt.**

Vorwort

In meinem über fünfundzwanzigjährigen Wirken als Gartenarchitektin habe ich all meine Fähigkeiten als gelernte Bildhauerin genutzt, um über die Gestaltung von Raum und Form Gärten zu schaffen, denen eine Art fester Struktur oder »Skelett« zugrunde liegt. Meine Liebe gilt aber auch den Pflanzen, denn über sie habe ich die Farbe entdeckt – eine faszinierende und zunehmend inspirierende Komponente des Gartens. Meine Aufgabe als Designerin betrachte ich vorrangig in der Kreation von Außenräumen, die eine unverwechselbare Atmosphäre oder Stimmung ausstrahlen. Und da Farben die Sinne ansprechen, gehören sie zu den Elementen, die das Ambiente eines Gartens wie kein anderes prägen.

Als Idealbild erwarten wir von Gärten, dass sie geistig anregend und emotional ansprechend wirken. Fein aufeinander abgestimmte Farbsequenzen fördern Stimmungen, ebenso wie Töne und Harmonien Empfindungen friedlicher Stille, sprühender Lebensfreude oder wohliger Wärme zu wecken vermögen. Um Pflanzen im Garten genießen zu können, müssen sie so platziert und kombiniert werden, dass sie sich gegenseitig hervorheben und ergänzen, ohne miteinander zu konkurrieren. Im vorliegenden Buch versuche ich aufzuzeigen, wie sowohl große Gärten als auch kleine »Inseln« entstehen können, in denen die Farben durch ihre gelungene Zusammenstellung an Wirkung gewinnen.

Rechts: **Die kupferbraunen samtigen Hängeblätter der hohen Bartiris werden durch die terracottafarbene Mauer hervorgehoben – Töne, die dem Trend der Zeit entsprechen und sich gegenseitig schmeicheln.**

Farbe ist Licht. Wer wie ich aus dem Nordwesten Englands kommt und mit dem feuchten, dunstigen Klima vertraut ist, gerät unweigerlich in den Bann der ruhigen Farben britischer Landschaften. So galt meine Vorliebe von Anfang an den sanften Grüntönen der Felder, den Lila-Blau-Schattierungen ferner Hügelketten und dem tiefen Grün der Wälder. Von jeher fasziniert haben mich aber auch die verschiedenen Wirkungen des Lichts, vom gleißenden Sonnenlicht mediterraner Länder bis zur satt-goldenen Leuchtkraft subtropischer Bereiche. Die Farben und insbesondere natürlich die Pflanzen, die aus diesen Klimaten stammen, sind so unterschiedlich und zugleich so verlockend, dass wir sie am liebsten alle mit in unsere Gärten nehmen würden. Gut, dass dies allein schon aufgrund der klimatischen Einschränkungen nicht möglich ist, denn bei aller Kreativität erleichtert uns das die Entscheidung. Eine völlig leeres Blatt, das alles offen lässt, stellt eine schwierigere Herausforderung dar als ein Papier, auf dem feste Regeln oder Vorschriften den kreativen Prozess lenken. So kann die Berücksichtigung der unterschiedlichen Lichteinwirkungen Orientierungshilfe bei der Wahl der Farben leisten.

In nördlichen Breiten werden die Farben wie durch einen Blaufilter wahrgenommen, was für zarte, romantische Pastelltöne spricht. Andererseits kann gleißend helles Sonnenlicht zur Wahl kräftiger Farbtöne anregen, die durch das Licht nicht gedämpft, sondern durch flammende Kombinationen noch verstärkt werden. Die Qualität des Lichtes beeinflusst aber nicht nur unser Farbempfinden, sondern auch die Art und Weise, Farben zu kombinieren. Da keine Farbe je isoliert auftritt, kann es im Garten auch nirgends eine wirklich »reine« Farbe geben. Das elegante Styling zeitgemäßer Gestaltung erfordert eine bis ins kleinste Detail abgewogene Beschränkung; aber auch die beinahe kindliche Freude an überschäumend bunten Farben hat ihre Berechtigung. Während Farbkombinationen wie in alten Technicolor-Filmen oft chaotisch wirken, können Versuche mit Kontrastfarben dramatisch und spannend wirken. So bietet sich dem Gartenliebhaber ein erfreulich reiches Experimentierfeld, ganz gleich ob Farben harmonisch kombiniert werden oder einen Aufsehen erregenden Blickfang darstellen. Selbst ein gezielt integrierter Missklang kann reizvoll sein – allerdings keineswegs in Form wahllos in den Ring geworfener Farben.

Für mich ist Farbe ein Geschenk der Natur und gleichermaßen unschätzbares Gestaltungsmittel. Ich empfinde Farbe im Garten als Augenweide, denn sie regt meine Phantasie an und vermag Atmosphäre zu schaffen. Meine Liebe zu den Pflanzen gilt nicht zuletzt ihrer Farbenvielfalt, angefangen bei den zarten Tönen kleiner Wildpflanzen bis zu einigen der lebhaften Töne neuerer Züchtungen. Ich freue mich an gedämpften Kontrasten, der Verwendung zurückhaltender Töne in schattigen Bereichen, experimentiere aber gern auch mit grelleren Farben, selbst wenn die Kombinationen nicht immer gelingen. Voraussetzung für ein harmonisches Bild ist die Ausgewogenheit der Farben, die sich in einer rhythmisch über den Garten verteilten Wiederholung bestimmter Töne äußert und unser Auge gezielt auf bestimmte Blickpunkte oder Pflanzen lenkt. Dabei habe ich eine Schwäche für Überraschungen, denn wo alles harmonisch miteinander verschmilzt, bedarf es farbklecksartiger Einsprengsel, die verhindern, dass das Bild vorhersagbar, ja langweilig wirkt.

Die schemenhaften farbigen Illustrationen veranschaulichen ganz verschiedene Farbeffekte, die meine Erfahrungen mit Pflanzenkombinationen widerspiegeln. Ganz gleich, ob ruhige und zurückhaltende Töne oder aufreizend flammende Farben das Bild prägen, immer

Links: **Strahlend helles Sonnenlicht und ein kobaltblauer Himmel stehen über diesem mediterranen Bild aus Strohblumen und Spornblumen und weiteren graulaubigen Pflanzen.**

basieren sie auf erprobten Kombinationen oder Experimenten, die mir in letzter Zeit in den Sinn gekommen sind. Eine wesentliche Rolle spielt auch die verfügbare Fläche. Da nicht alle Gärten gleich groß sind, beziehen sich manche Pflanzpläne auf den ganzen Garten, während andere lediglich Teilbereichen gelten oder Vorschläge für ein einzelnes Beet bieten.

Im letzten Kapitel des Buches stelle ich diese Farbkombinationen in den Gesamtzusammenhang. Dabei werden auch spezifische Standortansprüche wie Klima, Sonne und Schatten sowie die Bodenverhältnisse berücksichtigt, denn Pflanzen sind »Lebewesen«, die im Einklang mit den vorherrschenden Bedingungen stehen müssen, um zu gedeihen. Aber selbst hier bietet sich Raum für Experimente und Einfälle, etwa »exotische« Kombinationen an Standorten, wo man sie nie erwarten würde.

Ich hoffe, dass der Leser in diesem Buch Antworten auf seine Fragen findet, vor allem aber Selbstvertrauen im Umgang mit Farbe gewinnt, um beflügelt durch eigene Ideen neue Wege einzuschlagen.

Farbe entdecken

Einführung

Im Mittelpunkt dieses Buches steht der Garten, nicht die Malerei. Dennoch ist es hilfreich, zunächst einen Einblick in die Farbenlehre zu geben und die dabei verwendeten Fachbegriffe zu klären. Farbe spielt in der Gartengestaltung eine herausragende Rolle, und eine sachkundige Pflanzenauswahl ist der Schlüssel zu einer gelungenen Bepflanzung. Folglich sollte sich jeder Gärtner ebenso mit dem Thema Farbe befassen wie mit dem Boden, den klimatischen Bedingungen und der gärtnerischen Praxis.

Jede Farbe hat ihren spezifischen Charakter. Sie verfügt über eine »natürliche« Helligkeit und Dunkelheit. Fotografiert man das gesamte Spektrum mit einem Schwarz-Weiß-Film, so erkennt man auf einen Blick, dass Gelb »von Natur aus« am hellsten und Violett am dunkelsten wirkt. Einleuchtend ist auch, dass Rot, Orange und Gelb als die warmen Farben des Feuers und der Sonne gelten, während die Schatten in einem Gletscher den kühleren Farben Blau und Violett entsprechen.

Bemerkenswert ist des Weiteren, dass sich Farben je nach Beleuchtung verändern. Unter gelblichem elektrischem Licht lässt sich kaum etwas über die eigentliche Farbe eines Gegenstands aussagen. So kann es beim Einkauf schon einmal sein, dass man etwas ans Fenster nehmen muss, um zu sehen, wie die Farbe bei Tageslicht aussieht. Aber auch auf das Tageslicht ist kein Verlass. Ein und dieselbe Pflanze kann unter wolkenverhangenem Himmel düster wirken, sobald die Sonne aber herauskommt, durchaus lebhaft erscheinen. Bei tief stehender Sonne oder in der Dämmerung erkennt man, dass Weiß und die blassen Blautöne geradezu »hervorspringen«.

Aber auch die unterschiedlichen Klimazonen beeinflussen unsere Wahr-

nehmung der Farben. Das Licht in den Mittelmeerländern und in tropischen Gebieten ist gleißend hell, die Schatten sind entsprechend messerscharf und leicht violettstichig. Kein Wunder, dass es Maler wie Gauguin oder van Gogh in den Süden zog, denn nirgends erscheinen die Kontraste extremer, nirgends die Farben leuchtender. Genau umgekehrt ist es in nördlicheren Breiten, wo gedämpfteres, leicht blaustichiges Licht herrscht – eine Stimmung, wie sie in John Constables Ölbildern und den zarten Aquarellen Richard Wilsons eingefangen ist. Gemälde aus diesen Regionen zeigen weniger schrille und reine Farben, weniger extreme Lichtverhältnisse, die Farben sind gedeckter, sie gehen ineinander über und lassen oftmals einen leichten Blaustich erkennen.

In den meisten Gärten ist Grün die vorherrschende Farbe. Im Gegensatz zum Künstler findet der Gartenfreund keine weiße Leinwand vor. Die Blütenfarben werden folglich auch nicht isoliert, sondern vor dem Hintergrund von grünem Blattwerk, brauner Erde oder den neutralen Tönen von Fels oder Kies wahrgenommen. Und da das Blattwerk fast das ganze Jahr über vorhanden ist, erweist sich Grün im Zusammenspiel der Farben als verbindend oder dämpfend.

Oben: **Zartrosa Königskerzen *(Verbascum* 'Helen Johnson') stehen über einem Meer kühlblauer Flockenblumen *(Centaurea)* und weißer Spornblumen *(Centranthus)*.**

Links: **Ein Garten in Victoria auf Vancouver Island, zum Meer hin offen, dem ständigen Wind ausgesetzt. Die Bepflanzung spiegelt eine fast kindliche Freude an leuchtenden Farben wider. In diesem sonnigen Garten drängen sich scharlachroter und pinkfarbener Türkenmohn *(Papaver orientale)*, lindgrüne Wolfsmilch *(Euphorbia)*, rosaviolette Alpennelken *(Dianthus alpinus)* und silberlaubiger Beifuß *(Artemisia)*, dazwischen rote Spornblumen *(Centranthus ruber)* und Wogen von Goldmohn *(Eschscholzia californica)* – ein zwangloses buntes Bild, das sich in einem lichtdurchfluteten Bereich leicht verwirklichen lässt.**

Farbe als Qualität des Lichts

Die Farbenlehre ist keine exakte Wissenschaft, und jeder Mensch scheint Farbe anders wahrzunehmen. Dennoch lohnt es sich festzuhalten, was unter Farbe zu verstehen ist. Das Licht, das uns von der Sonne erreicht, besteht aus Energie in Form von Wellen. Spaltet man diese auf, so entsprechen sie dem Farbspektrum des Regenbogens – von Rot über Orange, Gelb, Grün, Blau und Indigo bis Violett. Künstliche Lichtquellen erzeugen in der Regel ein Spektrum an Wellenlängen, das weniger facettenreich ist als das des Sonnenlichts. Extrem ist es beim Laserstrahl, der aus einer einzigen Wellenlänge besteht.

Farbe wird weitgehend in Wechselwirkung mit der jeweiligen Oberfläche wahrgenommen. Die Oberfläche bewirkt, dass gewisse Wellenlängen absorbiert werden; sie sorgt letztlich für den Eindruck, den wir von der Farbe gewinnen. Viele Oberflächen sind opak, was bedeutet, dass sie für manche Wellenlängen undurchlässig sind. Ein rotes Blütenblatt beispielsweise hat sämtliche Wellenlängen an Farben außer Rot absorbiert. Es gibt aber auch die durchscheinenden Oberflächen, durch die das Licht dringt und dabei zugleich seine Zusammensetzung verändert.

Der Weg des Lichts ist bekanntlich geradlinig. Wenn das Licht durch optisch dichteres Material geht, dessen Oberflächen nicht parallel zueinander verlaufen, wie bei einem Prisma oder einem Regentropfen, werden die Strahlen gebrochen. Da jede Wellenlänge aber unter einem anderen Winkel bricht, spaltet sich das Licht in Farben auf. Diese Lichtbrechung erzeugt ein Spektrum oder den »Regenbogen-Effekt«, in dem die verschiedenen Wellenlängen der Farbe getrennt voneinander auftreten.

Jede Farbe des Spektrums hat ihre spezifische Wellenlänge, die bei Rot am längsten und bei Violett am kürzesten ist. Entsprechend der Wellenlänge ändert sich auch die Farbe, indem sie ganz allmählich in den angrenzenden Ton im Spektrum übergeht. Dadurch wird etwa Gelb, wenn es sich auf der einen Seite mit Rot verbindet, vom Auge als Orangerot wahrgenommen. Auf der anderen Seite liegt Blau benachbart; sobald Gelb ins Spiel kommt, gibt es eine »Stelle«, an der die Farbe, unabhängig von beiden Nachbarn, als Grün erscheint. Genau im »Zentrum«

jeder Farbe ist diese am reinsten; es gibt beispielsweise im Wellenlängenbereich des Gelb ein reines Gelb, das weder auf Orange noch auf Lindgrün basiert.

Farbtheorie

Entgegen aller naturwissenschaftlichen Erkenntnisse lässt die Farbtheorie auch heute noch ganz unterschiedliche Interpretationen zu, je nachdem ob sich Maler oder Wissenschaftler damit befassen. Sir Isaac Newton war es, der die Farbtheorie aus Studien am Licht entwickelte. Er erkannte deutlich sieben verschiedene Farben, wenn weißes Licht im Spektrum gebrochen wird. Am einen Ende »sah« er zwei verschiedene Farben, nämlich Indigo und Violett, die heute als Lila bezeichnet werden.

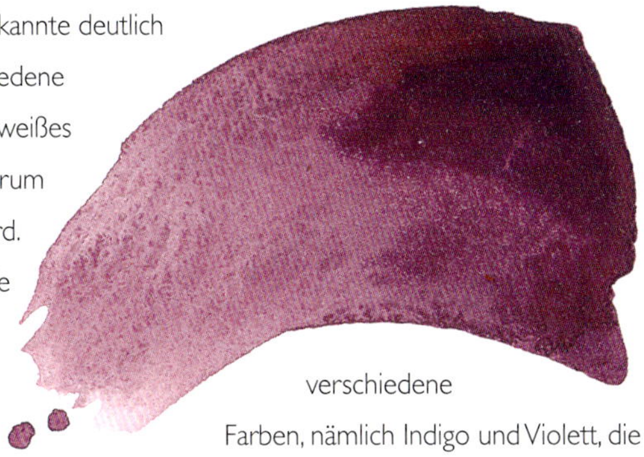

Da der Zahl sieben von jeher etwas Mystisches anhaftete, entsprach die Theorie ganz und gar dem Zeitgeist. Bald darauf verfasste Goethe seine berühmte »Farbenlehre«, in der er auf die Erkenntnisse von Malern wie Leonardo da Vinci zurückgriff und zu dem Ergebnis kam, dass Farbe lediglich eine Frage der Wahrnehmung sei, also davon abhinge, wie das Auge sie sieht.

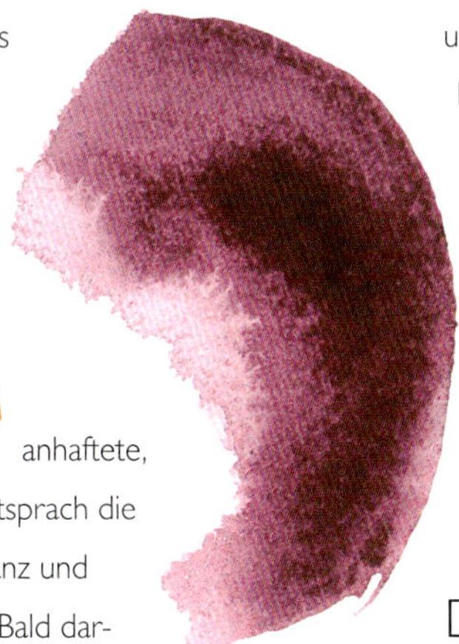

Der **Farbkreis** war über nahezu drei Jahrhunderte ein bewährtes Modell zur Veranschaulichung. Er enthält die drei **Primärfarben,** Rot, Gelb und Blau, aus denen sich die drei **Sekundärfarben,** Orange, Grün und Violett mischen lassen. Auf dem Farbkreis liegen diesen Farben die jeweiligen Komplementärfarben gegenüber: Rot und Grün, Blau und Orange sowie Violett und Gelb. Bekanntlich entfalten sie eine so starke Kontrastwirkung, dass eine reine Farbe geradezu »hervorzuspringen« scheint, sobald man sie großflächig mit ihrer Komplementärfarbe umgibt. Wer längere Zeit auf einen klar umrissenen roten Gegenstand blickt und dann die Augen schließt, nimmt die gleiche Form als grün wahr. Komplementärfarben wurden in der Malerei, insbesondere von den Impressionisten, ganz bewusst eingesetzt, indem man die entgegengesetzten oder komplementären Farben im Schatten eines Gegenstandes verwendet. Claude Monets Studien eines Heuhaufens veranschaulichen seine Leidenschaft für Farbe und seine Experimentierfreude. Heute lassen wir uns nicht nur von der Wissenschaft des Lichts, sondern auch von dem erstaunlich breiten Angebot an Farben und Färbemitteln faszinieren.

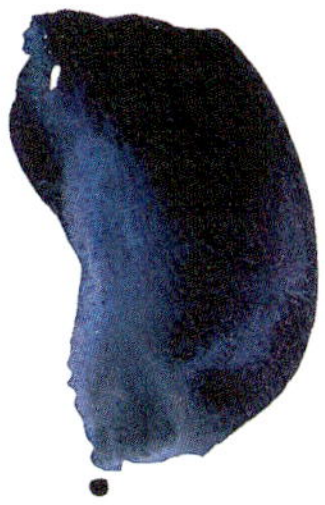

Es ist bezeichnend, dass **Gertrude Jekyll** Malerin war, bevor sie sich der Gartengestaltung zuwandte. Auch sie entwickelte Farbtheorien, in diesem Fall gezielt für die Anwendung im Garten. Sie stand ganz unter dem Einfluss der Farbkreis-Theorien Michel Chevreuls, eines Experten in Sachen Färbemittel und Direktor der Weberei für Gobelin-Teppiche in der frühviktorianischen Epoche. Dieser wies darauf hin, dass sich auf der einen Seite des Farbkreises die **warmen Farben** der Rot-Gelb-Palette und auf der anderen die **kalten Farben** befinden. Die warmen Farben wurden als dynamisch, Aufmerksamkeit fordernd charakterisiert, die kühleren, zurückhaltenderen Farben hingegen als harmonisch und in sich ruhend. Harmonische Farbklänge ergeben sich aber auch durch die Kombination von Farben, die auf dem Farbkreis nebeneinander liegen (siehe »Farbe als Gestaltungselement«, Seite 82).

Der Einfluss benachbarter Farben

Ebenso wie Farben eine physische Wirkung auf uns auszuüben scheinen, so beeinflussen sie sich auch gegenseitig, denn kaum je tritt eine Farbe nur für sich auf. Die einzige Möglichkeit, eine reine Farbe isoliert von anderen zu sehen, ergibt sich bei völliger Dunkelheit. Sonst nimmt man jede Farbe als Teil einer ganzen Reihe anderer, dicht nebeneinander liegender Farben, Schattierungen und Töne wahr. Dieses Umfeld aber beeinflusst die Art und Weise, Farbe zu sehen. So kann eine Farbe hervorgehoben werden, wenn sie beispielsweise mit einer benachbarten oder gleichartigen Farbe des Spektrums kombiniert wird, wie etwa Gelb und Orange in Verbindung mit Scharlachrot. Man muss sich nur ein Meer aus Goldlack *(Erysimum cheiri)* im Frühling vorstellen. Eine dunkle Farbe kann auch eine hellere hervorheben, wie die flaumigen weißen Blüten der Silberkerze *(Cimicifuga simplex* 'Brunette'), die sich so schön von dem tiefrotvioletten Laub abheben, oder der blasse Pergamentton des goldenen Pfriemengrases *(Stipa gigantea)* im Kontrast zu den dunkel-

grünen Blättern des Riesenschleierkrauts *(Crambe cordifolia)*. Gleichermaßen kann die Blässe einer Farbe die Intensität einer anderen betonen, wie das an sich schon leuchtende Blau der Ochsenzunge *(Anchusa azurea* 'Loddon Royalist'), kombiniert mit blass silberlaubigem Beifuß *(Artemisia ludoviciana* 'Valerie Finnis').

Selbst in monochrom gestalteten Pflanzkombinationen zeigt sich, wie eine Farbe durch die Nachbarfarbe beeinflusst wird. So kann man in einer blauen Rabatte etwa beobachten, wie sich das Blau in der Tönung allmählich wandelt, sobald Rot hinzukommt – das Gesamtbild erscheint im Nu sehr viel lebendiger. Ein Beet, in dem sich dunkel- und hellblaue Glockenblumen, Rittersporn, Salbei und Skabiosen drängen, gewinnt durch zartrosa Blüten wie die der Präriemalve *(Sidalcea* 'Elsie Heugh'), die tief rosavioletten Ähren des Blutweiderichs *(Lythrum virgatum* 'The Rocket') oder die tupfenartigen roten Blütenköpfe der Wiesen-Witwenblume *(Knautia macedonica)* sichtbar an Dynamik. Rosa oder rote Einsprengsel verleihen der Rabatte Wärme und zugleich Tiefe, weil Rot uns entgegenzukommen und Blau zurückzuweichen scheint – Zusammenhänge, die es zu nutzen gilt, um zu verhindern, dass Rabatten bei aller Schönheit doch flach wirken.

Gertrude Jekyll erforschte die Wirkung der warmen und kalten Farben in der Gestaltung ihrer Beete. Ihre wertvollen Farbstudien sind aus den Plänen für die Staudenrabatten ihres eigenen Gartens in Munstead ersichtlich. In einer 60 m langen und 12 m breiten Rabatte entwickelt sie eine Farbfolge, in der lebhafte Rot-, Orange- und Gelbtöne zu einem zentralen Crescendo anschwellen. Hinzu kommen Textur und Form, Gestaltungselemente, die in Miss Jekylls Gestaltung von vorrangiger Bedeutung sind.

Gegenüber oben: **In einer monochromen Kombination aus orangegelbem Sonnenhut *(Rudbeckia fulgida* var. *sullivantii* 'Goldsturm') und goldgelbem Sonnenauge *(Heliopsis helianthoides* var. *scabra* 'Sommersonne') unterstreicht ein schmales, kontrastierendes Band aus strahlend lavendelblauen Astern *(Aster × frikartii* 'Mönch') die Wirkung der Gelbtöne.**

Gegenüber unten: **Blasse Varianten von reinem Purpurviolett und Gelb: Lila-mauvefarbenes Eisenkraut *(Verbena bonariensis)* leuchtet neben strohgelbem Pfriemengras *(Stipa gigantea)*.**

Oben links: **Orangeroter Mohn unterstreicht das Mahagonirot der benachbarten Bartiris. Blassrosa Akeleien bringen einen zarten Kontrast ein.**

Oben Mitte: **Satinartig wirken die orangegelben Blüten des Goldmohns, die farblich hervortreten, sobald man sie mit dem beinahe komplementären dunklen Lilaviolett des Prärie-Enzians *(Eustoma grandiflorum)* kombiniert.**

Oben rechts: **Hier wird die Spannung zwischen warmen und kalten Farben ausgeschöpft: Das kühle Magentarot der Kronen-Lichtnelke *(Lychnis coronaria)*, durch das silberne Laub noch betont, bildet einen herrlich beißenden Kontrast zu der scharlachroten Garbe *(Achillea* 'Fanal') mit senfgelben »Augen«.**

Farbton und Intensität

Unter **Farbton** versteht man die reine Farbe – wie Rot oder Blau –, weder aufgehellt noch abgedunkelt, noch »verschmutzt« durch eine angrenzende Farbe im Spektrum. So wird ein reiner, unverfälschter Ton etwa als Rot beschrieben, obwohl er zu Scharlachrot werden kann, wenn er etwas Orange enthält, bzw. zu Karmesin- oder Weinrot, wenn er einen größeren Anteil Blau enthält. Gleichermaßen sprechen wir von beißendem Gelb oder Zitronengelb, wenn es sich um Töne auf der grünen Seite der reinen Farbe handelt, oder beschreiben die in Richtung Orange gehenden Töne als golden oder senffarben. Und Blau kann Türkis sein, wenn es ins Grüne geht, oder Indigo, wenn es sich an Violett anlehnt.

Die **Intensität** einer Farbe hängt von ihrem Sättigungsgrad ab – ein intensives Rot stellt die reine, unverdünnte Konzentration dieser Farbe dar. Zu Beginn des 20. Jahrhunderts erfand Alfred Munsell ein Farb-Klassifikationssystem, in dem er aufzeigte, dass es in der Tat »verdorbene« Farben gibt, die nicht zwangsläufig dunkler oder heller, sondern weniger intensiv, weniger rein sind. Er sprach in diesem Zusammenhang von der Reinheit der Farben.

Rechts oben: **Wenige rote Blüten zeigen eine so intensive Färbung wie die Montbretie *Crocosmia* 'Lucifer'.**

Rechts unten: **Kombiniert mit dem satten Gelb der Garbe *Achillea filipendulina* 'Gold Plate' wird das Rot der Montbretie *Crocosmia* 'Lucifer' hier eher als Orange wahrgenommen.**

Links: **Der Rittersporn *Delphinium* 'Blue Nile' zeigt ein intensives Blau.**

Viele Wildblumen mit ihren einfachen Farben fanden nur deshalb lange Zeit keinerlei Beachtung, weil das Interesse der Gartenfreunde auf immer intensivere und leuchtendere Farben gerichtet war. Deutlich erkennbar ist dies an der Entwicklung der Rosenzüchtungen: Eine Neuzüchtung versuchte stets die andere an Leuchtkraft zu übertreffen. Die Sorten 'Orange Sensation' und 'Danse du Feu' waren aufgrund der Leuchtkraft ihrer Blüten ein großer Erfolg, als sie auf den Markt kamen. Andererseits zeigen viele Alte Rosen wie 'Charles de Mills' oder die zartgrau überlaufene 'Veilchenblau' ein zurückhaltendes, ins Violett gehendes Weinrot, also eher Rubin- als Granatrot. Heute wenden sich die Rosenzüchter erneut den »älteren« Farben zu, indem sie diese mit den bemerkenswert satten Farbtönen der neueren Züchtungen kreuzen, um Rosen in zarten Mauve-, Rubin-, Altgold- und Kupferschattierungen hervorzubringen.

Inzwischen scheinen die gedämpfteren Töne Anklang zu finden, verhaltenere Varianten der Ausgangsfarbe also. Man muss nur an die alten Technicolor-Filme im Kino denken, dann weiß man, wie ungeheuer anstrengend durchweg intensive Farben für das Auge sein können. Außerdem entfalten die dezenteren Farben eine weitaus subtilere Wirkung.

Völlig reinen, satten Farben begegnet man in der Pflanzenwelt ohnehin kaum, obwohl die Blüten der gelben Garbe *Achillea filipendulina* 'Gold Plate', der roten Montbretie *Crocosmia* 'Lucifer' und des blauen Salbeis *Salvia guarantica* 'Blue Enigma' eine beispielhafte Farbintensität zeigen. Die weniger satten Farben neuerdings so beliebter Pflanzen wie der Königskerze *Verbascum* 'Helen Johnson', deren Blüten als »antik aprikosenfarben« beschrieben werden, oder Formen des Türkenmohns mit zartgrau überlaufenen rosa Blüten wie *Papaver orientale* 'Patty's Plum', erregen in ihrer feinen Tönung größere Aufmerksamkeit. Die Blüten des Bartfadens *Penstemon* 'Sour Grapes' sind eher bläulich als mauvefarben, und die Kronblätter der Rose 'Julia' lassen sich am treffendsten als pergamentfarben beschreiben. In der Palette der Bartiris finden sich bemerkenswert komplexe Farben, darunter auch sehr intensive. So zeigt *Iris* 'Langport Chapter' ein kräftiges Purpurrot, *I.* 'Langport Duchess' hingegen eine zurückhaltende, aber edle Blüte, die farblich als »Mischung aus Violett, Kaffee und Bronze mit Goldschimmer im Bart« beschrieben wird.

Der Grauwert

Unter dem Grauwert einer Farbe versteht man die Leuchtkraft oder Schattierung – ihre Helligkeit oder Dunkelheit. Es gibt Farben, die zu Pastelltönen aufgehellt sind, wie Cremeweiß, Puderblau, Lavendelviolett, Pink, Pfirsichgelb, Jade- oder Blaugrün. Sie können aber auch abgedunkelt oder getrübt sein durch andere Farben, sodass Ocker- oder Senfgelb, Rost-, Bronze- oder Schokoladenbraun, Weinrot, Pflaumenblau, Olive- oder Flaschengrün, Preußisch- oder Marineblau entstehen.

Eine Farbe kann über einen hohen oder niedrigen Grauwert verfügen, also eine blasse oder dunkle Schattierung zeigen. Die Moschus-Malve *(Malva moschata)* mit ihren blassrosa Blüten hat einen hohen Grauwert, die kastanienrotbraune Witwenblume *(Knautia macedonica)* hingegen einen niedrigen. Ähnlich ist es mit strahlend blassblauen *Campanula persicifolia* 'Telham Beauty' in Kontrast zu der dunkel violettblauen *C. latifolia* var. *macrantha* mit niedrigem Grauwert. Selbst innerhalb ein und derselben Pflanzengattung wie dem Lavendel kommen dunkle und helle, niedrige und hohe Grauwerte vor. *Lavandula × intermedia* der Old English Gruppe fällt durch helle bläulichviolette Blüten auf, während die von *L. angustifolia* 'Hidcote' ein dunkles Violett zeigen.

Gertrude Jekyll soll hier erneut zu Wort kommen. Sie erkannte, dass durch Weiß aufgehellte Pastelltöne gut mit ihrer Ausgangsfarbe, aber auch mit Weiß harmonieren. Folglich passt die rosa Indianernessel *Monarda* 'Beauty of Cobham' erfreulich schön zur Flammenblume *Phlox paniculata* 'Starfire', da beide auf bläulichen Rottönen basieren. Eine ähnliche Vorliebe hatte sie für Weiß als drittes harmonisierendes Element. Oft kombinierte sie ein blasses Blau mit Mittelblau und Weiß, wenn sie etwa Wogen weißen Schleierkrauts *(Gypsophila paniculata* 'Bristol Fairy') mit der kleineren, zart lavendelblauen Katzenminze *(Nepeta racemosa* 'Six Hills Giant') und mittelblauem Ehrenpreis *(Veronica austriaca* 'Crater Lake Blue') mischte und das Ganze immer wieder durch silberlaubige Pflanzen ergänzte.

Was die Farbwirkung anbetrifft, so wird Gelb »von Natur aus« als hell, Violett hingegen als dunkel wahrgenommen. Demgemäß erscheint das goldgelbe Mädchenauge *(Coreopsis grandiflora* 'Mayfield Giant') in einer Staudenrabatte als ausgesprochen leuchtend, während der Eisenhut *(Aconitum carmichaelii)* mit seinen tiefblauen Blüten zurückzuweichen scheint, weil er wesentlich dunkler ist. Aber es gibt natürlich auch dunkle Gelbtöne, die in Ocker übergehen, intensives Orange und Braun, wie die Sonnenbraut *(Helenium* 'Goldrausch') oder die eher orangegelben Garben *Achillea* 'Old Brocade' oder *A.* 'Terracotta' – alles außergewöhnliche, ja pulsierend lebhafte Partner für Blüten in blassem Violett, die wie die flaumige Wiesenraute *(Thalictrum delavayi* 'Hewitt's Double') als lila, lavendel- oder mauvefarben charakterisiert werden. Im Kleinen ließe sich die erstaunliche Wirkung blass mauvefarbener Veilchen wie *Viola* 'Inverurie Beauty' in Betracht ziehen, oder das bezaubernd lila gesprenkelte, kleinblütige Pfingstveilchen *(V. sororia* 'Freckles'), an die braunen Blatthorste der Segge *Carex comans* 'Kupferflamme' geschmiegt.

Gegenüber: **Die über blassgrauen Blättern und verzweigten Stielen stehenden, intensiv magentaroten Kronen-Lichtnelken *(Lychnis coronaria)* bilden einen kräftigen Kontrast zu dem tief braunvioletten Neuseeländischen Flachs *(Phormium tenax* 'Nanum Purpureum'). Das kleine Bild zeigt eine dunkelrote Form des einjährigen Schlafmohns *(Papaver somniferum)* mit zart blaugrün überlaufenem Laub.**

Oben: **In blendend hellem Magentarot erhebt sich eine andere Form des Schlafmohns *(Papaver somniferum* 'Paeony Flowered') über Wogen pastellgrüner Mähnen-Gerste *(Hordeum jubatum)*.**

Unten: **Die samtige Rose 'Cardinal de Richelieu' gehört zu den dunkelsten burgunderroten Gallica-Rosen.**

Wahrnehmungen des Grauwerts

Wie oben erwähnt, ist Farbe eine Frage der subjektiven Wahrnehmung. Obwohl davon auszugehen ist, dass wir Farben als gleichartig erkennen, weiß man, dass es Menschen gibt, die farbenblind sind und Farben wie Rot und Grün verwechseln, seltener auch Blau und Orange. Man muss aber keineswegs farbenblind sein, um über eine vergleichsweise eingeschränkte Farbwahrnehmung zu verfügen. Bestimmte Wellenlängen werden von manchen Menschen weniger wahrgenommen, ebenso wie manch einer schlechter hört, ohne taub zu sein. Oft werden die tieferen Töne normal oder klarer wahrgenommen als die höheren. Genauso ist es mit den Nuancen zwischen den Tönen und Werten einer Farbe, die oft schwer einzustufen sind. Ein Kollege an der Kunstschule hatte große Schwierigkeiten mit Farbe an sich, konnte dafür aber den Grauwert besser einordnen als die meisten unter uns, weil ihm hier die Farbe »nicht im Weg war«. Seine Stillleben stellten eine Lektion in Sachen Licht dar.

Manchmal ist uns aber auch die Blütenfarbe im Weg, wenn es um die Einschätzung der Hell-Dunkel-Werte geht. Blau-gelb gestaltete Staudenrabatten, deren Planung ohne Berücksichtigung des Grauwerts erfolgte, gefallen mir oft schon deshalb nicht, weil die Gelbtöne ebenso leuchtend wie die Blautöne sind. Wo soll das Auge hier Ruhe finden? In einem solchen Fall empfiehlt es sich, einen größeren Anteil an Cremetönen einzubringen, um die Farben zu verschmelzen, darüber hinaus einige blassere Gelbtöne wie etwa des Brandkrauts *(Phlomis russeliana)*, an Stelle des eher schwefelgelben *Phlomis* 'Edward Bowles'. Dies soll nicht heißen, dass kräftige Gelbtöne generell auszuschließen

Oben: Dieser dunkle halbschattige Bereich ist wie geschaffen für pastellfarbene Fingerhüte, Rosen und Garten-Margeriten.

Oben links: Vor der dunklen Kulisse einer Eibenhecke wird mit hellen und dunklen Blautönen experimentiert. Katzenminze, Salbei und Flockenblumen werden durch violettrosa Wiesenraute und weinrote Lupinen verbunden, die mit dem Farbschema verschmelzen. Aufgelockert wird das Bild durch einen »Klecks« blassrosa blühenden Rainfarns.

sind, sondern einfach nur, dass es die Hell-Dunkelwirkung der Blütenfarbe einzubeziehen gilt; auffallend leuchtende Gelbtöne lassen sich durch blassere Partner wirkungsvoll modifizieren. Auch Blau gewinnt, wenn dunklere Töne hinzukommen, so etwa der tiefblaue Storchschnabel, *Geranium* 'Kashmir Purple', aber auch die blassblaue Form, *G. pratense* 'Mrs Kendall Clarke'.

Die Idee, verschiedene Hell-Dunkeltöne einzusetzen, um sie gegenseitig hervorzuheben, ist ein alter Kunstgriff. Ein dunkler Hintergrund bildet eine ausgezeichnete Kulisse für Blüten oder Blätter in blasseren Farben. Eine dichte dunkle Eibenhecke ist wie geschaffen als Hintergrund für eine Staudenrabatte; darüber hinaus gibt es weitere dunkellaubige immergrüne Sträucher, die sich als Kulisse eignen. Sie erzeugen eine Tiefenwirkung, vor der sämtliche weißen Blüten silhouettenartig hervortreten, wie die der Garten-Margeriten *(Leucanthemum × superbum* 'Wirral Supreme'), cremefarbene Königskerzen *(Verbascum* 'Gainsborough'), zartrosa Steppenkerzen *(Eremurus robustus)* oder hellblauer Rittersporn *(Delphinium* 'Blue Jade'). Und silbernes Blattwerk wie das der Artischocke *(Cynara cardunculus)*, hoher Beifußarten *(Artemisia)* und der zweijährigen Eselsdistel *(Onopordum giganteum)* kommen vor einem dunklen Hintergrund großartig zur Geltung.

Tiefenwirkung im Garten

Das Wissen um den Grauwert einer Farbe lässt sich auch insofern für die Gestaltung nutzen, als dunkle Töne zu fliehen und helle näher zu kommen scheinen. Wenn man bedenkt, wie sich Entfernung in der Landschaft auswirkt, so ist in der Ferne nicht nur alles blauer, sondern auch zunehmend blasser. Dieses Charakteristikum lässt sich in kleineren Gärten ausschöpfen, wo der verfügbare Raum schon dadurch größer erscheint, dass die dunklen Farben möglichst weit hinten und die helleren im nahen Umkreis des Hauses eingesetzt werden. So erscheinen dunkle rotlaubige Sträucher wie der Perückenstrauch *(Cotinus coggygria* 'Royal Purple') und der Holunder *(Sambucus nigra* 'Guincho Purple') beispielsweise weiter entfernt als Gehölze mit silbernem oder panaschiertem Laub. Zu den leuchtendsten gehört die Ölweide *(Elaeagnus angustifolius* 'Quicksilver'), aber auch der Klebsame *(Pittosporum tenuifolium* 'Irene Paterson') mit seinen blass gefleckten jadegrünen und weißen Blättern. Auch die Gelbtöne scheinen sich zu nähern, wie der rahmgelbe Pfeifenstrauch *(Philadelphus coronarius* 'Aureus') etwa zeigt.

Weil helle Farben sich auszudehnen scheinen, kommt uns ein Meer weißer Blüten, wie das der elfenbeinfarbenen Flammenblume, *Phlox paniculata* 'Fujiyama', größer vor als die gleiche Menge der dunkleren Blüten von *P. paniculata* 'Blue Paradise'. Solche Überlegungen sind wichtig für die Planung einer Rabatte, denn wo dunklere Bereiche dominieren und hellere nur begleitende Funktion haben sollen, heißt es, die dunkleren Blüten in größeren Gruppen zu pflanzen.

Auch die Mode beeinflusst unsere jeweiligen Vorlieben. Waren einst Kombinationen aus Pastelltönen gefragt, so tendieren wir heute zu kräftigeren Farben.

Unten: **In dieser von der Autorin gestalteten Rabatte gesellen sich die hellen und zitronengelben Töne der Färberkamille *(Anthemis tinctoria* 'Wargrave') und des Fingerhuts *(Digitalis grandiflora)* zur Wiesenraute *(Thalictrum flavum* subsp. *glaucum)*. Sie verbinden sich harmonisch mit *Thalictrum aquilegifolium*, deren Blüten ein gleichermaßen kühles Rosaviolett zeigen.**

Der Farbton

Der Ton bestimmt, ob eine Farbe warm oder kalt ist. Ein gutes Beispiel für warme Farben sind flammende Montbretien *(Crocosmia)* oder die Brennende Liebe *(Lychnis chalcedonica)*, kalt hingegen wirken die Blautöne der Ochsenzunge *(Anchusa)* oder Katzenminze *(Nepeta)*. Im Winter, wenn die Farben gedämpft sind und draußen alles kalt und öde erscheint, wirkt ein rotes Kleidungsstück nicht nur fröhlich, sondern so warm, dass es unser Temperaturgefühl beeinflusst. Umgekehrt wirkt Rot an heißen Tagen alles andere als attraktiv, während Blau eine wohltuende Kühle ausstrahlt. Stellt man die beiden Extreme nebeneinander, so ergibt sich ein Ton-Kontrast, wie er krasser nicht sein könnte. Da beide Töne in ihrer Wirkung als gleich stark wahrgenommen werden und keiner dominiert, wird man sich kaum an beiden zugleich erfreuen können. Zurück bleibt ein ungutes Gefühl, wie man es beim Anblick einer großen Gruppe scharlachroter Indianernesseln *(Monarda)* neben einer vergleichsweise großen Gruppe aus blauem Salbei empfindet.

Hat man die Bedeutung der tonalen Abstufungen erst einmal erkannt, dürfte es kaum schwer fallen, innerhalb des warmen oder kalten Spektrums harmonische Farbkombinationen zu erzielen. In der Tat kann jede Farbe zur einen oder anderen Gruppe gehören, je nachdem, wie groß der Anteil der Komplementärfarbe an der Ausgangsfarbe ist. Selbst wenn wir Rot mit warmen Tönen mischen, kann es sich in ein vorwiegend kühles Farbschema einfügen, sofern es sich um Karmin-, Wein- oder Kirschrot oder ein kaltes bläuliches Pink handelt. Mischt man diese Farben mit Blautönen, die einen kleinen Anteil an warmem Rot enthalten – Königsblau und Indigo also –, dann lassen sich hier durchaus auch blassere Töne wie Mauve eingliedern, ohne alles auf den Kopf zu stellen. In der Rabatte könnten die kühleren Rottöne durch Spornblume *(Centranthus ruber)*, Garbe *(Achillea* 'Cerise Queen'), Taglilie *(Hemerocallis* 'Summer Wine'), Purpursonnenhut *(Echinacea purpurea)*, Bartfaden *(Penstemon* 'Garnet') und die rosa Präriemalve *(Sidalcea)* vertreten sein, aber auch durch die vielen kühlen Rosatöne der Storchschnabelgewächse, etwa des kleinen violettrosa *Geranium cinereum* 'Ballerina'.

Für ein warmes Rot-Schema eignen sich Scharlachrot, Rost, Kupfer, Terracotta sowie orangerote Töne. An Blütenfarben entsprechen ihnen unter den Stauden die Garbe *(Achillea* 'Feuerland'), die Taglilie *(Hemerocallis* 'Chicago Fire'), die kupferrote Sonnenbraut *(Helenium)*, die Nelkenwurz *(Geum* 'Red Wings'), das Purpurglöckchen *(Heuchera* 'Red Spangles') und *Astilbe* 'Fanal'.

Rechts: Die himbeerroten flockigen Blütenköpfe der Fetthenne *(Sedum spectabile* 'Brilliant') erscheinen durch das Orangerot der Chrysanthemen im Vordergrund wärmer.

Farbtöne gezielt einsetzen

Als Übung lohnt es sich, eine Farbe herauszugreifen und sie unter dem Gesichtspunkt ihres Farbtons zu betrachten. Eine der interessantesten Farben ist **Gelb,** allein schon weil es sich im Garten als recht tückisch erweist. Gelb wird allgemein mit Sonnenlicht assoziiert und als warm empfunden: Hahnenfuß und Sonnenblumen sprechen mit ihren lichtdurchfluteten Chromgelbtönen unser Gemüt spontan an. Diese zentralen Gelbtöne bedürfen nur einer Spur Scharlachrot, um in Pfirsich-, Apricot- oder gar Ingwertöne überzugehen. So können sich unter den warmen Gelbtönen für die Rabatte die Garbe *Achillea* 'Coronation Gold' oder 'Marmalade', die Taglilie *Hemerocallis* 'Berlin Yellow' oder 'Golden Prize' und die Nelkenwurz *Geum* 'Lady Stratheden' sowie Goldrute *(Solidago)*, Alant *(Inula)* und ein Großteil der Sonnenhüte *(Rudbeckia)* finden.

Es gibt aber auch Gelbtöne, die sich eher mit dem Mond als mit der Sonne in Verbindung bringen lassen. Man denke nur an ein kühles Zitronengelb oder das beißende Gelb der Garbe *Achillea* 'Taygetea', der Färberkamille *Anthemis tinctoria* 'E. C. Buxton' und des Mädchenauges *Coreopsis verticillata* 'Moonbeam'. Die lindgrünen Blüten der Wolfsmilch, *Euphorbia characias* subsp. *wulfenii* oder das Messinggelb von *E. polychroma* lassen sich nur schwer einfügen, denn sie wirken beißend, etwas düster und ausgesprochen kühl. Die warmen Töne von *E. griffithii* 'Dixter' und der ganz ähnlichen *E. griffithii* 'Fireglow' zeigen dagegen ein helles Ziegelrot und fügen sich gut in ein warmes Schema ein.

Allerdings harmoniert ein kühles Grüngelb nicht mit warmen Gelbtönen. So kann das Gelb einer goldlaubigen Eibe oder die Kombination des goldlaubigen Geißblatts *(Lonicera nitida* 'Baggesen's Gold') mit Primelgelb den gesamten Entwurf verderben. Braunes Laub erscheint in Form von bronzefarbenem Fenchel, braunen Seggen wie *Carex comans* und »braunen« Wolfsmilchgewächsen wie *Euphorbia dulcis* 'Chameleon'. Diese warmen Töne unterscheiden sich grundlegend von den kühleren von tiefrotem Laub, etwa dem der Gartenmelde *(Atriplex hortensis* 'Rubra') oder von rotblättrigen Purpurglöckchen *(Heuchera)*, die beide einen blaugrauen Einschlag besitzen.

Die Ausgangsfarbe Gelb variiert in Intensität, Grauwert und Tönung, je nachdem, ob sie zu Grün, Orange oder Rot tendiert.

Obere Reihe, von links:
• *Osteospermum* 'African Summer' vor *Argyranthemum frutescens* • *Oenothera biennis* • *Achillea* 'Walther Funcke'

Zweite Reihe, von links:
• *Nicotiana elata* mit *Limonium sinuatum* • *Narcissus* 'Pinza' • *Stipa gigantea* hinter *Verbena bonariensis*

Dritte Reihe, von links:
• *Carex elata* 'Bowles' Golden' zwischen dem Laub von *Alchemilla mollis* • *Dahlia* 'Moonfire' mit *Verbena* 'Quartz Scarlet' vor *Salvia microphylla* • *Larix decidua, Acer palmatum* 'Fireglow' (rotlaubig) und *Acer palmatum* 'Tsukumo'

Untere Reihe, von links:
• *Anthemis tinctoria* 'Sauce Hollandaise' • *Kniphofia* 'Bees Sunset' • gemischte Töne in einer Wildblumenwiese auf Kreta

Die leuchtenden lilavioletten Blüten der Wiesenraute *Thalictrum dipterocarpum* (Syn. *T. delavayi*).

Subjektives Farbempfinden

Wir alle haben bestimmte Lieblingsfarben. Unser Tageslicht, aber auch unsere eigene »Färbung« beeinflussen bewusst oder unbewusst unsere Farbwahl. So können Menschen mit blasser Haut keine Lindgrün- oder Orangetöne tragen, weil diesen, ob dunkel oder hell, die bläulichen Obertöne einer schönen Haut fehlen. Auf dunklem Teint entfalten solche Farben indes eine geradezu dramatische Wirkung. Vielleicht hängt unsere Vorliebe für bestimmte Farben aber auch davon ab, was uns steht; in diesem Fall würde das Spektrum eingegrenzt auf Farben, in denen wir uns besonders wohl fühlen.

Weil Farbe gefühlsmäßig empfunden wird, wählt man die Wandfarbe in einem Zimmer beispielsweise so aus, dass sie die Stimmung positiv beeinflusst oder sogar eine natürliche Veranlagung modifizieren kann. Unsere häusliche Umgebung verrät auf einen Blick, ob wir auf neutrale Farben, einen aufregenden Hintergrund oder eine harmonische Farbgebung ansprechen. Es gibt kühle Räume, in denen weitgehend auf Farbe verzichtet wird; sie signalisieren, dass der Besitzer vorrangig auf Raum, Form und Textur Wert legt und dies durch Strenge und Disziplin ausdrückt. Andere Räume wirken warm, freundlich und einladend und leben von fein abgestuften Farbkontrasten, die sich gegenseitig unterstreichen.

Als Gartengestalterin unterhalte ich mich mit meinen Kunden zunächst einmal über die Inneneinrichtung des Hauses; so entdecken wir gemeinsam, welche Farben sie bevorzugen, denn diese dürften ihnen auch im Freien gefallen. Manchmal ist ein Kontrast erwünscht, wie strahlendes Gelb vor einem weißen Zimmer oder erfrischende Grüntöne vor dem Fenster einer High-Tech-Küche. Die meisten Gartenbesitzer ziehen es hingegen vor, die Farben im Haus mit denen des Gartens abzustimmen und somit eine Verbindung zwischen innen und außen zu schaffen.

Folglich kann der Garten sowohl die Individualität eines Menschen als auch seine geheimen Wünsche widerspiegeln. Viele Gartenliebhaber träumen von einer Oase der Ruhe, überquellend von Blattschmuckpflanzen in den unterschiedlichsten Grün-, Pastell- und Silbertönen. Wer beruflich oder nervlich stark angespannt ist, empfindet die Wirkung kühler und zurückhaltender Farben als erholsam. Dennoch ist Harmonie nicht jedermanns Sache, denn manch einer genießt gerade den Reiz, der von gewagteren Farbkompositionen ausgeht, wie etwa kapriziös grellen Gegenüberstellungen von Pink und Magentarot mit Gelbgrün-, Gold- und Rost-Orangetönen. Andere freuen sich ganz einfach an der belebenden Wirkung auffallend kräftiger Farben und Gegensätze,

sei es Karminrot und Violett, ein Gelb, das in flammende Orangetöne überspringt oder dunkles Laub, das mit Rahmgelb oder leuchtenden Lilatönen kontrastiert.

Dies soll aber nicht heißen, dass wir unseren Vorlieben für immer treu bleiben müssen. Vor einigen Jahren hatte ich einen starken Hang zu Rostrot mit Braun, Gold und tiefem Lilaviolett. Heute hingegen ist es mir geradezu ein Bedürfnis, die satten Grünschattierungen feuchter Wiesen mit Cremetönen und dem dunklen Blaugrün der Wälder zu verbinden. Im Lauf der Jahre machen wir Wandlungen durch, die neue Ideen in uns wecken. Im ausgehenden 19. Jahrhundert galt die Kombination von Grün und Blau als vulgär, auch wenn uns dies heute geradezu absurd erscheint. Der Himmel ist blau und die Landschaft vorherrschend grün – warum also sollten diese beiden Farben nicht harmonieren?

Weitere Impulse, die sich auf unser Verhältnis zur Farbe auswirken sollten, gingen zu Beginn des 20. Jahrhunderts von dem großen Henri Matisse und der für den Fauvismus (von »Les Fauves« = die wilden Tiere) charakteristischen Farbsprache aus. Diese Maler sahen sich als Verfechter »barbarischer« Farben und »heftiger Harmonien«, nachdem sie sich eingehend mit den konventionellen Kombinationen befasst und sie als zu blass befunden hatten. Ein Vielfaches an hochwertigen Farben zur Hand, schwelgten sie in schrillen Farbklängen: etwa Rot mit Pink und Orange mit leuchtendem Gelb. So entstanden Bilder, die in ihrer überschäumenden Buntheit nicht nur Aufmerksamkeit erregten, sondern auch neue Farbkombinationen »salonfähig« machten. Dieser Umgang mit Farbe ist uns heute ganz selbstverständlich, was die neuerliche Beliebtheit des »exotischen Gartenstils« belegt.

Abgesehen von unseren persönlichen Lieblingsfarben gibt es die emotionale Ebene, auf der Menschen aller Kulturkreise Farbe wahrnehmen und erleben. Selbst wenn es über die Kontinente hinweg, ja sogar unter den Ländern verschiedene Interpretationen der Farbsymbolik geben mag, so schafft das gefühlsmäßige Erleben von Farbe doch eine universelle Gemeinsamkeit. Leuchtendes Rot strahlt überall Dynamik und Lebensfreude aus, Gelb wirkt immer heiter, und Blau beruhigend. Im Folgenden wollen wir die verschiedenen Farben und ihre Wirkung im Garten betrachten.

Rot

Die Primärfarbe Rot ist eine außergewöhnlich dynamische Farbe, die uns mit Wärme und Motivation erfüllt. Weltweit signalisiert Rot Gefahr – es ist eine Farbe, die uns eine Reaktion abverlangt und aus der Passivität aufrüttelt. Rot ist extrovertiert, antriebsgeladen – Inbegriff der Partyszene und Animation. Als Farbe des Feuers verbreitet flammendes Rot aber auch Geborgenheit und Wärme. Fast-Food-Restaurants sind oft in leuchtenden Rot- und Orangetönen gehalten, der einladenden Atmosphäre wegen, aber auch, um zur Eile aufzufordern.

Und wer wollte im Garten auf die dramatische Wirkung der Rottöne verzichten? Blüten in warmen, aufregenden Farben können Rottöne verbinden und bereits im Frühsommer Aufmerksamkeit erregen. Für eine sonnige Rabatte bieten sich Pflanzen wie der hohe scharlachrote Türkenmohn *(Papaver orientale* 'Türkenlouis') an, oder *Hemerocallis* 'Canadian Goose', eine leuchtend rote Taglilie mit gelbem Schlund, flammende Montbretien *(Crocosmia* 'Lucifer') und die große rote Fackellilie *Kniphofia* 'Prince Igor'.

Rosa basiert zwar auf Rot, dennoch tendieren eher jene Charaktere zu Rosa, die weniger hektisch sind als die Rot-Liebhaber. Rosa ist eine romantische Farbe, die in vielen klassisch verträumten Gärten den Ton angibt. Zu Beginn des Gartenjahrs erfreut uns das zierliche Tränende Herz *(Dicentra* 'Stuart Boothman') mit seinen rosavioletten Blüten, die graziös über dem graugrünen gefiederten Laub stehen. Kühle Pinktöne liefern die den ganzen Sommer blühenden Elfensporne *Diascia rigescens* oder *D. vigilis*, während andere wie *D.* 'Ruby Field' ein Lachsrosa zeigen, das sich nicht annähernd so gut in kühlen Rosa-Kombinationen integrieren lässt. Die leuchtend pinkfarbenen Blüten des Storchschnabels *Geranium endressii* halten sich den ganzen Sommer, ebenso der Blutweiderich *(Lythrum virgatum* 'The Rocket') mit dunkleren, pinkvioletten Blütenähren. Die greller pinkfarbenen Blütenköpfe der Garbe *Achillea* 'Forncett Candy' sind mauveviolett überlaufen, während der Pinkton der Indianernessel *Monarda* 'Beauty of Cobham' beinahe lila wirkt, weil die Blütenkelche in ein ganz helles Violettrosa übergehen.

Gelb

Die Primärfarbe Gelb, stets mit Sonnenlicht assoziiert, verbreitet Optimismus und Hochstimmung. Zahlreiche Stauden in warmen Gelbtönen wirken in großen Gruppen ausgesprochen beeindruckend, so der anhaltend blühende Sonnenhut *(Rudbeckia fulgida* var. *sullivantii* 'Goldsturm') und das herbstblühende Sonnenauge *(Heliopsis)*. Dennoch meine ich, dass einige Gelbtöne oder Kombinationen, die man immer und überall sieht, störend unruhig wirken können (siehe Seite 26). Wenn man im Garten auf so unglückliche Kombinationen wie das kühle Kanariengelb der Scheinakazie *(Robinia pseudoacacia* 'Frisia'), unterpflanzt mit dem orangegelb belaubten Spierstrauch *(Spiraea japonica* 'Goldflame') stößt, denkt man unwillkürlich an den Ausdruck »gelbsüchtig«.

Im Frühling sind die Gelbtöne der Narzissen in ihrer unüberschaubaren Sortenvielfalt ausgesprochen willkommen. Die wild wachsenden Osterglocken, die in manchen Gebieten wie im englischen Lake District weite Felder überziehen, gehören zu den liebenswertesten – Wordsworth besingt sie in seinen Gedichten. Am nächsten kommt ihnen *Narcissus* 'W. P. Milner'. Schon früh erscheint die elegante kleinblütige *N.* 'February Gold', die zu Recht allseits beliebt ist; die Miniaturformen *N. cyclamineus* und *N. bulbocodium* wirken in kleinen Steingärten oder Innenhöfen bezaubernd. Einige Narzissen-Sorten tendieren zu Orange-, andere zu Cremetönen. Frisches Frühlingsgelb findet sich aber auch unter den Krokussen, Winterlingen *(Eranthis hyemalis)*, die den nackten Boden oder Kies bedecken, sowie dem schattenliebenden Hundszahn *(Erythronium* 'Pagoda'). Gelbe Frühlingszwiebelblumen werden traditionell mit den Blautönen von *Chionodoxa*, dem Blaustern *(Scilla)* und *Anemone blanda* kombiniert, müssen aber nicht immer gemeinsam auftreten.

Links: **Die Natur kam dem Maler Matisse zuvor: Die fuchsienpinkgefärbten Samenkapseln des Pfaffenhütchens *(Euonymus europaeus* 'Red Cascade') bilden in Verbindung mit den glühend orangeroten Früchten einen reizvoll dissonanten Farbakkord.**

Rechts: **Die orangefarbenen, roten und gelben Blütenquirle der Etagenprimel *(Primula bulleyana)* wirken im Frühling an feuchten Standorten warm und ansprechend. Im Hintergrund die stattlichen cremeweißen Blüten der echten Kalla *(Zantedeschia aethiopica)*.**

Orange

Die Sekundärfarbe Orange entsteht durch Mischen von Rot und Gelb; dennoch wirkt sie dezenter und freundlicher als Gelb. Orange ist eine lebhafte Farbe, die allerdings ziemlich grell sein kann. Deshalb kombiniert man sie im Garten am besten mit Braun- oder Rottönen, die ihre überschäumende Leuchtkraft auffangen. Orange lässt sich aber auch durch Goldtöne schattieren und anpassungsfähiger machen. Man denke nur an die Sonnenbraut, etwa *Helenium* 'Coppelia', mit samtig kupferrotem, feinstrahligem Blütenkranz und braunem Auge, sowie die große lohgelb-orangefarbene Taglilie *Hemerocallis fulva* 'Europa', vielleicht im Schatten einer kleinwüchsigen, rötlich-orangelaubigen Eberesche *(Sorbus sargentiana)*. Orangetöne wie diese wirken spektakulär, eine geradezu fluoreszierende Leuchtkraft entfalten sie aber im Kontrast zu tiefdunklen Purpurtönen.

Rechts: *Iris versicolor* 'Thomas' Variety' und der gleichermaßen feuchtigkeitsliebende magentarote Storchschnabel *Geranium palustre* verbinden sich zu einer Symphonie harmonischer Rosaviolett-Töne.

Links: **Als Grundsubstanz des Gartens wird Grün manchmal unterschätzt. Hier besteht die grüne Textur aus Mähnen-Gerste *(Hordeum jubatum)*, lindgrünem Tabak *(Nicotiana alata)*, dem blaugrünen handförmigen Laub des Federmohns *(Macleaya cordata)* und einem zentralen Zierkohl.**

Braun lässt sich, wenn man so will, als Erweiterung von Orange bezeichnen. Rotbraune, gelbbraune und bläulich braune Töne, teils mit einem Schlag ins Violette, sind als Laubfarbe reichlich vertreten. Blattwerk, das gemeinhin als 'purpurea' charakterisiert wird, ist eher braun als purpurn, zeigt aber in der Regel eine intensiv rötliche Tönung. Diese Blätter passen erfreulich gut zu Orange und Blautönen. Was Braun auszeichnet ist seine Stabilität.

Braun ist ebenso wie seine blassen Varianten, die Beige- oder Pergamenttöne, inzwischen zunehmend gefragt, und die Pflanzenzüchter sind unermüdlich bestrebt, Neues in dieser Farbpalette auf den Markt zu bringen. Interessant sind die Blütenfarben von *Dendranthema* 'Brennpunkt' oder der hellere Bronzeton von *D.* 'Bronze Elegance', aber auch die hohen Blütentrauben der Fackellilie *Kniphofia* 'Toffee Nosed' mit grüner Spitze. Ein guter Tipp ist auch das braune Laub der Blasenspiere *Physocarpus opulifolius* 'Diabolo' und der Wasserdost *Eupatorium rugosum* 'Chocolate' mit kastanienbraunen Blättern.

Blau

Blau, die dritte Primärfarbe, gilt allgemein als geistig entspannend und friedvoll. Die dunklen Blautöne vermitteln ein Gefühl von Ordnung und Disziplin, was auch erklärt, dass Blau in vielen Ländern die Farbe von Organisationen wie Polizei oder Flugpersonal ist.

Was Blau im Garten auszeichnet, ist seine schier unbegrenzte Anpassungsfähigkeit an andere Farben. Blau dämpft Rottöne, ohne mit ihnen zu konkurrieren und schmeichelt der Brillanz von Gelbtönen. Blau verbinden wir aber auch mit einer gewissen Schwermut, wie sie im melancholischen Timbre des »Blues« anklingt, und blaue Rabatten können beinahe schon verdrießlich wirken, wenn nicht die gesamte Vielfalt von Pastell- über Mittel- und Tiefblau bis zu den blassen Lavendeltönen ausgeschöpft wird.

Die unterschiedlichsten Töne finden sich unter den Salvien, Storchschnäbeln und Ritterspornen. *Salvia* x *nemorosa* 'Mainacht' ist eine schöne Pflanze mit hohen indigoblauen Ähren, die durch die Kombination mit intensiv violettblauem *Geranium ibericum* an Tiefenwirkung gewinnen oder durch mittelblaue *G.* 'Rozanne' aufgehellt werden. Für Höhe sorgen diverse Sorten des Rittersporns wie *Delphinium* 'Blue Tit' in einem weiteren Indigo-Ton, aber auch die himmelblaue *D.* 'Skyline'. Die eher mauvefarbenen Sorten *D.* 'Ruby' oder *D.* 'Turkish Delight', aber auch sämtliche blassblauen Varianten mit deutlichem Graustich sind in diesen Kombinationen fehl am Platz, denn sie tragen kaum zur Wirkung der Blautöne bei.

Grün

Mischt man Blau mit Gelb, so erhält man die Sekundärfarbe Grün, die alles verbindende Universalfarbe der Gärten. Selbst wo ihre Intensität weniger zutage tritt, wie etwa in panaschierten Blättern, herbstlich gefärbtem Laub, in Form von gelben oder mit einem silbergrauen »Filz« überzogenen Blättern, beherrscht Grün das Farbenspiel im Garten.

Die Idee einer rundum grünen Rabatte mag reizvoll erscheinen, kann aber auch recht dumpf wirken, zumal auch der Wirkung von Textur und Formen Grenzen gesetzt sind. Dennoch lässt sich das Bild durch unterschiedliche Grüntöne, dunkles und helles Laub auflockern, ebenso durch Einfügen einiger grüner »Blüten«, wie die früher Euphorbien und Nieswurz-Arten, Purpurglöckchen und Gräser. Für den Sommer empfehlen sich Fackellilien wie *Kniphofia* 'Forncett Harvest' mit hohen Ähren mit einem Hauch Gelb oder die noch höhere *K.* 'Percy's Pride' in Limonengelb.

Zu Grün passen aber auch cremefarbene Blüten. Bewährte Kombinationspartner sind Sträucher wie der Fingerstrauch *(Potentilla fruticosa* 'Primrose Beauty') oder das Heiligenkraut *(Santolina chamaecyparissus* 'Lemon Queen') mit edel smaragdgrünem Blattwerk. Für den Frühsommer bietet sich das zitronengelb blühende Mädchenauge *Coreopsis verticillata* 'Moonbeam' an, und auf nährstoffreichem, feuchtem Boden fügt sich die hellgelbe Wiesenraute *Thalictrum lucidum* ausgezeichnet in eine grüne Rabatte ein.

Violett

Die äußerste Farbe im Spektrum ist Violett, eine Mischung aus Rot und Blau, die vor allem kreative Menschen anzusprechen scheint. Das kühlere Lilaviolett erinnert spontan an Antiseptika, auch wenn es im Garten eher romantische Assoziationen weckt. So ist der Lavendel in allen romantischen Gartenstilen vertreten, ob traditionell oder modern.

Violett entfaltet eine stark emotionale Wirkung in der Rabatte, denn es dämpft aufregende Rottöne und verleiht ihnen eine gewisse Schwere. Als Komplementärfarbe wirkt es in einer gelb oder orange gestalteten Rabatte wie ein Funkenregen. In seinen helleren Versionen, **Lila** oder **Mauve,** unterstreicht Violett die von Natur aus zurückweichenden pastelligen Blautöne. Der zweijährige Muskatellersalbei *(Salvia sclarea)* entfaltet eine zarte Wirkung, die die Farben einer sommerlichen Rabatte luftig und leicht erscheinen lässt. Der Bartfaden *Penstemon* 'Stapleford Gem', eine den ganzen Sommer über blühende Staude mit mauvefarbenen Blüten, und die Blauraute *Perovskia* 'Blue Spire' in ganz ähnlichem Ton erfreuen uns im Spätsommer mit duftig zartem Flor.

Die intensiveren, beinahe schwarzen Violett-Töne dürften zum Dunkelsten gehören, was sich im Garten findet. Beispiele sind die intensiv tintenfarbenen *Iris*-Hybriden 'Black Swan' und der Eisenhut *Aconitum henryi* 'Spark's Variety' mit dunklen behelmten Blüten.

Zufälle

Oben: **Das lebhafte Blau des Scheinmohns *(Meconopsis grandis)* wird hier durch die Kontrastwirkung von gleichermaßen leuchtenden orangefarbenen Rosen, Nelkenwurz *(Geum)* und Türkenmohn eingebunden. Zwei verschiedene lindgrüne Euphorbien bringen ein weiteres Farbelement ein. Vor der dunklen Kulisse aus bronzefarbenem Fenchel, violettrosa Zierlauch und den intensiv indigoblauen Blüten der Iris kommt das Arrangement ausgezeichnet zur Geltung.**

Betrachtet man den Garten als Ganzes, so leistet die Natur einen beträchtlichen und zugleich bescheidenen Beitrag, ebenso die Zeit, die alles verändern kann. Ganz gleich, wie gut ein Garten geplant und gestaltet wurde – immer tritt die Natur als Co-Designer auf und bestimmt mit der Zeit zunehmend sein Gesicht. Die Pflanzen wachsen in die Breite und Höhe, gewinnen an Volumen, und ein Farbfleck vergrößert oder verkleinert sich entsprechend ihrer »Wuchskraft«. Man braucht sich nur Fotos aus zurückliegenden Jahren anzusehen, um auf einen Blick zu erkennen, wie sehr sich die Gewichtung im Garten verschoben hat und wie der eine Farbblock inzwischen eine eher untergeordnete Rolle annimmt, während ein anderer sich übermäßig ausgebreitet hat. So benötigt eine langsam wachsende Pflanze wie die Magnolie beispielsweise Zeit, um Wurzeln zu schlagen und fünf bis sechs Jahre, bis sie zu blühen beginnt. Ganz anders einige farbenprächtige Blütensträucher wie die Geißklee-Arten *(Cytisus)*, die uns schon bald mit ihrem Flor erfreuen, dafür aber wesentlich kurzlebiger sind. Bis zu einem gewissen Grad können wir jedoch den Zeitfaktor beeinflussen und auf die Wandlungen abstimmen.

Von allen Faktoren, die einen Garten prägen, ist die Farbe die wechselhafteste. Sie verändert sich bereits mit der unterschiedlichen Beleuchtung im Lauf eines Tages, einer Woche, eines Jahres. Man beobachte nur, wie im Abendlicht die Weiß-, Creme-, Gelb-, Lila- und hellen Blautöne hervortreten, während die Rot- und Violett-Töne verschwinden.

Zum Glück ist Gartengestaltung eine Form von Kreativität, die den Gärtner immer wieder belohnt. Ich weiß die Einfälle der Natur zu schätzen, denn sie beflügeln die Phantasie und bringen eine neue Dimension in den sich ständig wandelnden Garten. Im Lauf der letzten Jahre haben sich Samen der Zwiebelblume *Nectaroscordum siculum* von einem abgeschirmten naturnahen Bereich meines Gartens in die Staudenrabatten verirrt. Mit ihrer ruhigen Farbgebung, den grünen und kastanienbraunen hängenden Dolden fügt sich diese Zwiebelblume so gut ein, dass sie bleiben und sich vermehren »darf«. Die ebenso vermehrungsfreudige zitronengelbe Nachtkerze *(Oenothera biennis)* hingegen bringt, wo immer sie sich aussamt, einen beißend schrillen Ton ein und muss deshalb weichen. Ganz gleich, wo neue Sämlinge auftauchen oder eine Pflanze im Stadium der Reife ganz anders wirkt als vorgesehen, wird man sie zunächst einmal als belebendes Element willkommen heißen. Was letztlich passt, kann stehen bleiben, was stört, wird herausgenommen.

Nirgends werden diese Einfälle der Natur freudiger begrüßt als in einer Wildblumenwiese. Die Natur führt Regie, wo der Bauer über Jahrhunderte Vorarbeit leistete und den Kühen überließ, wann sie das Gras »mähten«, damit entweder frühlings- oder sommerblühende Wiesen entstanden. Der Bodentyp entscheidet, welche Pflanzen sich durchsetzen, aber auf den meisten Böden gedeihen die heimischen Wildblumen und sorgen für eine bunte Farbpalette, wie die blass lindgrüne Resede *(Reseda lutea)* neben leuchtend scharlachrotem Klatschmohn *(Papaver rhoeas)*. Faktoren wie Fruchtbarkeit, Säuregehalt, Trockenheit oder Feuchtigkeit des Bodens bestimmen über das Spektrum der Pflanzengemeinschaften und somit auch über das wechselnde Farbenspiel. Was eine Wildblumenwiese aber vor allem auszeichnet, ist das malerische Bild von Blumen, die aus zarten Grashalmen hervorschauen.

In jeder Blumenwiese gibt es Wildarten, die sich stärker durchsetzen als andere und somit das ausgewogene Bild der Farben mit der Zeit beeinträchtigen. Weiße Margeriten *(Leucanthemum vulgare)* und die flachen weißen Blütenschirme der Schafgarbe *(Achillea millefolium)* beispielsweise werden immer große kompakte Farbblöcke bilden. Viele andere Blumen verteilen sich wie bunt verstreute Farbtupfer, so etwa der goldgelbe Hahnenfuß *(Ranunculus acris)* und der gelbe Löwenzahn *(Taraxacum officinale)*, den man überall antrifft. Ein Meer violettroter Flockenblumen *(Centaurea nigra)* oder Horste des mauvefarbenen Wiesenstorchschnabels *(Geranium pratense)* stehen immer im Rampenlicht, während die zarte Schönheit der flachen, kleineren Blütenknöpfe wasserblauer Wiesen-Witwenblumen *(Knautia arvensis)* nur zur Geltung kommt, wenn man sie von nahem betrachtet.

Oben: **In diesem naturnah gestalteten Garten tragen die vielen aus Südafrika stammenden Pflanzen, die sich überwiegend selbst aussäen, zum bunt durchwirkten Bild des Wiesenteppichs bei, in dem Vieles von selbst aufgegangen ist. Hohe Fackellilien, *Watsonia* und bogenförmig überhängende Trichterschwertel *(Dierama)* erheben sich über Wogen von Pflanzen mit korbblütenartigen Blüten: Mittagsblumen *(Dorotheanthus bellidiformis)*, *Ursinia* und Kapkörbchen *(Osteospermum)*. Gelber und orangefarbener Goldmohn sorgen für Leuchtkraft. Solch ein brillant »gesteuertes Chaos« gehört zu jeder guten Gartengestaltung.**

Die Stimmung des Gartens

Einführung

Vorhergehende Seite: **In dieser eigenwilligen Bepflanzung präsentiert sich die Hochstammrose 'Ingrid Bergmann' vor dem smaragdgrünen Dunstschleier eines Fenchels *(Foeniculum vulgaris)*. Darunter die zarten Rispen des Purpurglöckchens *(Heuchera* 'Red Spangles'), die das Farbschema erneut aufgreifen.**

In der Gartengestaltung ist die Komposition der Farben vergleichbar mit den Noten, aus denen der Musiker eine Melodie komponiert. Die einzelnen Elemente oder Pflanzen verschmelzen zu einem Gesamtbild und begründen die Stimmung oder den Tenor des Gartens. Wie in einer Partitur gibt es dominierende Leitmotive und ruhigere, zurückhaltender gefärbte Passagen, die sich zu einer Einheit verbinden. Nicht alle Farben der Komposition lassen sich auf den ersten Blick erkennen, da viele lediglich der Untermalung dienen. Erst auf den zweiten Blick wird man auch die Untertöne wahrnehmen – nicht den Hintergrund, sondern das rhythmische Ineinandergreifen der Farben, das sich gleich einem wiederkehrenden Motiv durch den Garten zieht.

Dissonante Töne haben in einem ruhigen Garten nichts verloren; ausschließlich harmonische Farben, die auf dem Farbkreis nah beieinander liegen, verbinden sich hier. Ganz anders der farbensprühende Garten, der von einer Reihe von Effekten lebt, die leuchtend, fröhlich und kontrastreich wirken. Keines der beiden Schemen entspricht dem heute so beliebten naturnahen Garten, der näher an den Tönen der Natur orientiert ist. Im Gegensatz dazu wird das Farbspektrum, das sich in das schicke Bild zeitgemäßer Gärten einfügt, gezielt ausgewählt und begrenzt.

Ein Wort zu den Wachstumsbedingungen

Obwohl sich dieses Buch vorrangig mit der Farbgestaltung befasst, ist es ganz wichtig, die Auswahl der Pflanzen auf die Bedingungen des Geländes und des Bodens abzustimmen, denn nur so ist gesundes Wachstum gewährleistet. Um Enttäuschungen zu vermeiden, sollte man sich vergewissern, dass die entsprechenden Standortbedingungen wie Sonne oder Schatten, der passende Boden sowie genügend Raum für die jeweilige Breite und Höhe der Pflanze verfügbar sind. Auf spezifische Ansprüche einer Pflanze, sei es, dass sie keinen Kalk- oder Lehmboden verträgt, wird im Text hingewiesen. Frostempfindliche Pflanzen überstehen den Winter unter Umständen auch an einer geschützten Stelle im Freien. Wenn eine Pflanze auf durchlässigen Boden angewiesen ist, muss für gute Drainage gesorgt werden. Dies heißt bei schwerem Tonboden: gründlich umgraben, gut verrotteten Kompost und wenn möglich scharfen Sand oder Kies einarbeiten. Sandige Böden profitieren von reichlich Kompost, der das Speichervermögen von Feuchtigkeit und Nährstoffen fördert. Auch auf Pflanzen, die feuchte Standorte bevorzugen, wird im Text hingewiesen.

Links: **Feinste Farbabstufungen prägen dieses Bild, in dem sich die orangegelbe Garbe *(Achillea* 'Marmalade') als ideales Gegengewicht zum schrillen Orange der aufstrebenden Inkalilien *(Alstroemeria aurea* 'Dover Orange') erweist. Die scharlachrote Kronen-Lichtnelke *(Lychnis × arkwrightii)* und die violettrote einjährige Gartenmelde *(Atriplex hortensis* 'Rubra') verleihen der Kombination eine pikante Note.**

Unten: Eine alles erfassende Stille geht von der formalen Buchspyramide aus, die sich über einem Meer aus violettem und lila Lavendel erhebt. Eine dunkelgrüne Eibenhecke schirmt dieses Refugium friedlicher Stille nach außen hin ab.

Eine Oase der Ruhe

Zwei eng miteinander verwandte Farben wirken sich wohltuend auf Leib und Seele aus. Sie verleihen dem Garten eine Atmosphäre der Ruhe und Geborgenheit, die den Alltag vergessen lässt. Die Rede ist von Grün und Blau. Grün gilt als Inbegriff des Lebens. Ein üppig grüner Garten wirkt mit all seinen fein abgestuften Schattierungen und Kombinationen einladend und belebend. Und wer fühlte sich nicht von Blau als der Farbe des Himmels angesprochen? Gemeinsam sind diese beiden Farben wie geschaffen, im Garten für eine ruhige Atmosphäre zu sorgen. Am schönsten wirken Blau und Grün im Frühling.

Nicht Kontraste, sondern zarte Schattierungen und harmonisch zurückhaltende Kombinationen sind hier gefragt. Vorausgesetzt, dass Grün den Hintergrund bildet, können die unterschiedlichsten Blautöne hinzukommen. Betrachtet man sich das Spektrum, so folgt auf der einen Seite von Blau Kobalt, das allmählich in ein warmes Nachtblau übergeht, dann Indigo, Blauviolett, Violett und als letztes Karminrot. Auf der anderen Seite von Kobalt geht Preußischblau in Türkisblau und zuletzt in Grün über, bevor sich ein ins Gelbliche gehendes Lindgrün anschließt. Die beiden Extreme, Karminrot und Lindgrün, fügen sich allerdings nur dann in ein ruhiges Schema ein, wenn sie äußerst sparsam verwendet werden. Weinrote Wiesen-Witwenblumen (Knautia) oder lindgrüne Euphorbien dürfen also nur eine ganz untergeordnete Rolle spielen, weil sie andernfalls im Nu dominieren würden. Das wärmere Karminrot fällt ins Auge, das hellere Lindgrün scheint sich indes zu nähern. Für die Stimmung verantwortlich sind die meditativen Blautöne, und alles davon Abweichende sollte sehr zart sein.

Orientierungshilfe bieten außer dem Erscheinungsbild der Pflanze, Form und Größe der Blätter und die verfügbaren Texturen. Auch sollte ein und dieselbe Form nicht unverhältnismäßig häufig auftreten; die hohen Ähren der Fackellilien oder des Ehrenpreis wirken dominanter als die horizontalen »Schirme« der Garben oder die etagenförmigen Blüten des Brandkrauts. Das Gleiche gilt für die Farbe: ein Zuviel an Kontrasten stört die ruhige Atmosphäre, während üppig grünes Laub wie das der Wiesenraute oder der Hundskamille eine wohltuend neutrale Wirkung entfaltet.

Immergrüne Begrenzungen

Bei der Planung einer Rabatte gilt es als Erstes, sich mit dem immergrünen Hintergrund zu befassen. Ganzjährig grüne Begrenzungen schirmen uns von der Außenwelt ab und vermitteln ein Gefühl von Naturnähe. Diese Begrenzung kann vielfältige Texturen zeigen, und je nach Jahreszeit auch zarte Blüten. Es gibt dunkle oder helle, warm oder kalt wirkende Immergrüne: Die Bandbreite reicht von smaragdgrünem Lorbeer bis zu flaschengrüner Eibe. Die Lorbeerkirsche *(Prunus lusitanica)* ist ein dunkellaubiger Strauch, der blassen Tönen im Vordergrund schmeichelt.

Blühende immergrüne Sträucher

Wo immer möglich sollte man Sträucher auswählen, die außer ihrem Laub noch etwas anderes zu bieten haben. Die Lorbeerkirsche bringt im Frühling zusätzlich reizvolle Kerzen aus weißen Blüten hervor. Es gibt aber auch andere Sträucher mit weißen oder hellen Blüten, die Ruhe ausstrahlen. Die Duftblüte *(Osmanthus × burkwoodii)* etwa entfaltet im Frühling weiße duftende Blüten, und die verschiedenen Formen von *Escallonia* blühen im Sommer. *E.* 'Slieve Donard' bezaubert durch hellrosa Blüten, die fest in glänzend grünes Laub eingebettet sind. Zu meinen Lieblingen gehört *E.* 'Iveyi' mit größeren Blättern und Rispen weißer Blüten im Hochsommer. Beide Sträucher, vor allem letzterer, sind auf eine warme geschützte Stelle angewiesen.

Die pastellblauen Blüten der Säckelblume *(Ceanothus* 'Cascade') entfalten sich im späten Frühling. Sie verleihen dem 4 m hohen und ebenso breiten immergrünen Strauch einen ungemeinen Charme und sitzen leicht hängend an den Trieben. Für eine geschützte Stelle könnte man aber auch eine Myrte *(Myrtus communis* 'Tarentina') in Betracht ziehen; ihre büschelartigen weißen Blüten halten sich vom Hochsommer bis zum frühen Herbst. Empfehlenswert ist auch ein duftender Rosmarin *(Rosmarinus officinalis* 'Benenden Blue'), der leuchtend blaue Blüten hervorbringt und 1,5 m hoch und ebenso breit wird. Für den kleineren Garten gibt es kaum etwas Schöneres als die immergrüne Orangenblume *(Choisya* 'Aztec Pearl'); ihre intensiv duftenden weißen Blüten heben sich schön von dem glänzenden Laub ab und erscheinen zwei Mal im Lauf des Sommers. Nicht außer Acht lassen sollte man, dass Sträucher in zehn bis zwanzig Jahren die Größe kleiner Bäume erreichen können.

Als später Frühlingsblüher empfiehlt sich die hohe *Drimys winteri* mit ihren außergewöhnlich duftenden elfenbeinweißen Blüten an überhängenden Zweigen; sie ist allerdings auf sauren Boden angewiesen. Eine gute Wahl für den Spätsommer ist das graugrüne Hasenohr *(Bupleurum fruticosum)* mit lindgrünen Blütendolden. Beide stellen besondere Kulturansprüche; sie sind frostempfindlich und benötigen als Standort eine geschützte sonnenbeschienene Mauer.

Vor einem Zaun oder einer Mauer bilden immergrüne Sträucher oder Kletterpflanzen eine ideale Abschirmung nach außen. Es gibt eine Reihe im-

mergrüner Waldreben wie die schöne, blass cremeweiß blühende, farnblättrige *Clematis cirrhosa* 'Wisley Cream', die sich dadurch auszeichnet, dass sie ihre dekorativen hängenden Blütenkelche schon im Winter entfaltet. Der Sternjasmin *(Trachelospermum jasminoides)*, dessen cremeweiße Blütentrauben an endständigen Trieben stehen, blüht dagegen im Hoch- bis Spätsommer. Wie der Name schon sagt duftet er intensiv. Bei uns wird er meist im Kübel gezogen. Beide immergrünen Kletterpflanzen sind auf Spanndrähte angewiesen, können aber auch in einen kräftigen Baum hineinwachsen.

Strukturbildende Sträucher

Wenn der »feste« Rahmen erst einmal geschaffen ist, geht es als Nächstes um die Auswahl sommergrüner Sträucher, die strukturbildend wirken und die ruhige Atmosphäre unterstreichen. Die meisten Frühlingsblüher wie Mahonien und Schneeball-Arten haben weiße oder gelbe Blüten. Der elegante Wuchs der winterharten weißen Zierquitte *(Chaenomeles speciosa* 'Nivalis') kommt an einer Mauer besonders gut zur Geltung.

Um den Garten mit Frühlingsduft zu erfüllen, bietet sich ein Seidelbast *(Daphne)* mit mauvefarbenen oder pinkvioletten Blüten an, vielleicht aber auch ein kleiner Flieder *(Syringa)*. Beide erfordern Geduld. *Daphne × burkwoodii* 'Somerset', ein 1,5 m hoher Strauch, entfaltet im ausgehenden Frühling zart mauvefarbene Blüten, ähnlich wie der zu einer 1,8 m hohen Kuppel heranwachsende lila Flieder *(Syringa pubescens* subsp. *patula* 'Miss Kim'), nur dass dessen Lilaton mit der Zeit zu einem matten Blau verblasst. Die Säckelblume *(Ceanothus* 'Gloire de Versailles'), die lediglich 1,5 m hoch und breit wird, erfreut uns den ganzen Sommer über mit ihren mattblauen Blüten. Im Spätsommer und Herbst lässt sich das zartblaue Farbthema mit der etwa 1,5 m hohen Hortensie *Hydrangea macrophylla* 'Blue Wave' fortsetzen, oder mit dem schlankeren Eibisch *Hibiscus syriacus* 'Blue Bird', der doppelt so hoch wird.

Für größere Gärten empfiehlt sich ein kleiner baumhoher Flieder wie *Syringa vulgaris* 'Mme Lemoine', mit reinweißen duftenden Blüten im Frühling. Und der etagenförmig wachsende Schneeball *Viburnum plicatum* 'Mariesii', ein großer Strauch, mit breit ausladendem Wuchs, wirkt wie mit weißer Spitze überzogen, wenn man ihn im Frühsommer von weitem sieht.

Unten links: **Grüne Blatt-Texturen bilden einen friedlichen Hintergrund für eine Farbkombination aus rosaviolettem Salbei *(Salvia nemorosa* 'Ostfriesland'), der strahlend blauen *Aster frikartii* 'Mönch' und dem kühlen Magentarot des Storchschnabels *Geranium psilostemon*. Gelbe Taglilien und Brandkraut *(Phlomis)* verhindern, dass das Bild zu süßlich wirkt.**

Unten: **Die wie filigrane Spitze wirkenden pastellbauen Blütenköpfe der niedrigen Hortensie *Hydrangea macrophylla* 'Blue Wave' schimmern zwischen den bogenförmig überhängenden Ruten des Trichterschwertels *(Dierama pulcherrimum)* hindurch, der diese ruhige Farbkomposition mit seinen kühlen pinkfarbenen Blüten belebt.**

EINE RUHIGE BLAUE RABATTE

Ein Garten mit vorwiegend blauen Blüten vermittelt ganz früh schon eine Gefühl friedlicher Stille. Im Hintergrund erhebt sich die immergrüne Säckelblume *Ceanothus arboreus* 'Trewithen Blue', übersät mit mittelblauen Blüten, und daneben ein säulenförmig wachsender Rosmarin sowie die hohe krautige Wiesenraute *(Thalictrum rocherbruneanum)* mit violettblauen Blüten, die an hohen Stielen über dem blaugrauen Laub stehen. Auf der anderen Seite greift ein kleiner Flieder *(Syringa* 'Miss Kim') das Farbschema von *Thalictrum* in Form mauve-blauer Blütenpyramiden auf. Unter diesem Laubdach breitet sich ein Teppich aus Kaukasus-Vergissmeinnicht *(Brunnera macrophylla)* aus, der mit himmelblauen Blüten durchsetzt ist, während über die gesamte Rabatte verteilt die ganz ähnlichen Blütensträuße des Gedenkemeins *(Omphalodes verna)* in etwas dunkleren Azurblau aufsteigen. Zu den früh blühenden Stauden gehören auch die hohe Ochsenzunge *(Anchusa azurea* 'Loddon Royalist') und Horste kobaltblauer *Iris sibirica* 'Flight of Butterflies' mit smaragdgrünem grasartigem Laub. Die Rabatte ist mit Storchschnabel *(Geranium)* und den gesprenkelten hyazinthenblauen Blüten des Pfingstveilchens *(Viola sororia* 'Freckles') eingefasst. Belebend wirken die weißen Blüten des Tränenden Herzens *(Dicentra spectabilis* 'Alba'), die cremefarbenen Ähren des Eisenhuts *(Aconitum* 'Ivorine') und zitronengelbe Taglilien. Weitere Kontraste erzeugen die schwertförmigen Fächer von *Iris pallida* 'Variegata' mit taubengrau-weiß-panaschierten Blättern und violettblauen Blüten sowie die magentarote lilienblütige Tulpe 'Burgundy'.

Mehrjährige Füllpflanzen

Während Bäume und Sträucher den Rahmen abstecken, führen die Stauden Regie, wo immer es im Garten um ruhige Farbgebung geht. Blau verbindet sich harmonisch mit anderen Tönen, kaum je, dass es irgendwo dominieren würde. Da sind die dunklen Blauschattierungen, die in den Hintergrund zurückweichen, und die helleren, die nie wie Gelb oder Rot »hervorspringen«. Nur abends fordert Blau unsere ganze Aufmerksamkeit, wenn das ultraviolette Licht den Lilaton in vielen Blautönen aufgreift und ihnen eine beinahe fluoreszierende Wirkung verleiht – ein Phänomen, das man mittags nicht erlebt.

Unten: Dieser halbschattige Waldsaum fängt die ganze Frische des späten Frühlings ein. Die Blätter der Funkien liefern die unterschiedlichsten Grüntöne, aber auch zart violettblaue Blüten.

Vom Frühling zum Sommer

Zarte Blautöne verschmelzen besonders gut mit Cremeweiß und Grün – Farbkombinationen, wie sie in der Natur vielfach im Halbschatten vorkommen. Zu den typischen Waldpflanzen gehören Stauden mit blassen Blüten wie die Nieswurz-Arten, das Lungenkraut, die Elfenblume, das Kaukasus-Vergissmeinnicht, Anemonen, Maiglöckchen, Farne und säureliebende Pflanzen wie die Schattenblume *(Smilacina)* (siehe Seite 160).

Als Einfassung eines lichten Schattenbereichs ist der Storchschnabel *(Geranium)* unentbehrlich. Darunter finden sich einige dezent zurückhaltende Hellblautöne, wie die leuchtend hellblauen Blüten von *G. pratense* 'Mrs Kendall Clark'. Von kleinerem Wuchs ist *G. himalayense* 'Irish Blue' mit etwas dunkleren blauen Blüten; leider breitet sich die Pflanze stark aus. Das Gleiche gilt für *G. wallichianum* 'Buxton's Variety' mit auffallend himmelblauen Blüten. Eine der neueren Einführungen, *Geranium* 'Rozanne', zeichnet sich durch zweierlei

Blauschattierungen mit einem Hauch Violett aus.

In einem sonnigeren Bereich könnte man das Gartenjahr mit blauen Stauden wie Lerchensporn, Gedenkemein, Akelei, Iris und *Camassia* beginnen. Iris und *Camassia* dominieren mit ihren vertikal aufragenden Blütenständen. Dazwischen sorgen Flecken dunkler Blausternchen *(Scilla siberica)* für Abwechslung.

Wenn der Sommer kommt, wird das ruhige Bild des Gartens mehr denn je von fein abgestuften, kühlen Blautönen beherrscht. Unter den Storchschnabel-Arten finden sich einige, die in der sommerlichen Hitze blühen. Andere Stauden wie Rittersporn, Lupinen, Iris, Skabiosen und die Blütenwolken der Katzenminze setzen bei aller Zurückhaltung wirkungsvolle Akzente. Empfehlenswert sind Pflanzenkombinationen wie eine Gruppe grünblühender Fackellilien *(Kniphofia* 'Green Jade') mit 1,2 m hohen Blütenähren, ergänzt durch ein paar Kugeldisteln *(Echinops ritro* 'Veitch's Blue') mit leuchtend blauen Trommelschlegel-Blüten. Um die Farben zu dämpfen eignen sich Horste kontrastierender *Iris sibirica* 'Flight of Butterflies', eine 75 cm hohe hellblaue Iris oder der kleineren und dunkleren *I. sibirica* 'Baby Blue'.

Klare, scharf umrissene Konturen bringen die schlanken, mit cremeweißen Blüten besetzten Ähren einer Gruppe Binsenlilien *(Sisyrinchium striatum)* ein, die aus graugrünen irisartigen Blättern aufsteigen. Als fedrig zarter Hintergrund bildet die 1,2 m hohe und 60 cm breite Wiesenraute *(Thalictrum delavayi* ' Hewitt's Double') mit flockig mauveblauen Pomponblüten die ideale Ergänzung. Im Vordergrund könnte die 60 cm hohe Färberkamille *(Anthemis tinctoria* 'Sauce Hollandaise') mit ihren unzähligen cremefarbenen Korbblüten das Bild abrunden. Falls noch Platz wäre, ließen sich noch einige Gruppen Skabiosen einfügen, wie *Scabiosa caucasica* 'Clive Greaves', eine alte Form mit kleinen, büschelförmigen »Tellern« lavendelblauer Blüten, die sich über mehrere Wochen halten. Ich komme aber auch immer wieder auf die hübsche hellblaue Glockenblume, *Campanula persicifolia* 'Telham Beauty' zurück. Sie lässt sich überall einfügen und schlängelt sich wie ein dünnes blaues Band nickender pastellblauer Blüten zwischen anderen Stauden hindurch.

Vom Sommer bis zum Spätsommer

Da die klassischen blauen Stauden wie Rittersporne und Lupinen schon bald nach dem Hochsommer verblüht sind, sollte man sich nach Pflanzen umsehen, die in der zweiten Hälfte des Sommers zur ruhigen Atmosphäre des Gartens beitragen.

In einem sonnigen, geschützten Bereich bildet die Sommerhyazinthe *(Galtonia viridiflora)* mit 60 cm hohen Ähren und grün berockten, nickenden Blütentrichtern einen Aufsehen erregenden Blickfang, insbesondere in Begleitung der 1,2 m hohen strahlend blauen Bleiwurz *(Ceratostigma plumbaginoides)*. Weitere spätblühende blaue Sträucher sind die filigrane Perowskie, *(Perovskia atriplicifolia* 'Blue Spire') und die Bartblume, *(Caryopteris × clandonensis* 'Ar-

thur Simmonds'), die nur halb so hoch wird und durch zartgraue Blüten zwischen dem grauem Blattwerk bezaubert. Viele silberne Pflanzen behalten ihr Laub bis zum Ende des Gartenjahrs, und ihre auffälligen Samenstände, wie die großen blaugrünen Kapseln des Schlafmohns, führen das blaue Thema weiter.

Der große Auftritt der Herbstastern (*Aster*-Arten) beginnt im Spätsommer und dehnt sich bis in den Herbst aus. Eine gute Wahl ist die dunkel violettblaue Form, *Aster amellus* 'Blue King', und die violettblaue *A.* 'Forncett Flourish', die sogar noch später blüht. Zwergastern wie *A. novi-belgii* 'Andrey' mit lavendelblauen oder 'Remembrance' mit hellblauen Blüten eignen sich für kleinere Bereiche, ebenso die höhere Form, *A. novi-belgii* 'Davey's True Blue'. Noch kleinwüchsiger ist *A.* 'Herfstweelde', die ihre hellblauen Blüten ganz spät entfaltet.

Nicht vergessen darf man die spätblühenden Japananemonen mit zahllosen weißen Blüten an hohen Stängeln. Bewährt haben sich *Anemone × hybrida* 'Honorine Jobert' oder 'Louise Uhink'. Auch die pinkfarben blühenden Formen verdienen Beachtung, denn es handelt sich um ein ausgesprochen kühles, bläuliches Pink. Das Eisenkraut *(Verbena bonariensis)* trägt purpurviolette Blüten an hohen Stielen, die sich im zartesten Windhauch wiegen. Am vorderen Rand eingesetzt, kann man die anderen Blautöne dahinter wie durch einen Schleier erkennen. Und *Liriope muscari* – wieder kein reines, sondern ein rosaviolettes Blau – ist mit immergrünem grasartigem Laub und Blütenähren, die an Traubenhyazinthen erinnern, eine geschätzte Randpflanze.

Farbverstärker

Verglichen mit anderen Farben findet sich unter den Stauden nur eine beschränkte Auswahl an blauen Blüten. Aus diesem Grund dürfen in blauen Rabatten auch Einjährige nicht fehlen. Hier bietet sich ein breites Spektrum an. Zu meinen Lieblingen gehört die bescheidene Jungfer im Grünen *(Nigella)*. Aber auch der Lein *(Linum grandiflorum)* gefällt mir, der die Felder wie ein blaues Meer überzieht. Dazu passen einjährige Salvien, wie der Mehlsalbei *Salvia farinacea* 'Strata' und 'Victoria' in dunklerem Blau, begleitet von den hohen

DIE BLAUE RABATTE IM SPÄTSOMMER

Im Hochsommer ist die Rabatte reich an Blautönen. Die dunkellaubige immergrüne Säckelblume *Ceanothus* 'Burkwoodii' bildet einen schönen Hintergrund für die cremeweißen schaumigen Rispen der Hortensie *Hydrangea paniculata* 'Kyushu'. Diese heben sich kontrastreich von dem hohen Rittersporn *Delphinium* 'Finsteraarhorn' ab, der kobaltblaue Blütenähren mit schwarzem Auge beisteuert. Die kompaktere *Hydrangea macrophylla* 'Blue Wave' bringt etagenartig angeordnete, violettblaue Blüten hervor, die an Spitzenhäubchen erinnern. Im Vordergrund wiegt sich eine leuchtend blaue Glockenblume (*Campanula lactiflora* 'Prichard's Variety') neben den starr aufragenden Ähren der Fackellilie *Kniphofia* 'Green Jade'. Dahinter bauscht sich eine Wolke aus lavendelblauer Katzenminze (*Nepeta* 'Six Hills Giant'), die durch die schlanken Stiele des hellblauen Storchschnabels (*Geranium pratense* 'Mrs Kendall Clarke') hindurchschimmert; gegenüber stehen unzählige violettblaue Rispen des Salbeis (*Salvia nemorosa*).

Als zart kontrastierende Partner zu den Blautönen erweisen sich blasse Gelbtöne, wie die zitronengelben Korbblüten der Färberkamille (*Anthemis tinctoria* 'E. C. Buxton') und die hellgelben flachen Blütenköpfe der Garbe *Achillea* 'Credo', die jeweils am Ende des Beets in Erscheinung treten. In der Mitte fordern die leuchtend blauen Köpfe der Kugeldistel (*Echinops ritro* 'Veitch's Blue') Aufmerksamkeit, umspielt von niedriger tiefblauer Bleiwurz (*Ceratostigma plumbaginoides*). Einen zart dezenten Effekt bewirken die im Vordergrund wie zufällig »eingestreuten« Horste der sepiabraunen Segge *Carex comans* 'Kupferflamme'.

Ähren des einjährigen Rittersporns (*Consolida ambigua*) und violettblauem Heliotrop. Für den Frühling sollte man auch an zartblaue Vergissmeinnicht (*Myosotis sylvatica* 'Ultramarine') denken, ebenso an bläuliches Laub. Dazu gibt es einige Ziergräser wie die Graugrüne Quecke (*Elymus hispidus*), den Strandroggen (*Leymus arenarius*) und die Schwingel-Arten *Festuca ovina* und *F. glauca* 'Elijah Blue'. Für Halbschatten eignen sich auch Funkien mit bläulich bereiften Blättern und für sonnige Standorte die Wiesenraute, der Federmohn und Edeldisteln.

Farbkleckse

Eine gewisse Spannung steigert den Reiz einer Rabatte, ebenso wie Höhen und Tiefen das Leben reicher machen. Man sollte sich also nicht scheuen, hin und wieder einen Farbklecks einzubringen – so nenne ich überraschende Einsprengsel, die scheinbar zufällig irgendwo auftauchen. Dies könnte eine kleine Gruppe aus leuchtendem Orange inmitten des Ziegelrot der Montbretie *Crocosmia* x *crocosmiiflora* 'Emily McKenzie' sein, einer robusten Pflanze mit großen, flachen Blüten. Da Orange die Komplementärfarbe von Blau ist, entsteht ein spannender Gegensatz.

Eine gewisse »Würze« lässt sich aber auch durch bläuliches Rot, etwa ein Magenta- oder Weinrot einbringen. *Iris* 'Gypsy Jewels' zeigt ein tiefes Rubinrot mit einem Schuss Orange im »Bart«. Der 90 cm hohe Storchschnabel *Geranium psilostemon* hat leuchtend magentarote Blüten mit indigoblauem Auge. Kleine Iris-Gruppen würden sich für eine kleinere Rabatte anbieten, während auf großen Flächen *Geranium* in langen geschwungenen Bändern besser zur Geltung kommt. Auch ein Schuss Lindgrün macht sich gut, wie ihn im kleineren Garten die *Iris* 'Green Ice' einbringt, eine Bartiris, die sich durch grünlich gelbe, lang andauernde Blüten auszeichnet. Eine gute Wahl für größere Rabatten sind außerdem die Blüten des Frauenmantels (*Alchemilla mollis*).

Rechts: **Die cremeweißen Blütenteller der Garbe (*Achillea*) bilden vor dem Hintergrund von silberlaubigem Beifuß und der Schwarznessel (*Ballota*) entlang den Windungen eines Kieswegs eine farblich zurückhaltende Bepflanzung. Die hohen Kandelaber der Königskerze *Verbascum* 'Pink Domino' tragen Blüten in einem staubigen Rosaviolett – ein Farbton, der im apricotpinkfarbenen Flor von *V.* 'Helen Johnson' erwidert wird. Die andere Seite des Wegs säumen die hängenden cremegelben Trichterblüten von *Phygelius aequalis* 'Yellow Trumpet'.**

Lebendige Farbenfreude

Im Sommer und Spätsommer erfreut uns der Garten mit geradezu überschäumender Farbenpracht. Leuchtendes Gelb, flammendes Rot, funkelndes Orange und blendend grelles Pink entzünden in der Rabatte ein Feuerwerk, das bei strahlender Helligkeit ungeheuer imposant wirkt. Diese berauschende Farbenvielfalt steht in krassem Gegensatz zum zurückhaltenden Charme der oben geschilderten Oase der Ruhe. Die satten Farben sind Ausdruck von Lebensfreude – pulsierend, plakativ und verwegen. Auch hier gibt es fein abgestufte Kontraste, aber an Stelle von zurückhaltendem Blau tritt Scharlachrot ins Rampenlicht.

Faszinierend ist im Garten immer wieder, wie sich selbst die leuchtendsten Farben im Lauf des Tages wandeln. Im hellen Morgenlicht behaupten sich die blaustichigen Rot- oder Karmintöne, die die einzelnen Blüten silhouettenartig hervortreten lassen. Das Licht am Mittag unterstreicht die Scharlachrot-, Orange- und Gelbtöne, während im Abendlicht die Farben in einer alles einhüllenden Glut verschmelzen. Sobald das Licht allmählich verblasst, blitzen aus einer Bepflanzung, in der Weiß- und Blautöne fehlen, nur noch die Gelbtöne auf, bis auch sie in der Dunkelheit erlöschen.

Großes Bild: Zweijähriger Goldmohn *(Papaver nudicaule)* bildet einen farbenfroh leuchtenden Teppich, der durch den Kontrast der einjährigen dunkelblauen Kornblumen noch strahlender wirkt.

Oben: Ein breiter Weg im Garten des Impressionisten Claude Monet in Giverny quillt Sommer für Sommer über mit einjähriger Kapuzinerkresse. Zu beiden Seiten unterstreichen hellgelbe Sonnenröschen und karminrote Kosmeen das farbenfrohe Bild.

Rechts: **Abendlicht dringt durch die braunen Blätter einer Blutbuche und lässt die Farben der Blaublattfunkien, der sepiabraunen Segge und der strohgelben Grannen des Pfriemengrases *(Stipa gigantea)* aufleuchten.**

Unten: **Die großen, rostrot gestreiften Blätter des Blumenrohrs *Canna* 'Durban' unterstreichen im Spätsommer das leuchtend goldene Orange der Sonnenbraut *Helenium* 'Waltraud'.**

Laubfarbe

Wo knallbunte Farben das Bild beherrschen, bedarf es eines unaufdringlichen Gegengewichts. Nichts wirkt hier ausgleichender als Blattschmuckpflanzen, die ihre Farben länger halten und mit ihren dunklen Tönen und Schattierungen erfreulich anpassungsfähig sind. Der übliche grüne Hintergrund vermag kräftige Rottöne wirkungsvoll auszugleichen und Kontraste zu leuchtenden Orange- und Gelbtönen zu setzen. Und doch hängt es entscheidend vom spezifischen Grünton ab, ob eine Farbkombination als gelungen empfunden wird oder nicht. Im Allgemeinen passt das dunklere Grün der immergrünen Sträucher (siehe Seite 44) ebenso gut zu leuchtend bunten Rabatten wie zu gedämpften Blautönen. Aber auch »blaue« Stechpalmen, wie die kompakte *Ilex × meserveae* 'Blue Angel' sowie mehrere Cotoneaster und Mahonien bieten sich an.

Das auffallend skulptural wirkende dunkelgrüne Laub des Bärenklaus *(Acanthus spinosus)* oder des Geißbarts *(Aruncus dioicus)* bringt zugleich Substanz ein, ebenso wie Wiesenrauten, Margeriten, Glockenblumen, Tränende Herzen, Purpurglöckchen, Anemonen, Lupinen, Strauchflieder *(Limonium)* und viele andere Stauden, die mit mittleren und dunklen Grüntönen für Fülle sorgen. Solche Blattschmuckpflanzen liefern die unschätzbare grüne Kulisse, die hinter den knallbunten Blütenfarben zurückweicht und diese ins Rampenlicht rückt.

Bronzefarbenes und braunes Laub

Bronzefarbene oder bräunlich-purpurne Blätter steigern die Wirkung farbenprächtig leuchtender Rabatten. Ihre warme Tönung ist äußerst anpassungsfähig, und da das Laub dunkler ist als Grün, entsteht eine Kontrastwirkung. Viele Gelbtöne werden durch braunes Laub unterstrichen, ebenso durch kühle Rotviolett-Töne. Chromgelbe Blüten sollten nie mit dem rotvioletten Laub des Perückenstrauchs *(Cotinus coggygria* 'Royal Purple') oder der Berberitze *(Berberis thunbergii* f. *atropurpurea)* kombiniert werden, sondern nach Möglichkeit mit kräftigen Braunschattierungen. Purpurviolett-Töne mit höherem Rotanteil kommen hinter roten oder orangeroten Pflanzen besser zur Geltung, da dadurch unschöne Kontraste vermieden werden.

Für große Gärten auf dem Lande bieten sich einige herrliche Bäume an, deren Blätter eher zu Umbra als zu Pflaumenblau tendieren. Außer der mäch-

tigen Rotbuche *(Fagus sylvatica* 'Riversii') gibt es Formen mit langen, aufstrebenden Seitenzweigen, deren schlankes Profil auch für den kleineren Garten in Frage kommt, wie etwa *F. sylvatica* 'Dawyck Purple' (20 m hoch und 5 m breit), der Spitzahorn *(Acer platanoides* 'Crimson King'), der so groß wie die Rotbuche wird, von dem es aber auch noch die schlankere Form, *A. platanoides* 'Crimson Sentry' gibt. Einige *Prunus*-Arten, wie *Prunus pissardii* 'Nigra' (10 m hoch und breit) oder die kleinere Form, *Prunus × blireana* 'Moseri', lassen sich von der Größe her eher in den Garten integrieren.

Zu den Sträuchern mit braunviolettem Laub gehört die Hasel *Corylus maxima* 'Purpurea', die 6 m hoch und 5 m breit wird. Das Blattwerk des lediglich 2 m hohen Schneeballs *Viburnum sargentii* 'Onondaga' ist im Austrieb bronzeviolett und färbt sich im Spätsommer dunkelgrün, um im Herbst schließlich rot aufzuflammen. Dieser ansehnliche Strauch fügt sich harmonisch in ein leuchtendes Farbschema ein. Das intensive Rosarot der Knospen hellt sich auf, sobald sich die tellerförmigen Blüten entfalten. Die ebenfalls flachen Blütendolden des Schwarzen Holunders *Sambucus nigra* 'Guincho Purple' stehen mit ihrem rötlich überlaufenen Weiß in Kontrast zu den dunkelbraunen Blättern. Die kleinere Blasenspiere *Physocarpus opulifolius* 'Diabolo' hat kräftig bronzebraunes Laub. Für eine Rabatte am Fuß einer Mauer ist die Weinrebe *Vitis vinifera* 'Purpurea' mit grau-purpurnem Laub eine gute Wahl.

Zwischen leuchtenden Blütenfarben bilden die schwertförmigen Klingen des Neuseeländischen Flachses einen markanten Blickfang. Das Spektrum reicht von großen Formen wie *Phormium tenax* 'Purpureum' bis zu den kleineren Gestalten, wie *P. tenax* 'Bronze Baby'. Der feuchtigkeitsliebende Zier-Rhabarber *Rheum palmatum* 'Atrosanguineum' hat riesige gelappte Blätter mit leuchtend roter Unterseite. Bei guter Wasserversorgung können sie die Wirkung der ohnehin dramatischen Farben noch beträchtlich steigern.

Purpurviolette Blätter

Unter den Stauden mit bronzepurpurnem Laub bieten sich die Dahlien an, insbesondere die Sorten 'Bishop of Llandaff' und 'David Howard'. *Lobelia* 'Dark Crusader' und die Kronen-Lichtnelke *Lychnis × arkwrightii* bieten ebenfalls purpurbraunes Laub und flammend rote Blüten. Der Felberich *Lysimachia ciliata* 'Firecracker' ist eine feuchtigkeitsliebende bronzelaubige Pflanze mit strahlend gelben Blüten. Wegen seiner zarten Textur füge ich grundsätzlich bronzefarbenen Zierfenchel in ein lebhaftes Farbschema ein, des Weiteren kleinere Euphorbien, die mir in Blatt und Blüte gefallen. *Euphorbia griffithii* 'Dixter' oder 'Fireglow' etwa tragen flammend orangerote Blüten, während die kleinere *E. dulcis* 'Chameleon' bräunlich rubinrot zu glühen scheint und im Zentrum der Blüten lindgrüne Punkte zeigt.

Von besonderer Bedeutung sind hier die Purpurglöckchen wie *Heuchera* 'Chocolate Ruffles', 'Black Velvet', 'Velvet Night' und 'Stormy Seas' – Namen, die allein schon Aufschluss über ihren Charakter geben. Allen gemeinsam ist das schöne zerknitterte Laub mit tiefen Einschnitten und welligen Rändern. Mit ihrer zierlichen Gestalt gehören sie an den vorderen Rand der Rabatte. Ihre zartbraunen oder leuchtend rosaroten Blütenstände sind so filigran, dass man hindurchsehen kann.

Es gibt aber auch einige beliebte bräunliche Ziergräser, wie die Segge *Carex buchananii* mit 60 cm Höhe, *C. petrei*, die halb so hoch wird und sich fein auffächert, sowie die 45 cm hohe *C. comans* 'Bronze Form'.

Blütenfarbe

Bedenkt man, dass farbenprächtige Blüten ihre Leuchtkraft nur in voller Sonne entfalten können, dann ist das Stimmungsbild der sommerlichen Staudenrabatte bereits vorgegeben. Scharlachrot dominiert immer und entfaltet zusammen mit Orange oder Karminrot eine ungeheuer dramatische Wirkung. Man könnte sich also durchaus vorstellen, eine große Rabatte in einer Folge von Spektralfarben zu bepflanzen, anstatt wahllos da und dort Farbtupfer zu verteilen. In einer kleinen Rabatte könnte diese Sequenz verwandter Farben zu einem zentralen Blickfang anschwellen und an anderer Stelle in Form kleinerer Gruppen erneut in Erscheinung treten. So würde man nämlich nicht stereotyp wiederkehrende Rot-Orange-Gelb-Akkorde erhalten, sondern eine rhythmische Bepflanzung.

Wenn als Ausgangsbasis beispielsweise ein helles Orange gewählt wird, lassen sich Stauden wie die Nelkenwurz *Geum* 'Prinses Juliana', orange-scharlachrote Kronen-Lichtnelken wie *Lychnis × arkwrightii* 'Vesuvius', glühend orangegoldene *Iris* 'Cable Car' oder Garben wie *Achillea* 'Terracotta' kombinieren. Man könnte aber auch die Wirkung sommerlicher Rottöne ergründen, beginnend mit scharlachroten Montbretien (*Crocosmia* 'Lucifer'), und später mit blutroten Dahlien wie 'Blaisdon Red' das Thema weiterführen. Euphorbien wie *Euphorbia griffithii* 'Fireglow' bringen dunklere Blätter und intensiv orangefarbene Blüten ins Spiel, während die ziegelrote Garbe *Achillea* 'Walter Funcke' als Bindeglied dient.

Da gewagte Messinggelbtöne in diesem Schema eine bedeutende Rolle spielen, macht es sich gut, die Sonnenbraut *Helenium* 'Sahin's Early Flowerer', chromefarbene Taglilien (*Hemerocallis* 'Berlin Yellow'), dottergelbes Mädchenauge (*Coreopsis grandiflora* 'Sunburst'), den goldenen Sonnenhut (*Rudbeckia hirta* var. *pulcherrimum*), ockerfarbene Königskerzen (*Verbascum* 'Cotswold Beauty') und zum Ausgleich einen Tupfer lichteres Gelb einzufügen, wie das der Garbe *Achillea* 'Moonshine' oder der hohen Flockenblume (*Centaurea macrocephala*). Sie alle verbinden sich harmonisch mit Bernstein- und Orangetönen, die sich an die Scharlachrot-Palette anlehnen.

Gegenüber: **Dichte Schwaden kupferroter Sonnenbraut *(Helenium* 'Moerheim Beauty') rahmen eine Wasserfläche ein, begleitet vom Knöterich *(Bisterta (= Polygonum) amplexicaulis* 'Firedance'). In der Ferne erheben sich große Horste ornamentaler Gräser.**

Pflanzenhöhe und Blütenform

Bei der Planung eines farbenprächtigen Gartens sind natürlich auch Höhe und Wuchsform der Pflanzen zu berücksichtigen. Die traditionelle Methode sieht eine gleichmäßige Staffelung der Pflanzen vor, bei der die höchsten im Hintergrund und die kleinsten am vorderen Rand platziert werden – eine Reglementierung, die ziemlich starr wirken kann. Daher verwebe ich die Pflanzen lieber miteinander, wobei ich einige kleinere sogar verstecke; um sie ausfindig zu machen, muss man an der Rabatte entlanggehen.

Wer in einem großen ländlichen Garten eine breite Staudenrabatte plant, kann ganz hohe Pflanzen wie den gelben Sonnenhut *(Rudbeckia laciniata* 'Goldquelle'), den imposanten Alant *(Inula magnifica)* und die orangerote Fackellilie *(Kniphofia* 'Prince Igor') einsetzen. Ergänzen lässt sich das Bild durch einjährige Spätsommerblüher wie *Helianthus* 'Russian Giant' oder die schokoladenbraune *H.* 'Claret', beides riesige Sonnenblumen. In einer relativ kleinen Rabatte könnten sich an einige hohe Pflanzen, leicht abgerückt von der Mitte, nach und nach die niedrigeren anschließen, allerdings nicht genau nach Höhen gestaffelt. Im Spätsommer beginnt das farbenfrohe Bild aufzulodern, bis der Herbst mit einem spektakulären Feuerwerk das Schauspiel beendet.

Es gilt aber auch, die Blütenform einzubeziehen. Türkenmohn bringt große Blütenköpfe hervor, während die Fackellilien kerzenartige Blütenstände zeigen, die, in unregelmäßigen Abständen eingesetzt, vertikale Akzente bilden. Indianer-

FLAMMENDE FRÜHSOMMERFARBEN

Unverzichtbar in einer von Rot-, Gelb und Orangetönen beherrschten Rabatte ist ein Hintergrund aus Sträuchern wie *Sarcococca hookeriana* var. *digyna* und dem bräunlich rotblättrigen Holunder *Sambucus nigra* 'Guincho Purple', der sich so gut als Kulisse für leuchtende Farben eignet. Rechts sieht man eine hohe Baumpäonie *(Paeonia lutea* var. *ludlowii)* mit großen gelben Blüten. Weitere leuchtende Gelbtöne liefern die margeritenblütige Gämswurz *(Doronicum orientale* 'Spring Beauty') und Taglilien *(Hemerocallis dumortieri)* mit blasseren gelben Blüten über hellgrünem grasartigem Blattwerk. Orangetöne wie die dumpf kupferfarbenen Blätter der Wolfsmilch *Euphorbia griffithii* 'Dixter' im Vordergrund der Baumpäonie sowie Goldlack am vorderen Rand runden das Bild ab. Aber die Rottöne dominieren: Zwei Exemplare von *Paeonia* 'Nippon Beauty' mit scharlachroten Blüten und gelbem Auge umrahmen den zentralen Türkenmohn *(Papaver orientale* 'Indian Chief') mit mahagoniroten Blüten. Die linke Seite füllen zwei Horste von *P. orientale* 'Türkenlouis' mit scharlachroten, gefransten Blüten und kompaktem schwarzem Auge. Die karminrotbraune *Iris* 'Red Lion' fügt sich dekorativ in das Bild ein, umspielt von Horsten karminroter Zwergiris wie 'Clay's Caper'. Eine feine Kontrastwirkung erzeugen die violettroten Blüten von *Bergenia cordifolia* 'Purpurea' mit großen braunviolett umrandeten Blättern und die tiefvioletten Kugelköpfe des hohen Zierlauchs *(Allium* 'Globemaster').

nesseln wirken als große, kompakte Gruppe am schönsten, während andere Pflanzen wie die Goldrute *Solidago* 'Crown of Rays' und die höhere S. 'Linner Gold' schon von der Textur her im den Hintergrund gehören. Pflanzen wie die Iris benötigen entsprechend Platz, denn eingezwängt kommen ihre edlen Blüten kaum zur Geltung. Eine gute Wahl ist *Iris spuria* 'Imperial Bronze' mit über 1 m Höhe oder die bis zu 90 cm hohen Bartiris, wie 'Gingerbread Man' oder 'Red Lion'. Ihre dekorativen schwertförmigen Blätter müssen sichtbar sein, das Laub der Montbretien hingegen kann eher verschwinden, weil es steiler und weniger stark gefächert ist. Die abgeflachten Blütenköpfe der Garben *(Achillea)* wiederum verleihen der Bepflanzung eine räumliche Dimension.

Farbtupfer

Jede Rabatte, die harmonisch auf ein bestimmtes Farbschema abgestimmt ist, scheint förmlich nach einer Art Kontrapunkt zu verlangen. Da bei Gestaltungsschemen in leuchtenden Farben die Gefahr besteht, dass sie sich selbst um ihre Wirkung bringen, sind feine Dissonanzen, die Spannung in das Bild bringen, ungemein wertvoll. Als Farbtupfer könnte man sich magentarote Kronen-Lichtnelken *(Lychnis coronaria)* vorstellen. Willkommen ist auch kastanienroter Zierlauch wie *Allium sphaerocephalon*, der aus einem Meer warmer roter und orangefarbener Blüten aufschießt und die knalligen Rottöne verbindet. Dekorativ wirken auch die leuchtenden Tupfen des Fingerkrauts *Potentilla atrosanguinea* 'Flamenco', das beißend rote und orangerote Blüten hervorbringt.

Auch einige Dahlien können erfrischend schräg wirken. Allein schon ihre kaktusförmigen Blüten sind aufregend, und der schrille Pinkton von *Dahlia* 'Geerling's Jubilee' oder das Fuchsienrot von 'Hillcrest Royal' sorgen für die erforderliche »Würze«. Angesichts der großen Auswahl an Dahlien, Chrysanthemen und Lilien lassen sich Blumen wie der Türkenmohn, der nach dem Hochsommer verblüht ist, leicht ersetzen.

KARNEVALESKE FARBEN FÜR DEN SPÄTSOMMER

Beinahe wie eine zwanglose Hecke wirken die hohen grasartigen Blätter der flammendroten Montbretien *Crocosmia* 'Lucifer', die diese leuchtend rote Rabatte auf beiden Seiten einrahmen. Die dunkelbraun belaubte Blasenspiere *Physocarpus opulifolius* 'Diabolo' und zwei Gruppen bronzefarbenen Zierfenchels liefern den dunklen Hintergrund, vor dem leuchtende Farben so dekorativ wirken. Auch die scharlachrote Kronen-Lichtnelke *(Lychnis × arkwrightii* 'Vesuvius') zeigt intensiv braunviolette Blätter, ebenso die im Mittelpunkt stehende Dahlie 'Blaisdon Red', eine scharlachrote anemonenblütige Sorte. Ebenfalls im Vordergrund erscheint die Wolfsmilch *Euphorbia dulcis* 'Chameleon' mit braunviolettem Laub, übersät mit unzähligen braunen Blütchen. Solche dunklen Kontraste steigern die Wirkung der blendenden Scharlach-, Karmin-, Gold-, Chrome- und Orangetöne der kupferroten Sonnenbraut *Helenium* 'Moerheim Beauty', der rostroten *H.* 'Julisamt' und der hochroten Indianernessel *Monarda* 'Squaw'. Im Zentrum steht die Taglilie *Hemerocallis* 'Canadian Goose' mit strahlend roten Blüten und gelber Mitte über hellgrünen grasartigen Blättern, und den Rand säumen Purpurglöckchen *(Heuchera* 'Firebird') mit winzigen karminroten Blüten über Rosetten grüner Blätter. Zwischen all diesen kräftigen Farben strecken die hohen, schlanken Steppenkerzen von *Eremurus* 'Cleopatra' ihre leuchtend orangefarbenen Blütenähren in den Himmel, und der große zerzauste Alant *(Inula royleana)* steuert noch mehr orangegoldene Blüten mit bräunlich ockerfarbener Mitte bei. Dazwischen verwebt sich die Taglilie *Hemerocallis fulva* 'Flore Pleno' mit einem alles verbindenden Zimtorange und ein geschwungenes Band goldener Nelkwurz *(Geum* 'Lady Stratheden') setzt leuchtend orangegelbe Punkte dazwischen. Rechts bringt die kleinere *Hemerocallis* 'Corky' ein kräftiges Aprikosengelb ein.

Unten links: Eine neuere Sorte der zweijährigen Pantoffelblume *(Calceolaria hybrida)* mit Blüten in leuchtendem Orange.

Unten rechts: Die beinahe schwarze Sukkulente *Aeonium arboreum* 'Arnold Schwarzkopff' verleiht der reizvollen Bepflanzung dieses Steintrogs Struktur. Eine weitere Sukkulente *(Echeveria elegans)* ist mit ihren blaugrünen Blättern und den rosa Blüten mit orangefarbener Spitze ein idealer Begleiter. Die gleichen Standortansprüche stellen die sonnenhungrigen efeublättrigen Pelargonien, die mit karminroten Blüten das Farbschema abrunden.

Prachtvolle Farben

Während leuchtend bunte Farben oft einen geradezu karnevalesken Zauber verbreiten, kann man gerade Rottöne auch ganz anders inszenieren. Dabei geht es nicht um Effekthascherei, sondern um Prachtentfaltung, sodass ihr Charakter schwer und voll wird wie bei Ölfarben. Die satten Blütenfarben zeigen eine Tiefenwirkung, die den lauten Scharlach- und blendenden Gelbtönen der zuvor behandelten Kombinationen fehlt. Hinzu kommen die höheren Grauwerte, die die Farben miteinander verschmelzen, anstatt Kontraste zu erzeugen. Nichts darf »hervorspringen«, sprich: keine leuchtenden Farben und nur wenige ausgesprochen helle Töne. Weiß, Pastellfarben, reines Gelb und strahlendes Orange scheiden allein deshalb schon aus.

Einige Farben können ähnlich auch in überschäumend lebhaften Gestaltungsschemen auftreten, wie Kupfer-, Bronze-, Senfgelb-, Mahagoni- und Brauntöne; das Gleiche gilt für die Pflanzen, insbesondere für die im Spätsommer blühende Sonnenbraut, die sich in beide Gestaltungen einfügt. In Verbindung mit tiefen dunklen Schattierungen entfalten sie hier aber eine geradezu fulminante Wirkung. Blautöne wie Königsblau, Nachtblau, Indigo, Violett, Weinrot und Venezianischrot sind voluminöse Farben, die eine gewisse Schwere einbringen. Während das zuvor geschilderte Schema karnevalesker Effekte ganz von der Wirkung herausfordernder Kombinationen lebt, vermitteln diese Farben Sicherheit und Beständigkeit.

Links: Das prächtige, intensiv burgunderrote Laub der Wolfsmilch *Euphorbia dulcis* 'Chameleon' hält sich den ganzen Sommer, was die kleine Pflanze zu Recht begehrenswert macht. Die kühle Blautönung der Blätter erscheint im Herbst rötlich überlaufen.

Oben: In einem mauerumzogenen Nutzgarten wurden die Kräuter und Gemüsearten nach der Intensität der Farben ausgewählt. Die rosa getönten Speere am vorderen Rand stammen von einem Salat (*Lactuca* 'Bijou'), der »schießen« durfte. Für farbliche Tiefe sorgen dunkel violettrotes Basilikum, die bläulichrote Melde und reichlich maronenbrauner Mangold. Die dolchförmigen Spitzen des Neuseeländischen Flachses (*Phormium tenax* der Purpureum-Gruppe) bringen Spannung ins Bild, während die karminrote *Clematis* 'Ville de Lyon' und die weinrote *C. viticella* 'Royal Velours' die Mauern überziehen und die einzelnen Elemente zu einer Einheit verknüpfen.

Ein Hintergrund aus Laub

Den idealen Rahmen bilden hier rotviolette Laubgehölze, wie der Perückenstrauch *Cotinus coggygria* 'Royal Purple' mit weinroten, im Lauf des Jahres noch dunkler werdenden Blättern, aber auch der grauer getönte *C. coggygria* 'Grace' mit glatten Blättern, die sich im Herbst pflaumenblau färben. Wo genügend Raum verfügbar ist, empfiehlt sich der dunkel purpurviolettlaubige Judasbaum *Cercis canadensis* 'Forest Pansy', der 3 m hoch und ebenso breit wird. Der intensive Violett-Ton der großen Blätter erscheint fast schwarz überlaufen.

Die Berberitze *Berberis thunbergii* 'Atropurpurea' bildet einen großen, Laub abwerfenden Strauch mit etwas unförmigem Wuchs und dornigen Trieben; entsprechend geschnitten, ergeben die Pflanzen aber schöne Hecken. Die kleinen, dicht stehenden Blätter zeigen ein tiefes Violettrot, das im Herbst in einen intensiven Rotton übergeht. Ob sich Sträucher für eine formale oder frei wachsende Hecke eignen, hängt vorrangig davon ab, ob sie gestutzt oder geschnitten werden müssen. *Escallonia* 'Red Hedger' verträgt einen formalen Schnitt, ohne dass die kleinen roten Blüten ausbleiben, die im Hoch- bis zum Spätsommer zwischen dem dichten, glänzend sattgrünen Laub erscheinen. Auch Fuchsien eignen sich in geeigneten Klimaten als Einfassung, entfalten aber eine weniger formale Wirkung.

Blütensträucher

Viele Sträucher werden um der Blüten willen gepflanzt, darunter mehrere Formen der dunkelblauen Säckelblume *(Ceanothus)*, einem Frühsommerblüher, der wie geschaffen ist für eine prachtvolle Gestaltung. Der immergrüne 3 m hohe *C.* 'Concha' zeigt tiefblaue Blüten, die sich aus roten Knospen entfalten. *C.* 'Dark Star' bleibt mit 1,2–1,8 m kleiner, und der ebenso hohe *C. impressus* 'Puget Blue' bringt blauviolette Blüten hervor. Etwas früher in Blüte stehen die edlen Baumpäonien, die mit ihrem fein eingeschnittenen, üppig grünen Laub in der Rabatte noch lange nach dem Verblühen dekorativ wirken. Wie geschaffen für dieses verschwenderische Bild ist die halbgefüllte dunkel karmesinrote *Paeonia* 'Kokuryu-nishinki' oder die reich verzweigte amerikanische Züchtung *P.* 'Black Pirate' mit ungefüllten mahagoniroten Blüten.

Die nicht ganz winterharten Eibische *(Hibiscus)* sind zumindest in geschützten Gärten einen Versuch wert, denn sie blühen im Spätsommer, einer Zeit, in der die Auswahl an Blütensträuchern merklich eingeschränkt ist. *H. syriacus* 'Blue Bird' bringt im Spätsommer große violettblaue Blüten hervor, während der Flor von *H. syriacus* 'Russian Violet' eher zu Mauverosa tendiert. Beide eignen sich für den kleineren Garten. Zu den beliebtesten Spätsommerblühern gehören die Hortensien mit einer breiten Palette entsprechender Blütenfarben. Erwähnenswert sind *Hydrangea macrophylla* 'Lilacina', eine 1,5 m hohe Tellerhortensie mit viktorianisch anmutenden mauvefarbenen Blüten, aber auch *H. macrophylla* 'Geoffrye Chadbund' mit intensiv ziegelroten »Spitzenhäubchen-Blüten«. *H.* 'Preziosa', eine kompakte 1,2 m hohe Pflanze mit violetten Stielen, bringt purpurrote Blüten hervor. Die »antike« Wirkung des Laubes basiert auf der intensiv grünrot-violetten Tönung, die im Herbst in ein tiefes Weinrot übergeht.

Die Geißklee-Arten sind Frühblüher, wie etwa *Cytisus* 'Johnson's Crimson', der übersät mit kleinen karminroten Blüten im späten Frühling einen großartigen Blickfang bildet. Die immergrünen Zistrosen bringen den ganzen Sommer über herrliche Blüten hervor. Der *Cistus creticus* bildet einen 1 m hohen und breiten kompakten Strauch mit leuchtend rosavioletten Blüten, während die etwa gleich große *C. × purpureus* größere runzlige Blüten in einem dunklen Rosarot hervorbringt, die auf jedem Kronblatt einen kastanienbraunen Basalfleck zeigen. Zwischen dem tiefgrünen Laub schimmern rote Zweige hervor. Die Zistrosen eignen sich in Mitteleuropa allerdings nur für milde Regionen.

Unter den kleineren Sträuchern zeichnen sich die immergrünen Strauchveroniken durch kompakten und dichten Wuchs aus, darunter *Hebe* 'Sapphire' mit rotviolettem Laub und lavendelblauen Blüten. Gefragt sind aber auch kleinere Sträucher wie die 30 cm hohe *Fuchsia* 'Gruß aus dem Bodethal' mit dunklen violett-karminroten Blüten oder die ähnliche *F.* 'Tom Thumb' mit kirschrot-violetten Blüten.

Rosen

Strauchrosen werden um ihrer herrlichen weinroten Blüten willen hoch geschätzt. Sie blühen anhaltend und bieten eine breite Sortenvielfalt für farbenprächtige Kombinationen. Ins Auge fassen sollte man die 1,5 m hohe 'Cardinal de Richelieu', eine düster burgunderrote Gallica-Rose, die im Sommer blüht und intensiv duftet. Für den hinteren Bereich einer Rabatte eignet sich 'William Lobb', eine 1,8 m hohe Moosrose mit dunkel karminroten Blüten, die im Lauf der Zeit zu einem ungewöhnlichen Violettgrau verblassen. Mit ihrem starken Duft gehört sie zu den wertvollsten Moosrosen.

Die modernen Englischen Rosen zeichnen sich durch Robustheit und ansehnlichen Wuchs, ausdauernde Blühfreude und Krankheitsresistenz aus. Viele eignen sich auch für den kleineren Garten. 'William Shakespeare' etwa ist ein 1,2 m hoher moderner »Klassiker« mit dunkel purpurvioletten Blüten. Ihre kompakte Vierteilung unterstreicht die Intensität der Farbe. Auch einige aufregende neue Floribunda-Rosen mit altrosa Blüten verdienen Beachtung, denn sie bringen etwas vom Glanz vergangener Zeiten in die Rabatte und verbinden sich harmonisch mit Blütenstauden. 'Edith Holden' entfaltet einen warmen Braunton, 'Iris Webb' ein eher goldenes Braun, und 'Ripples' zeigt eine mauve-weinrote Farbkombination. Eine moderne Rose aus dem Kreis der Tee-Hybriden, 'Julia's Rose', beschwört mit pergamentfarbenen Blüten Zeiten herauf, in denen man noch mit dem Federkiel schrieb, obwohl es sich in der Tat um eine Züchtung des 20. Jahrhunderts handelt. Gut zur Geltung kommt sie als

Gegenüber: Das junge Laub des Perückenstrauchs *(Cotinus coggygria)* zeigt einen zarten Kupferton.

Rechts: Die aus einem Meer braunlaubiger Silberkerzen aufsteigenden Farben verschmelzen in dieser Gestaltung des Niederländers Piet Oudolf zu einer prachtvollen Komposition. Tiefrote Sterndolden *(Astrantia)* und dunkel violettrosa Spornblumen *(Centhrantus)* werden durch die schlanken Kerzen purpurvioletter Salvien hervorgehoben.

Ganz rechts: Die dunkelroten Blätter des Fächerahorns *(Acer palmatum* 'Atropurpureum') verstärken die Wirkung der Schwarzvioletten Akelei *(Aquilegia atrata)*.

üppig unterpflanzte Dreiergruppe, beispielsweise in einem Teppich violettroter Purpurglöckchen *(Heuchera)* oder einem Horst brauner Seggen, dazu dem fedrigen Laub eines bronzefarbenen Zierfenchels als verbindendem Hintergrund.

Stauden

Auch bei der Wahl der Stauden für dieses Gestaltungsbild ist die Wuchsform zu berücksichtigen. Wo durchgehend prachtvolle, in die Tiefe gehende Farben dominieren, treten Komponenten wie Habitus und Textur verstärkt in den Vordergrund. Allein schon deshalb sollte man sich überlegen, ob es sich um Pflanzen handelt, die Horste bilden oder solche, die besser in zwanglosen Gruppierungen zur Geltung kommen, ob sie sich verzweigen und büschelartige Blütenstände hervorbringen oder über einem vertikal aufsteigenden Schaft zwischen klingenförmigen Blättern eine einzelne Blüte tragen.

Der Neuseeländische Flachs bildet mit seinen lanzenförmigen Blättern einen markanten Blickfang. Die braunviolette Form *Phormium tenax* 'Purpureum', die in ihrer Heimat über 4 m hoch werden kann, erreicht selbst in Gärten mit Weinbauklima kaum mehr als 1,5 m Höhe. Man sollte ihm allerdings keine zentrale Position zuweisen, da dies altmodisch wirkt und unwillkürlich an formal bepflanzte Beete in öffentlichen Anlagen erinnert. Durch seine spezifische Wuchsform erregt der Flachs ohnehin überall Aufsehen; von daher kommen als Partner nur Pflanzen in Frage, die sich in Struktur und Ausdruckskraft mit ihm messen können, wie etwa hohe Rittersporne *(Delphinium*-Hybriden). Empfehlenswert ist eine Gruppe tiefblauer 'Blue Nile', enzianblauer 'Molly Buchanan' mit schwarzem Auge oder purpurviolettblauer 'Cassius'. Mit über 2 m Höhe sind sie auf eine Stütze wie Bambusstöcke angewiesen. Wer stärker verzweigte Formen bevorzugt, wird sich für die lediglich 1,2 m hohen Belladonna-Hybriden entscheiden, darunter den enzianblauen 'Piccolo', den samtig indigoblauen 'Atlantis' und die tiefblaue 'Kleine Nachtmusik'. Als Stütze lassen sich hier verzweigte Reiser dazwischenstecken.

Einen zart flockigen Gegensatz zu diesen ausdrucksvoll strukturierten Pflanzen bilden im Hintergrund die Blüten der Wiesenraute *Thalictrum delavayi* 'Hewitt's Double' mit winzigen lila Pomponblüten, oder *T. aquilegifolium* 'Thundercloud' mit flaumig dunkelvioletten Blütenwolken. Integrieren könnte man aber auch 1,2 m hohe, schlanke Fingerhüte wie *Digitalis ferruginea* mit rostbraunen Blüten, umrahmt von einer Gruppe intensiv weinroter Sterndolden wie *Astrantia major* 'Claret' oder 'Ruby Wedding' – auf diese Weise lassen sich die spitzen Rispen leichter eingliedern. Erneut aufgreifen könnte man diese vertikalen Effekte durch kleinere Gruppen tiefblauen Salbeis, wie *Salvia nemorosa* 'Ostfriesland' oder der indigoblauen 'Mainacht', die beide etwa 80 cm hoch werden. Auch der zierliche Doldenblütler *Anthriscus sylvestris* 'Raven's

Gegenüber: **Tiefe Blau-, Burgunderrot- und Indigoviolett-Töne verbinden sich zu einem verschwenderisch üppigen Bild – im Hintergrund das blaugrün überlaufene Laub der Iris und die mittelgrünen Storchschnabel-Blätter. Tiefblaue Iris- und violettblaue *Geranium*-Blüten blitzen zwischen den runden Blütenköpfen des Zierlauchs *(Allium giganteum)* hervor.**

Unten: **Die sommerblühende Rose 'Charles de Mills' gehört zur Gruppe der Gallica-Rosen, den ältesten Gartenrosen überhaupt. In ihren dicht gefüllten, abgeflachten Blüten verbinden sich Karmesin- und Weinrottöne, die mit der Zeit in Purpurviolett übergehen und die üppige Schönheit dieser Rose unterstreichen.**

Wing', eine frühblühende braunlaubige Züchtung des Wiesenkerbels, wirkt dämpfend. So viel über Texturen, die die kompakte Wirkung von *Phormium* und *Delphinium* auflockern.

Einen ganz anderen Wuchs zeigen die Edeldisteln *(Eryngium planum)* mit kleinen pastellblauen Blüten an verzweigten blauen Trieben, die am besten als größere Gruppe zur Geltung kommen. Sie könnten Horste der 60 cm hohen Schmucklilien *Agapanthus campanulatus* 'Isis' einrahmen, die über glänzendgrünen, riemenförmig zurückgebogenen Blättern ihre reizvollen dunkelblauen Blütendolden entfalten. Die Bachkratzdistel *Cirsium rivulare* 'Atropurpureum' bringt ähnlich stachliges Laub hervor, das in der Textur aber schwerer wirkt als das der Edeldistel; die etwas unförmigeren Pflanzen gliedert man am besten im hinteren Bereich ein, wo die distelartigen karminrot-kastanienbraunen Blüten an den 1,2 m hohen Trieben gut sichtbar sind.

Unter den Taglilien finden sich die entsprechenden Weinrottöne. *Hemerocallis* 'Starling' mit üppig schokoladenbraun-roten Blüten und knackig grünen Blättern erscheint, zwischen anderen Pflanzen verwoben, wie geschaffen für dieses Gestaltungsbild. Anderswo kann man *H.* 'Summer Wine' oder 'Princess Blue Eyes' einbringen. Um zu verhindern, dass Langeweile aufkommt, integriert man die warmen Mahagoni- und Altgoldtöne anderer Taglilien, wie etwa der zimtgoldenen 'Mauna Loa' und der ocker-orangefarbenen 'Mikado', beide mit 45 cm Höhe. Auch rostrote Bartiris können als Gruppe einbezogen werden, etwa 'Bronze Cloud' in intensivem Kupferton und leuchtend lavendelblau überlaufenen Hängeblättern, *I.* 'Tuscan' in warmem Rotgold oder die Hybridform *I.* 'Rusty Magnificence' aus Nordamerika, deren Kupferton eine reizvolle Patina zeigt. Dazwischen passen einige intensiv blauschwarze Iris wie die bekannte 'Titan's Glory' oder die tiefviolette 'Black Taffeta'. Am besten kommen diese Irisformen in größeren Pflanzungen zur Geltung, weil man sie dort nicht zu dicht setzen muss; in kleinen Gärten wirken Dreiergruppen sehr dekorativ.

Drei außergewöhnlich hohe Pflanzen passen ausgezeichnet in dieses Spektrum prachtvoller Farben. Die Engelwurz *(Angelica gigas)* mit intensiv wein-

VOLL UND ÜPPIG

Das dichte weinrote Laub des Perückenstrauchs *(Cotinus coggygria* 'Royal Purple') verleiht diesem Bild Tiefe. Rechts davon drei burgunderrote 'William Shakespeare'-Strauchrosen mit dunkelgrünen Blättern. Auf der anderen Seite die intensiv rotviolett blühende Wiesenraute *Thalictrum aquilegifolium* 'Thundercloud'. Über zartgrünem Laub schwebend, wird ihre Farbe am entgegengesetzten Ende von den Ähren des dunkelvioletten Eisenhuts *Aconitum carmichaelii* erneut aufgegriffen. Den Mittelbereich bildet ein geschwungenes Band aus *Iris* 'Tuscan' mit bronzefarbenen, wie altes Gold schimmernden Blüten zwischen bläulich überlaufenem Laub, gefolgt von den orangebronzefarbenen Blütenköpfen der Garbe *Achillea* 'Walter Funcke'. Dahinter eine Gruppe schokoladenroter Taglilien *Hemerocallis* 'Molly Sanderson'. Zwei kleine Hortensien *Hydrangea* 'Preziosa' zeigen blass pflaumenviolette Blüten zwischen dunklem Laub, das bald schon eine purpurviolette Färbung annimmt. Wie Tupfen wirken die Blüten des blutroten Fingerkrauts *Potentilla* 'Volcan' und der intensiv orangeroten Nelkenwurz *Geum chiloense* 'Dolly North', die das Bild in zwei Bereichen auflockern.

roten, rundlich kompakten Blütendolden, die bis zu 1,8 m hoch über dem üppig grünen Blattwerk stehen; wenn man die Samenstände nicht abschneidet, kann sie allerdings eingehen und muss ersetzt werden. Der zuverlässige Storchschnabel *Geranium phaeum* 'Samobor' bringt dunkel magentarote Blüten hervor. Sie sind bis zum Hochsommer zwar verblüht, das üppige, markant braun gefleckte Blattwerk wirkt aber weiterhin dekorativ. Das Eisenkraut *(Verbena bonariensis)* ist eine schlanke, verzweigte Staude mit violettblauen Blüten, die im Spätsommer an 1,5 m hohen Trieben über dem spärlichen Laub steht. Im hinteren Bereich der Rabatte wirken die Blüten wie Farbtupfer, während sie im Vordergrund mit ihren filigranen Trieben einem Schleier gleichen, durch den man die ganze Rabatte sieht.

Rechts: **Eine tropisch anmutende Bepflanzung aus frostempfindlichen Stauden, die nur den Sommer im Freien verbringen können: der verblühte ockerfarbene Gartenfuchsschwanz, *(Amaranthus caudatus* 'Viridis') neben der beeindruckenden scharlachroten Dahlie 'Zorro' und den orangeroten Blüten des dunkellaubigen Blumenrohrs *(Canna indica)* – alles betrachtet durch den transparenten Schleier des Eisenkrauts *(Verbena bonariensis).***

Nach dem ersten Sommerflor wird man die später blühenden *Helenium-* und *Chrysanthemum*-Arten willkommen heißen, denn ihre Rostrottöne fügen sich harmonisch in das Bild prachtvoller Farben ein. Die tiefvioletten Ähren des Eisenhuts *Aconitum carmichaelii* stehen noch immer in Blüte, und mit ihnen die vollen rotorangefarbenen Blüten der Sonnenbraut *Helenium* 'Moerheim Beauty' sowie die samtig kupferfarbenen von *H.* 'Coppelia', denen die dunkler braunroten Blüten von *H.* 'Julisamt' schmeicheln.

Farbtupfer

In einer überbordend vollen Gestaltung wirken Farbtupfer wie Funken, die das Bild beleben. Als Anpassungskünstler erweist sich die Witwenblume *Knautia macedonica*, die mit ihren kastanienroten Blüten über einer Grundblattrosette an Skabiosen erinnert. Die Blüten halten sich vom Hoch- bis zum Spätsommer und stehen an hohen, verzweigten, schlanken Stielen. Das horstbildende ausdauernde Fingerkraut trägt kleine, schalenförmige rote Blüten. Zu den besten Formen gehört die 75 cm hohe dunkelrote *Potentilla* 'Volcan', die ebenfalls anhaltend blüht und im Umkreis schokoladenbrauner Kosmeen *(Cosmos atrosanguineus)* gut zur Geltung kommt. Aber auch in Verbindung mit der 60 cm hohen violettblauen Glockenblume *Campanula glomerata* 'Superba', einer etwas starren, kompakt wirkenden Pflanze, macht sich das Fingerkraut gut. Zur Abrundung des Bildes trägt die königsblaue *Clematis integrifolia* bei, die sich dazwischen verwebt.

Ein Rahmen fürs ganze Jahr

Randpflanzen bilden einen Rahmen auf Bodenhöhe. Zu Beginn des Sommers ist der nur 30 cm hohe Schöterich *(Erysimum × allionii)*, eine kurzlebige Pflanze aus Nordamerika, mit samtigen kupferbraunen Blüten übersät. Abgelöst werden könnten sie später von dem niedrigen, karminrot blühenden Storchschnabel *Geranium* 'Russell Prichard', der sich bis zum Herbst hält. Weniger formal im Charakter erscheint ein Rahmen aus *Heuchera* 'Red Spangles'; die ansehnlichen grünen Blattrosetten und die roten Blütenrispen wirken den ganzen Sommer über dekorativ. Als dauerhaftere Einfassung eignet sich der Schopflavendel *(Lavandula stoechas)* mit duftenden rotvioletten Blüten über graugrünem Laub.

Frisch und natürlich

Alle, die eine Vorliebe für natürliche Dinge haben, sehen im vorwiegend grünen Garten die ideale Lösung. Er ist in der Tat zwar nicht weniger »künstlich« als Gärten in jedem anderen Farbschema, aber er lehnt sich doch sichtbar an das Vorbild der Natur an. Grün wird allgemein als Inbegriff der Frische empfunden. Diese Vorstellung trifft für den Frühling auch durchaus zu, im Spätsommer aber, wenn viele grüne Stauden kurz vor dem Ende stehen, wirken sie einfach nur noch staubig. Von daher ist es ganz wichtig, das Bild im Sommer immer wieder durch einen Schuss Creme, Hellgelb, Lindgrün, Weiß und Himmelblau aufzufrischen.

Im grünen Garten kann ein Hintergrund aus immergrünen Pflanzen das ganze Jahr eine Rahmenfunktion übernehmen. Welche »Kandidaten« dafür in Frage kommen, ist auf Seite 46 beschrieben. Das Spektrum ihrer Tönungen und Schattierungen ist keineswegs begrenzter als das anderer Farben – man denke nur an dunkles Flaschengrün, blasses Jadegrün, leuchtendes Smaragd- und frisches Apfelgrün, aber auch an warmes Frühlings- und Lindgrün. Gärten gewinnen durch dunkle Grünschattierungen an Tiefe, während eine Auswahl heller Töne das Bild flacher erscheinen lässt. Lindgrüne Töne, kombiniert mit Gelb, scheinen sich zu nähern – ein Effekt, der die Tiefenwirkung vermindert.

Links: Die cremefarbenen und hellgelben Blüten des Scheinmohns *(Meconopsis paniculata)* und Etagenprimeln bringen im Spätfrühling willkommene Farbtupfer zwischen rote Fingerhüte und Rhododendren.

Oben: Das mit cremefarbenen Knopfblüten übersäte Heiligenkraut *Santolina pinnata* subsp. *neapolitana* 'Sulphure' mutet wie ein grüner »Fluss« an, der durch ein geschwungenes Band aus violettblau blühendem Lavendel *Lavandula angustifolia* 'Hidcote', von dem leuchtenden grasartigen Laub zwergwüchsiger Taglilien getrennt wird. Dahinter zeigen sich grün blühende Purpurglöckchen *Heuchera* 'Green Ivory' und die grünen Rispen des Federborstengrases *(Pennisetum orientale)*.

Geist und Atmosphäre eines Gartens werden, wie die vorangehenden Kapitel bereits gezeigt haben, weitgehend vom warmen oder kalten Charakter der Farben beeinflusst. Tiefe, dunkellaubige Gartenräume wirken melancholisch, während helle Grüntöne Fröhlichkeit und Geborgenheit ausstrahlen. Die etwas Gelb enthaltenden wärmeren Grüntöne erscheinen einladend freundlich und bilden den idealen Rahmen für Familien mit Kindern. Sie wirken anregend und motivierend, wecken zugleich aber auch ländliche Assoziationen. Anspruchsvoller wirken die kühleren Grüntöne, die in Richtung Türkis oder Grünspan gehen und eine ruhige Stimmung verbreiten.

Gut beraten ist man mit einer Kombination aus dunklen und hellen Tönen, etwa frischem leuchtendem Grün, das sich kontrastreich von dunkleren Bereichen abhebt. Andererseits strahlen schattige Gärten einen ungeheueren Charme aus, wenn sich über jungem Frühlingsgrün bald schon ein üppiges Laubdach wölbt. Bewährte Schatten liebende Pflanzen für eine naturnahe Gestaltung sind die Nieswurz-Arten *(Helleborus)*, der Lerchensporn *(Corydalis)*, die Einbeere *(Paris)*, das Salomonssiegel *(Polygonatum)*, die Elfenblume *(Epimedium)* und *Vancouveria*, nicht zu vergessen die leuchtend grünen Farne und Hainsimsen. Sie alle werden auf Seite 160 behandelt.

Glänzende Immergrüne

Für eine frische, helle Gestaltung sollte man den ungewöhnlichen apfelgrünen Strauch *Griselinia littoralis* ins Auge fassen. Er ist in Küstengebieten verbreitet und verträgt Temperaturen bis –12 °C. Seine heitere Färbung wird insbesondere in Stadtgärten geschätzt, denn sie ist lichter als andere hell glänzende Immergrüne wie die üblichen Kirschlorbeerarten *(Prunus laurocerasus)*. Beide können zu großen Sträuchern heranwachsen, lassen sich aber problemlos zurückschneiden; vom Kirschlorbeer gibt es einige Formen, die sich sowohl in Gärten in der Stadt als auch auf dem Lande bewährt haben. Zu den größten gehört der ausladende, lediglich 1 m hohe *P. laurocerasus* 'Zabeliana' mit dunkelgrünen, schmalen Blättern. Wo es an Platz fehlt, wird der aufrechte, fächerartige *P. laurocerasus* 'Low 'n' Green' geschätzt, der kompakter bleibt. Sämtliche Kirschlorbeer-Sorten zeichnen sich durch weiße kerzenartige Blüten aus, die sich im Frühling bezaubernd von dem flaschengrünen Laub abheben.

Gefleckte, panaschierte und marmorierte immergrüne Sträucher bringen eine weitere Variante ins Spiel. Unter den zuverlässigen und robusten Aukuben gibt es eine reizvoll gefleckte Form, *Aucuba japonica* 'Crotonifolia', die ebenso glänzende und große Blätter wie die Kirschlorbeer-Arten hervorbringt. Sie vermag selbst die düstersten Winkel aufzuhellen; auch die Form 'Gold Dust' sollte man ins Auge fassen. *A. japonica* 'Salicifolia' strahlt mit ihren schlanken lanzenförmigen Blättern eine natürliche Eleganz aus. Am besten gefällt mir die kompaktere *A. japonica* 'Rozannie', die Jahr für Jahr scharlachrote Beeren hervorbringt und eine gute Wahl für schattige Gärten in der Stadt ist.

Andere genügsame und anspruchslose Immergrüne sind so anpassungsfähig, dass sie mehr Beachtung verdient hätten. Näher ansehen sollte man sich die viel geschmähten Liguster. *Ligustrum sinense* bringt hübsche weiße Blütenrispen hervor, genau wie der ebenfalls sommerblühende, aus China stammende Klassiker, *L. quihoui*.

Kleine sommergrüne Bäume

Die Laub abwerfenden Bäume und Sträucher, die sich farblich in dieses Schema einfügen, können den Rahmen für eine gemischte Bepflanzung bilden. Der

Links: **Zu den schönsten Bäumen gehört der etagenförmig aufgebaute, panaschierte Hartriegel *Cornus alternifolia* 'Argentea', der Licht in einen großen Garten wirft. Wie ein leuchtend pinkvioletter Fleck drängt sich der Blutweiderich *(Lythrum salicaria)* in den Vordergrund.**

Unten rechts: **Der Kontrast zwischen dem nahezu schwarzen, grasähnlichen Laub des Schlangenbarts *Ophiopogon planiscapus* 'Nigrescens' im Hintergrund unterstreicht das reine Weiß der Schneeglöckchen im Frühling.**

nur selten verwendete kleine Blasenbaum *(Koelreuteria paniculata)* fällt durch seine breite Krone und die großen hellgrünen Blätter auf, die bis zu 45 cm lang werden und zahlreiche tief gezähnte Fiederblättchen zeigen. Dieser hübsche kleine Baum blüht später als die meisten anderen; im Spätsommer bringt er aufrechte, hohe gelbe Blütentrauben hervor. Ausgesprochen klein ist auch der Erbsenstrauch *Caragana arborescens* 'Pendula', der über einem 1,5–2,5 m hohen Stamm eine kugelförmige Krone trägt. Er eignet sich selbst für winzige Gärten und entfaltet im Frühling blassgelbe Blüten. Im vorwiegend grünen Garten kommt sein luftig hellgrünes Laub sehr gut zur Geltung.

Da die japanischen Ahorne nur langsam wachsen, bleiben sie relativ klein, wirken aber äußerst elegant. Obwohl sie ihre Beliebtheit vor allem der purpurroten Belaubung verdanken, ziehe ich die grünen Formen vor. Allen gemeinsam ist ihr luftig zartes Blattwerk, das sich bei jedem Windhauch bewegt. *Acer japonicum* 'Aconitifolium' zeigt zierliches, fein eingeschnittenes grünes Laub, und *A. palmatum* 'Dissectum' ein ebenso zartes lichtes Grün aus locker hängenden Fiedern, die ständig in Bewegung sind und im frischgrünen Garten ein bezauberndes Bild bieten. *Acer palmatum* 'Linearilobum' fällt durch noch klarer umrissenes, fein eingeschnittenes Laub auf. Andere entfalten eine beinahe graphische Blattstruktur, so etwa die beliebte Form, *A. palmatum* 'Osakazuki', mit sieben scharf eingeschnitttenen Lappen pro Blatt, die sich im Herbst leuchtend weinrot färben.

Oben: Höchst willkommen ist im Frühling die Farbenpracht blühender Ziergehölze. Hier breiten sich die niedrigen Zweige des Weißdorns *Crataegus laevigata* 'Paul's Scarlet' über einem Meer von Wiesenkerbel *(Anthriscus sylvestris)* im hohen Gras aus.

Panaschierte Sträucher

Weiße oder cremefarbene Flecken (= Panaschierungen) unterstreichen die Frische der Rabatte, zumal panaschiertes Laub den ganzen Sommer über ansehnlich bleibt. Unter den bereits erwähnten Ahorn- und *Aucuba*-Arten gibt es buntlaubige Formen, ebenso unter den *Prunus*. Hinzu kommen zahlreiche andere, wie der zierliche Klebsame, *Pittosporum tenuifolium*, ein immergrünes Gehölz, das frostempfindlich ist, an warmen Stellen aber gute Chancen hat. Unter den *Pittosporum*-Arten finden sich sehr hohe Sträucher, fast schon kleine Bäume; sie lassen sich durch entsprechenden Schnitt aber in der Höhe eingrenzen. Die grau-grüne Panaschierung von *P.* 'Garnettii' beruht auf den welligen cremeweiß gezeichneten Konturen der Blattränder, die bisweilen rosa überlaufen sind, während *P. tenuifolium* 'Irene Patterson' aufgrund der hellgrünen Flecken jadegrün überlaufen scheint und der höhere *P. tenuifolium* 'Warnham Gold' durch limonengelbes Blattwerk auffällt. Allen gemeinsam sind die charakteristisch gewellten Blattränder, die das Licht einzufangen scheinen und ganz unterschiedliche Schattierungen erzeugen.

Einige sommergrüne Sträucher haben sich als ideale Partner bewährt, so der reizvolle weiß-panaschierte Falsche Jasmin, *Philadelphus coronarius* 'Variegatus', der leider nur langsam wächst. Die weißen Blüten duften im Frühling intensiv, die Blätter halten sich bis zum Herbst. Die Weigelie *Weigela florida* 'Albovariegata' die im Frühling hellrosa Blüten hervorbringt, ist ein weiterer panaschierter Vertreter, und die Hartriegel, wie *Cornus alba* 'Elegantissima' und der mit ihm verwandte golden-pinkfarben panaschierte *C. alba* 'Spaethii' verdienen Beachtung. Kleinere grasartige Horste eignen sich als Gruppe oder Einfassung, so etwa *Ophiopogon jaburan* 'Vittatus', eine weiß panaschierte Form des Schlangenbarts, die als immergrün geschätzt wird, und die höhere Form der Binsenlilie *Sisyrinchium striatum* 'Variegatum' mit schärferen schwertförmigen Blättern.

Weiß und grün blühende Sträucher

Der Frühling ist die Zeit der Blütensträucher, selbst wenn manche im Sommer und überraschend viele erst im Herbst ihren großen Auftritt haben. Unter den Spätblühern zeigt die 3 m hohe und breite Fiederspiere *Sorbaria tomentosa* subsp. *angustifolia* mit winzigen, flockig cremeweißen Blüten an großen konischen Rispen einen zwanglos lässigen Charme, der auch in einem spätsommerlichen Blumenstrauß bezaubernd wirkt. Die scharf gezähnten mittelgrünen Blätter und die rötlichen Triebe unterstreichen den natürlichen Charakter. Auch große weiße Züchtungen der Hortensie *(Hydrangea paniculata)* beleben den Garten, wenn der Herbst bereits naht. Eine gute Wahl ist *H. paniculata* 'Kyushu' mit grünlichen Rispen, die sich weiß färben, bevor sie zu einem fahlen Rosa verblassen. Die schönste Hortensie ist *H. arborescens* 'Annabelle', die vom Hochsommer bis zum Herbst großartige schaumig-rundliche Blütendolden hervorbringt.

Blütensträucher mit grünen Blüten passen besonders gut in ein frischgrünes Bild. *Itea ilicifolia* hat grüne, quastenförmig herunterhängende Blütentrauben, die vom Hochsommer bis zum Spätsommer unter dem glänzend immergrünen gezähnten Laub hervorschauen. An einer geschützten Stelle wie einer nach Süden gehenden Mauer bilden sie, kombiniert mit den eher waagerecht aufgebauten Tellerhortensien, einen dekorativen Kontrast. Im Spätwinter entfaltet ein weiterer grünblühender Strauch, der Perlschweif *(Stachyurus praecox)*, an ausladenden unbelaubten Zweigen seine vertikal hängenden, blass cremegrünen Trauben, die aus bis zu 20 winzigen glockenförmigen Blüten bestehen können. Der Boden sollte im Frühjahr allerdings nicht mit großblättrigen

Unten: Im reizvoll gesprenkelten Licht von Beth Chattos Waldgarten dominiert junges Frühlingsgrün, wie die vielen frisch entfalteten Trichterfarne *(Matteuccia struthiopteris)* zeigen. Zarte Farbakzente setzen die hellrosa Blüten des Wiesenknöterichs *(Bistorta officinalis* 'Superba') und die warmen Töne der bronzegrün überlaufenen Wolfsmilch *Euphorbia griffithii* 'Fireglow'.

FRISCHE FRÜHLINGSFARBEN MIT LÄNDLICHEM CHARME

Im Schatten des muschelrosa blühenden Mandelbäumchens *(Prunus triloba)* drängen sich smaragdgrüne Farne und ein Meer hellgrüner Nieswurz *Helleborus foetidus* 'Wester Flisk' mit kastanienrot getönten glockenförmigen Blütenbüscheln. Neben wogenden Horsten des sich ausbreitenden Wald-Flattergrases *Milium effusum* 'Aureum' mischen sich Akeleien *(Aquilegia* 'White Admiral') und Schlüsselblumen, bevor sie in einen Teppich aus Elfenblumen *(Epimedium × youngianum* 'Niveum') mit winzigen weißen Blüten an drahtigen Stielen übergehen. Dahinter bildet der Storchschnabel

***Geranium clarkei* 'Kashmir White' einen Kontrast zu den speerförmigen Blättern und pastellblauen Blüten der *Iris* 'Jane Phillips', die von den säulenartig dahinter aufragenden tiefblauen Blütentrauben von *Camassia cusickii* 'Zwanenberg' erneut aufgegriffen werden. Der sich stark ausbreitende cremeweiß gerandete Beinwell *Symphytum × uplandicum* zeigt spitz-ovale graugrün überlaufene Blätter und zartblaue Blüten. Auf der linken Seite ist der niederliegende Zwerg-Elfenbeinginster *Cytisus × kewensis* mit cremefarbenen Blüten übersät, während Horste des Salomonssiegels *Polygonatum × hybridum* mit blass cremeweißen Blüten an bogenförmig überhängenden Stielen den Beetrand einfassen.**

Pflanzen bedeckt sein, denn diesen Strauch muss man wirklich sehen. Leider ist die panaschierte Form *S. praecox* 'Magpie' in Baumschulen nur schwer zu erhalten. Erwähnen möchte ich aber auch eine meiner Lieblingspflanzen, den frostempfindlichen Zitronenstrauch *(Aloysia triphylla,* Syn.: *Lippia citriodora)*, der smaragdgrün überlaufen ist und im Spätsommer unscheinbare winzige weiße Blüten hervorbringt. Die aromatischen Blätter duften in voller Sonne intensiv nach Zitronen und verströmen eine prickelnde Frische.

Stauden

Es ist nicht die Blüte allein, auf der die feine Wirkung der Stauden basiert, sondern das Zusammenspiel von Blüte und Blatt. Zu den bekanntesten grün blühenden Stauden gehören die Wolfsmilch-Arten. Die ausladend massige *Euphorbia characias* subsp. *wulfenii* hat runde gelbgrüne Trugdolden, die bis zu 30 cm lang werden können; noch länger sind die Blütenstände von 'John Tomlinson'. Empfehlenswert sind unter anderem *E. palustris*, ein Halbstrauch, der

FRISCHE FARBEN FÜR DEN HOCHSOMMER

Weil es im Hochsommer in vielen Gärten an frischen, frühlingshaften Grüntönen fehlt, enthält dieses Beet eine Fülle von fedrig smaragdgrünem Fenchel, der unten links in einem geschwungenen Band der hohen Wiesenraute *Thalictrum lucidum* Widerhall findet; die flaumig cremefarbenen Blüten verbinden sich harmonisch mit dem grünen Laub. Dazwischen erheben sich zwei große Horste der Engelwurz *(Angelica)* mit riesigen lindgrünen Doldenblüten über kräftigen gerippten Stängeln. Diese imposant aufragenden Pflanzen sind durch Horste mauvevioletter Flammenblumen *Phlox paniculata* 'Blue Boy' getrennt, während die pastellblauen, an Nadelkissen erinnernden Blüten der Skabiose *Scabiosa columbaria* 'Butterfly Blue' im Vordergrund von *Thalictrum* wie kleine runde Kreise wirken. Weitere Farbakzente setzen vor dem Fenchel die schwefelgelben Blüten der Taglilie *Hemerocallis* 'Green Flutter' und noch weiter vorn die unzähligen Korbblüten der Färberkamille *Anthemis tinctoria* 'Sauce Hollandaise'. An der unteren Begrenzung bringt *Leucanthemum* × *superbum* 'Sonnenschein' noch mehr frisch cremeweiße Korbblüten mit senfgelber Mitte ein. Weiß erscheint noch einmal in den Streifen des immergrünen grasartigen Schlangenbarts *Ophiopogon jaburan* 'Vitiatus'. Die hohen Stiele des Zierlauchs *(Allium giganteum)* tragen schöne lilaviolette Blütenkugeln.

den ganzen Sommer über gelbgrüne Blüten zeigt, und für kleinere Gärten die zierlichere *E. polychroma* mit graziösem Wuchs und gelbgrünen Blüten im Frühling. Auf Bodenhöhe bringt die Walzenwolfsmilch *(E. myrsinites)* sternförmig von der Mitte ausgehende, niederliegende Triebe hervor.

Früh im Jahr schon bildet die Akelei *Aquilegia* 'White Admiral' grüne Knospen, die sich bis in den Sommer hinein zu gespornten weißen Blüten öffnen. Taglilien wie die grüngelbe *Hemerocallis* 'Green Flutter', *H. citrina* und die hohe *H.* 'Big Bird' bieten sich als Sommerblüher an. Einen dramatischen Blickfang bildet aber auch die imposante Engelwurz *(Angelica archangelica)* – ob als Solitär oder als Dreiergruppe eingesetzt –, eine dominante skulpturale Pflanze mit grünen rundlichen Blütendolden, die im Hochsommer über sattgrünem Laub und bis zu 2 m hohen Trieben stehen. Weiter unten könnte man Sterndolden wie *Astrantia major* subsp. *involucrata* 'Shaggy' ansiedeln; die langen Hochblätter mit den grünen Spitzen zeigen eine elfenbein- und blass pinkfarbene Tönung. Einen Kontrast bilden die wohlgeformten Blütenähren der hohen, spätblühenden Fackellilien *Kniphofia* 'Percy's Pride', die wie beißend gelbgrüne Kerzen aufsteigen, und die ebenso hohe, aber später blühende *K.* 'Forncett Harvest', die einen kräftigeren Gelbstich zeigt. Die wesentlich kompaktere zitronengelbe *K.* 'Little Maid' eignet sich für beschränkte Platzverhältnisse.

Schwertlilien kommen mit ihrer ganz ähnlichen Grünwirkung für große wie kleine Gärten in Frage; empfehlenswert ist die hellgrüne *Iris* 'Cleo Murrell' oder die gelbe *I.* 'Green Ice'. Die Purpurglöckchen *Heuchera villosa* und *H.* 'Green Ivory' bringen unzählige kleine grüne Blüten hervor. Diese Stauden können sich zwischen anderen Pflanzen verweben oder als Einfassung dienen, denn ihre winzigen Blüten stehen in Rispen über den schönen Blattrosetten. Ganz ähnlich wirkt die immergrüne Falsche Alraunenwurzel *(Tellima grandiflora)*, die sich allerdings stark ausbreitet und besser naturnahen Bereichen vorbehalten bleibt.

Cremefarbene Blüten

Die blassen Gelbtöne wie Zitronen-, Primel- und Cremegelb entfalten eine spontane Frische, die sich ausgezeichnet in das breite Spektrum der Grüntöne einfügt. Als »das kleine Schwarze« im Reich der Blumen, das überall angebracht ist, kombiniere ich Creme mit den unterschiedlichsten Farbschemata. Eine Vorliebe habe ich für das smaragdgrüne Laub des Heiligenkrauts *(Santolina rosmarinifolia* subsp. *rosmarinifolia* 'Primrose Gem'), das mit seinem feinen, farnartig eingeschnittenen Laub weder dem Fenchel noch den zarten Fiedern des Spargels *(Asparagus)* nachsteht. Andere Formen wie *S. pinnata* subsp. *neapolitana* 'Sulphurea' und *S. chamaecyparissus* var. *corsica* 'Lemon Queen' bieten ähnliche Farben. Früh schon im Gartenjahr bringen aber auch zahlreiche große Sträucher wie die Geißklee-Arten *(Cytisus × kewensis)* blassgelbe Blüten hervor. Um die gleiche Zeit blüht auch die Stauden-Pfingstrose *Paeonia mlokosewitchii* mit offenen schalenförmigen Blüten; ihr leuchtendes Zitronengelb bildet einen schönen Kontrast zu dem bläulich grünen Laub.

Als wertvolle Stauden erweisen sich in diesem Farbschema auch die Garbe *Achillea taygetea* und die kleinere Form *A. × lewisii* 'King Edward'. Mit dem ländlichem Flair des Naturgartens harmonieren ebenso auch Korbblüten wie die zitronengelb blühende Färberkamille *Anthemis tinctoria* 'E. C. Buxton' oder die blass cremegelben Blüten der etwas größeren *A. tinctoria* 'Sauce Hollandaise'. Alle hier erwähnten Pflanzen haben sich als sehr anpassungsfähig erwiesen, ob großflächig in weitläufigen Staudenbeeten eingesetzt oder als Dreieck aus drei bis fünf Pflanzen in kleineren Gärten. Die horstbildende Strohblume *(Helichrysum* 'Schwefellicht') eignet sich für jede Größenordnung. Ihre flockigen primelgelben Blüten stehen an blassgrauen filzigen Stielen. In einer großen Rabatte könnte man als Hintergrund ein weites Band der Wiesenraute *Thalictrum lucidum* pflanzen.

Unten: **Eine der reizvollsten Tulpen, *Tulipa* 'Sweet Harmony', trotzt selbst rauen Witterungsverhältnissen. Die sonnengelbe Basis der Kronblätter hellt sich zur Spitze hin weiß auf und leitet, kombiniert mit frischgrünen Farnen, vom Frühling in den Sommer über.**

Ganz unten: **Eine grünlich überlaufene weiße Form der Christrose *(Helleborus orientalis)* fängt zusammen mit dem Blaustern *Scilla bithynica* das kühle Licht der Frühlingssonne ein.**

Chic und zeitgemäß

Viele kleine Gärten werden heute minimalistisch schlicht gestaltet. So entsteht ein Raum im Freien, der Disziplin und zurückhaltende Eleganz ausstrahlt. Nicht einmal die Pflanzen scheinen sich hier groß zu ändern, denn Immergrüne wie Magnolien oder Keulenlilien *(Cordyline)* sind Teil des Designs. Der Pflegeaufwand hält sich derart in Grenzen, dass man eher einmal zum Besen als zum Spaten greifen muss. Die differenzierte Planung minimalistischer Gärten lässt sich am besten auf kleine Räume in der Stadt übertragen, wo Innen und Außen eng miteinander verflochten sind.

Auch für die Farben gilt das Prinzip der Beschränkung. Oft dominieren weiße Blüten, aber auch silberlaubige und »schwarze« Pflanzen. Auch neutrale Töne, wie stroh-, honiggelbe oder pergamentfarbene Gräser fügen sich hier harmonisch ein. Und da es sich um einen Garten handelt, ist Grün natürlich immer vertreten. Wer Mut zur Farbe aufbringt, kann im modernen Garten aber auch kräftige Primärfarben einsetzen. Bei der Planung sollte man sich überlegen, für wie viele Pflanzen Raum ist und wie viele letztlich erwünscht sind. In einem derart schlichten Gestaltungsschema wird man sich generell auf Gewächse beschränken, die sommers wie winters Aufmerksamkeit erregen.

Obwohl dieser Garten mit seinen Formschnittbäumen beinahe 400 Jahre alt ist, wirkt das schlichte formale Konzept zeitlos klassisch. In jedem der Beete drängt sich eine harmonische Mischung neuerer Stiefmütterchen-Hybriden.

Formal wirkende Sträucher

Da keine Pflanze das ganze Jahr über blüht, empfiehlt es sich, mit strukturbildenden Sträuchern und ihren panaschierten Formen ein bleibendes Bild zu schaffen. Auch unter den frostempfindlichen exotischen Pflanzen fallen viele durch spektakulären Wuchs und Charakter auf. Sie sind im Winter allerdings auf Frostschutz angewiesen, wenn man sie nicht von vornherein als Kübelpflanzen behandelt und ins Haus stellt (siehe Seite 172). In einem geschützten Innenhof in der Stadt dürften manche den Winter überleben, solange die Temperaturen nicht so stark fallen wie in der offenen Landschaft.

Bevor man sich für einen Blütenstrauch entscheidet, gilt es abzuklären, ob er als Hintergrund oder zentraler Blickfang dienen soll, wie seine Blüten wirken und ob er bei entsprechender Größe eine Stütze, wie etwa eine Mauer benötigt. Von vorrangiger Bedeutung in diesem Gestaltungskonzept ist die Wuchsform. Frische Gänseblümchenhorste oder verschwenderisch blühender weißer Phlox haben hier nichts verloren. Gefragt sind indes elegante Sträucher wie die immergrünen Kamelien. Wo es an Platz fehlt, empfiehlt sich die kompakte 1,5 m hohe *Camellia japonica* 'Nobilissima' mit anemonenblütigen einfachen Blüten. Aufsehen erregt die eher baumartige Form, *C. sasanqua* 'Narumigata', die im Spätsommer oder Herbst blüht und intensiv duftet, leider aber etwas frostempfindlich ist.

Wie geschaffen für moderne Gärten sind auch die unübertrefflichen Magnolien wie die immergrüne *Magnolia grandiflora* 'Edith Bogue', eine hohe winterharte Form aus Amerika, die frei stehend oder an einer Mauer gezogen werden kann. Ideal für kleine Gärten ist die lediglich 1,5 m hohe Sternmagnolie *Magnolia stellata* 'Royal Star' mit schmalen, spitz zulaufenden weißen Kronblättern. Wo genügend Platz ist, ließe sich *M. × soulangeana* 'Lennei Alba', eine Laub abwerfende Magnolie, die 6 m hoch wird, oder *M. × loebneri* 'Spring Snow', ein 9 m hoher Baum, ins Auge fassen. Die Orangenblume *(Choisya ternata)* zeigt einen schönen, klar strukturierten Wuchs, glänzend smaragdgrüne, dreilappige Blätter und weiße Blütenbüschel. Die Hybride *C.* 'Aztec Pearl' ist mit 1,5 m kleiner und hat schmalere Einzelblätter, aber etwas größere Blüten, die in der Knospe rosa überlaufen sind. Beide duften wie Orangenblüten. Sie blühen im späten Frühling und danach noch einmal im Sommer.

Minimalistisches Grün

Der ausschließlich grüne Garten ist das Gegenstück zu dem oben beschriebenen frischgrünen Gartenstil. Er beschränkt sich auf schlichte Farbgebung und wirkt äußerst diszipliniert – Design als bestimmende Komponente. Die Form tritt verstärkt ins Blickfeld; speer- oder schwertförmige große Blätter und Formschnittskulpturen gewinnen hier nachhaltig an Bedeutung.

Bambus wirkt immer zeitgemäß. So könnte man den Schwarzen Bambus *(Phyllostachys nigra)* mit seinen dunklen Trieben als eine Art Mauer einsetzen oder mit einer schönen Solitärpflanze einen Blickfang bilden. Für Formschnittelemente eignen sich Buchs, Heckenkirsche, Eibe, Steinlinde, Stechpalme und mediterrane Zypressen im Kübel; durch ansehnliche smaragdgrüne Zwerghecken lassen sich die Konturen der Gestaltung unterstreichen. So könnten einzelne oder eine Kombination der hier aufgeführten Pflanzen einen bleibenden grünen Blickfang bilden und mit ihrer formalen Wirkung den Charakter des minimalistischen Gartens bestimmen, ganz gleich wie groß er ist.

Weiß panaschierte und silberne Blätter

Einige panaschierte Pflanzen wie die immergrüne Fächeraralie *Fatsia japonica* 'Variegata' bieten in einem kleinen formalen Garten einen unübersehbaren Mittelpunkt. Die *Fatsia* bevorzugt Halbschatten, ebenso wie der Spindelstrauch *Euonymus fortunei* 'Silver Queen', eine cremeweiß-grüne Blattschmuckpflanze, die im Lauf der Jahre ganze Mauern überziehen kann. Das Spektrum der silberlaubigen Sträucher (viele werden im letzten Kapitel behandelt, siehe Seite 166) ist sehr groß; dennoch eignen sich einige besonders gut für anspruchsvolle Gestaltungen.

Die australischen Eukalyptusbäume lassen sich jedes Jahr stark zurückschneiden und bilden so in geeigneten Klimaten auch für den kleineren Garten edle immergrüne Sträucher. *Eucalyptus gunnii* gehört zu den am schnellsten wachsenden und frostverträglichsten Exemplaren. *E. niphophila* bringt größere, aber schmalere graugrüne Blätter hervor. Eine kleine Form, *E. moorei*, bildet einen eleganten, etwa 2,4 m hohen Baum mit weißen Blüten, die lange Staubgefäße zeigen. Als Solitär kommt er in einem kleinen minimalistisch gestalteten Garten bestens zur Geltung; er benötigt wie die anderen Winterschutz oder sollte im Kübel gehalten werden, gehört aber leider nicht zum gängigen Sortiment der Baumschulen. Sehr gut in dieses Gestaltungsbild passen auch die silberstämmigen Birken wie die weiße Himalaya-Birke *Betula utilis* 'Jacquemontii', die mit ihrer silberweißen Rinde eine beruhigende Stille ausstrahlt.

Links: Die zart rosavioletten Blüten und weißen Staubgefäße der Clematis kommen vor dem mit pinkfarbenen Ornamenten verzierten Plexiglas zwischen den pastellblauen Pfeilern gut zur Geltung.

Unten: Schlichte Farbkombinationen wirken am besten in flächigen Bepflanzungen. Hier werden die tief violettblauen Lupinen durch ein Meer weißer Doldenblütler hervorgehoben.

Weiße Gärten

Der ausschließlich weiße Garten ist faszinierend, denn Weiß ist in der Tat fast immer eine sehr blasse und zurückgenommene Variante einer Farbe, die je nach Ausgangsfarbe warm oder kalt wirkt. So strahlen etwa blasse Rosa-

MINIMAL CHIC IN EINEM HOF

Das symmetrische Design ist an der Form der schmalen Steinfliesen orientiert. Die nach Höhen gestaffelten Pflanzen zeigen dunkle oder neutrale Farben, die durch einen Schuss leuchtendes Gelb oder Magentarot aufgehellt sind. Im Hintergrund fällt Licht durch die hohen schwarzen Halme und das üppig grüne Laub des Schwarzen Bambus *Phyllostachys nigra*. Davor erhebt sich eine Reihe hoher Steppenkerzen *(Eremurus stenophyllus)* mit dottergelben Blütenähren und weiter vorn die Fackellilie *Kniphofia* 'Timothy' mit cremeweiß überlaufenen, zart karminroten Blütenköpfen, die aus den grünlich blauen schwertförmigen Blättern aufsteigen. Ein kleiner alpiner Storchschnabel *(Geranium cinereum* subsp. *subcaulescens)* umspielt mit seinen magentaroten Blüten den Fliesenrand. Im rechten Winkel dazu verlaufen entsprechend der Breite der Fliesen zwei parallele Reihen aus »schwarzem Gras« *(Ophiopogon planiscapus* 'Nigrescens'). Um das Pflanzschema abzurunden, folgen noch einmal Kniphofien, hier 'Toffee Nosed' mit braunen Blütenähren und cremefarbenen Spitzen.

Oben rechts: **Elegante schlichte Formalität in einer ganz anderen Farbgebung. Hier umrahmen akkurat quadratische Sockel aus Buchs eine Reihe Akazien *(Robinia pseudoacacia* 'Frisia') mit sonnengelbem, flatterndem Laub – ein belebender Kontrast zu dem streng geometrischen Design.**

Unten rechts: **Dieser von Piet Oudolf entworfene zeitgemäße Garten bildet mit seinen wolkenartigen Pflanzenskulpturen und den starr in Form geschnittenen Buchsquadern das formale Pendant zu der paneelartigen Wand im Hintergrund. Eine sorgfältig ausgewählte Kombination dunkler Blüten von Sterndolden *(Astrantia)*, Spornblumen *(Centranthus)* und Salvien fügt sich harmonisch in das Bild ein.**

oder Cremetöne im Vergleich zu sehr hellem Blau oder Lila Wärme aus. Auch Weiß scheint sich zu nähern, insbesondere in dunklen Bereichen, wie weiße Fingerhüte in einem schattigen Garten zeigen. Überraschend ist aber auch, dass Weiß dunkel wirken kann. So wird ein weißer Fensterrahmen im Hausinnern unter Umständen dunkler als der Himmel draußen erscheinen, weil der Himmel als Lichtquelle heller als jedes künstliche Licht ist. Die weißen Blüten eines Kirschbaums sind vor einem grauen Himmel kaum sichtbar, treten vor einem blauen Himmel aber großartig hervor.

Wer in einem modernen Gestaltungsschema mit Stauden arbeitet, sollte keine üppige Bepflanzung anstreben. Greifen Sie stattdessen zum Bärenklau *(Acanthus spinosus)* mit seinen blasslila-weißen Blüten, die im Sommer an hohen Ähren über dem dekorativen Laub stehen – das Blattwerk soll im alten Griechenland Vorbild für die korinthischen Säulen gewesen sein. Oder zur stacheligen Edeldistel *Eryngium horridum* mit ihren auffallend grünweißen Blüten; als Alternative bietet sich die silberblaue *E. variifolium* an.

Eine gute Idee sind auch quadratische Beete für Pflanzen wie die kühlweiße *Iris* 'Mesmerizer', die in Kalifornien elf Monate lang blühen soll – eine Erwartung, die sich anderswo allerdings nicht erfüllen dürfte – oder die sehr schön gerüschte *I.* 'Art School Angel'. Auch Schmucklilien *(Agapanthus campanulatus* var. *albidus)* mit weißen Blütendolden über hohen Stielen sowie Glockenblumen wie *Campanula persicifolia* 'Hampstead White' fügen sich gut in dieses formale Bild ein.

Eine prächtige Wirkung entfaltet der Türkenmohn *(Papaver orientalis* 'Perry's White') mit üppigen pergamentartigen Blüten und kontrastierendem schwarzem Basalfleck. Da die Blütezeit des Mohns im Sommer bereits vorüber ist, könnte der weiße Spaltgriffel *Schizostylis coccinea* var. *alba* folgen, denn seine schalenförmigen, kleinen weißen Blüten, die zwischen den Horsten der grasartigen grünen Blätter so zahlreich erscheinen, halten sich vom Spätsommer bis zum Spätherbst. Als Bodendecker einsetzen lässt sich der ganzjährig silberlaubige Beifuß *Artemisia schmidtiana* 'Nana', während die Grasnelke *Armeria maritima* 'Alba' eine dunkelgrüne grasartige Einfassung bildet, die vom ausgehenden Frühling bis zum Hochsommer bezaubernde weiße Knopfblüten zeigt.

Links: **Umgeben von einem Wald aus blaugrünen Irisblättern und überragt von den tiefblauen Blüten der *Iris* 'Black Taffeta' wird die intensiv samtige Textur des Stiefmütterchens *Viola tricolor* 'Bowles Black' nachhaltig hervorgehoben.**

Gegenüber oben: **Ein Refugium der Ruhe, verborgen hinter der schlichten dunkellaubigen Bepflanzung der bronzebraunen Buchenhecke und einer »Wand« aus schwarzen Bambus-Halmen. Einziges Blütengehölz: eine weiße Kletterrose.**

Gegenüber unten: **Im Winter präsentiert sich die feine Wirkung junger Triebe als transparentes Dickicht, das mit seinem schlichten schönen Farbspektrum eine Hängebirke *(Betula pendula)* einrahmt. Die hochroten Triebe der Silberweide *(Salix alba* 'Chermesina') schieben sich wie ein Schleier vor den lindgrünen Hartriegel *Cornus stolonifera* 'Flaviramea', dahinter schließt sich eine weitere Reihe der weiß blühenden Tangutischen Himbeere *(Rubus cockburnianus)* an.**

Dunkle Blüten- und Laubfarben

Kämen nicht leuchtende oder sehr helle Farben hinzu, so würde ein Garten mit vorwiegend dunklen Blättern und Blüten leicht düster wirken. Aber dramatische Farbkontraste, Gegensätze zwischen dunklen und hellen Tönen, passen gut in das Design eines schicken Innenhofs, während sie in einem weniger formal bepflanzten Garten eher befremdend wirken. Blüten und Blätter sind in Wirklichkeit ja nie richtig schwarz, sondern bauen vielmehr auf Blau-, Rot- oder Purpurviolett-Tönen auf, erscheinen aber dennoch so dunkel, dass sie als schwarz wahrgenommen werden.

Intensiv wie Tusche wirkende Farben finden sich unter den Iris, Tulpen, Taglilien, Storchschnäbeln, Akeleien und Veilchen. Wovon Iris-Züchter träumen, verraten Namen wie *Iris* 'Demon', eine tief purpurviolette Form, 'Night Game' in zurückhaltendem Aubergine, 'Hello Darkness', eine dunkel violettschwarze Hybride aus Amerika, und 'Midnight Oil' als dunkelste Variante. Das Farbspektrum der Iris ist ebenso bemerkenswert wie die Palette der Künstlerfarben, und die Taglilien stehen diesen in nichts nach. Es gibt unzählige neue Züchtungen mit dunklen Blüten, wie *Hemerocallis* 'Night Beacon', eine Form, die durch ein üppiges Braunviolett mit blendend gelbem Auge auffällt, 'Chicago Blackout', als »brombeerfarben überlaufenes Rot« beschrieben, sowie 'Black Knight', 'Black Falcon', 'Black Magic' und 'Black Prince'.

Nahezu schwarze Blüten finden sich vielfach auch unter Einjährigen, frostempfindlichen Stauden und »exotischen« Pflanzen. Verzweigtes schwarzes *Aeonium arboreum* 'Swartkop' wirkt immer spektakulär, ist aber auf ein frostfreies Klima angewiesen oder muss im Winter ins Haus gestellt werden. *Aeonium* kommt als Solitärpflanze am besten zur Geltung, andere Stauden lassen sich in geometrischen Beeten aber durchaus auch als größere Gruppen einfügen. Im Frühjahr bieten sich Akeleien wie *Aquilegia vulgaris* 'Black Barlow' an oder die zweifarbige Form, *A.* 'William Guiness', deren kastanienbraune Blüten dank der weißen Krone schwarz erscheinen. Auf einen ganz ähnlichen Trick ist die Wirkung der Nelke *Dianthus chinensis* 'Chianti' zurückzuführen, einer tief burgunderroten Form mit Blütenblättern, die infolge der weißen Bereifung schwarz wirken.

Für ein »schwarzes« Beet kommen die dunkel weinrote Flockenblume *Centaurea cyanus* 'Black Ball' in Frage, aber auch große Gruppen aus Bartnelken, wie etwa die *Dianthus barbatus* der Nigrescens-Gruppe 'Sooty'. Für Höhe sorgen die nach Schokolade duftenden Kosmeen *(Cosmos atrosanguineus)*, hohe Stockmalven wie die kakao-schwarze *Alcea rosea* 'Nigra' oder die gekräuselte, dunkel kastanienbraune Neuheit 'Jet Black'. Reihenweise eingesetzt, bilden sie in einem anspruchsvollen Design Aufsehen erregende Vertikalen. Der schwarze grasartige Schlangenbart *Ophiopogon planiscapus* 'Nigrescens' eignet sich als Beeteinfassung.

Um dem Bild Höhe zu verleihen, kann man eine frostempfindliche Winde wie *Convolvulus* 'Knowlian's Black', kombiniert mit der spät blühenden, samtig kardinalroten *Clematis viticella* ' Royal Velours' an Metallstangen hochklettern lassen. Der tiefdunkle Purpurviolett-Ton der Winde und das majestätisch dunkle Weinrot könnten auf Bodenhöhe von Veilchen wie *Viola* 'Molly Sanderson' und einer neuen Form, *V.* 'Blackjack', aufgegriffen werden. Beide haben größere Blüten als *V.* 'Bowles' Black'; letztere aber hält sich über Jahre, denn sie sät sich von selbst aus.

Wer diese Kombination für zu düster hält, einen Kontrast mit Weiß aber scheut, könnte mit einer kräftigen Farbe gelegentlich leuchtende Akzente setzen. Wie geschaffen dafür sind die orangeroten Blütenähren der Steppenkerze, die Säulen kadmiumgelber Fackellilien, scharlachrote lilienblütige Taglilien *(Hemerocallis* 'Stafford'), fluoreszierende *Alstroemeria* oder enzianblauer *Agapanthus* – allerdings nicht alle auf einmal, denn auch hier heißt das Zauberwort: Beschränkung..

Farbe als Gestaltungselement

Einführung

Gartengestaltung ist bis zu einem gewissen Grad eine Frage der Ausgewogenheit und Harmonie. Nutzung und Gliederung der verfügbaren Fläche erfordern ein entsprechendes Design, durch das es die einzelnen Komponenten wie Pflanzen, Materialien, Formen und Räume zu verbinden gilt, um dem Garten ein einheitliches Bild zu verleihen. Schwierig kann es werden, wenn der Gartenfreund in seiner Begeisterung die unterschiedlichsten Facetten dieser Kunst zu verbinden und genießen sucht. Betrachtet man das verfügbare Handwerkszeug, so dürfte die Farbe mit zum Heikelsten gehören. Kreativ eingesetzt, vermag sie jedoch die Gestaltung zu lenken und dem Garten Zusammenhalt und Geschlossenheit zu verleihen.

Um eine solche Ausgewogenheit zu erzielen, bedarf es einer einfallsreichen Kombination der Farben. Ganz gleich, ob diese ruhig und zurückhaltend oder dramatisch und lebensfroh sind – immer drückt sich in ihnen zwangsläufig die Atmosphäre des Gartens aus. Entscheidend ist aber auch die entsprechende Verteilung der Farben, die weder wie beliebige Kleckse wirken noch den Garten zerteilen darf. In einem großen wie in einem kleinen Garten zählt vorrangig die Verknüpfung der Farben. Dabei lassen sich mit etwas Geschick auch ganz unterschiedliche Lieblingspflanzen unterbringen.

Eine vollkommen harmonische und ausgewogene Bepflanzung kann aber leicht langweilig wirken, wenn nicht durch zarte Kontraste für Spannung und Würze gesorgt wird. Ein weiteres Gestaltungsprinzip heißt, innerhalb der Bepflanzung einen Blickfang zu schaffen, der das Auge anzieht und Aufmerksamkeit erregt. Zur Steigerung der Wirkung können auch die Nachbarpflanzen beitragen. Ob es nun darum geht, einen Blickfang zu schaffen oder Spannung zu erzeugen – beide Ziele lassen sich durch den Einsatz von Farbe verwirklichen.

Wie man letztlich vorgeht, hängt ganz von dem gewünschten Effekt ab. Im Folgenden werden wir uns eingehend mit Gestaltungskomponenten wie Ausgewogenheit, Einheit, Kontrast und Wirkungssteigerung befassen, denn sie alle sind Schlüsselelemente für den Einsatz von Farbe im Garten.

Vorhergehende Seite: Bänder aus *Sedum*, *Astilbe* und Majoran erzeugen feine Farbabstufungen.

Links: Kühles salbeigrünes Lavendellaub schafft eine zarte Verbindung zu dem verwaschenen rosa Putz der Mauer im Hintergrund. Im Sommer beleben leuchtend orangerote, in Töpfen gezogene Kumquats *(Fortunella japonica)* das Bild.

Ausgewogenheit

Ein Garten, dem es an Balance fehlt, wirkt ruhelos und unattraktiv. Die geschickte Verbindung der Farben innerhalb des Geländes kann hingegen entscheidend zur ausgewogenen Atmosphäre eines Gartens beitragen. Sind die Konturen und Räume erst einmal definiert, so lässt sich das Auge durch die Farben lenken, indem sie wie eine Art Klammer den Entwurf zusammenhalten und Harmonie vermitteln. Ob dieser »Balanceakt« gelingt oder nicht, hängt wesentlich von der Verbindung und Kombination der Farben ab.

Da es sich um einen dreidimensionalen Raum handelt, nehmen wir bei einem Gang durch den Garten die unterschiedlichsten Farbgruppen wahr. Dennoch sollte das Auge zunächst einmal das Bild des Gartens als Ganzes erfassen, bevor die Aufmerksamkeit auf einzelne Details gelenkt wird. Am besten sucht man sich einen »Aussichtspunkt« wie ein Fenster oder die Terrasse, von dem aus sich überblicken lässt, wie sich die Farben über den Raum verteilt wiederholen, wenn auch in Form unterschiedlicher Pflanzen und Proportionen. Wer die Farbtöne und Graustufen – ob warm oder kalt, hell oder dunkel – in die Planung einbezieht, vermag über die Palette der Farben die Atmosphäre und Stimmung des Gartens zu prägen.

Rechts: **Für Ausgewogenheit sorgen in diesem überbordend farbenfrohen Bild leuchtend rote Kaktusdahlien auf beiden Seiten des Wegs. Ihre Intensität wird durch kleinblütige apricotorangefarbene Dahlien auf der einen Seite und flammend orangerotes Blumenrohr *(Canna striata)* auf der anderen stabilisiert. Dunkles Laub auf beiden Seiten verbindet sich mit den Blättern von *Canna* 'Assaut', während sich das purpurviolette Eisenkraut *(Verbena bonariensis)* dazwischen verwebt.**

Wiederholung

Wie wir bereits gesehen haben, wirkt die rhythmische Wiederholung ähnlicher Farbkombinationen wie eine Klammer, die die einzelnen Gestaltungselemente des Gartens zusammenhält. Da nur wenige Gärten über genügend Platz verfügen, um einen separaten Kräutergarten, einen gesonderten Bereich für Einjährige oder eine den ganzen Sommer blühende Staudenrabatte anzulegen, richtet sich unser Augenmerk auf den Garten als Ganzes und seine Atmosphäre.

Farben wie reine Rot- und lebhafte Gelbtöne schreien förmlich nach Beachtung und bringen die ruhigeren Blau- und Grüntöne, die eine leisere Sprache sprechen, regelrecht zum Verstummen. Leuchtende Farben sind herrlich, aber sie verlangen eine Art Gegengewicht. Wenn die sonnige Seite eines Gartens mit kräftigen, leuchtenden Farben wie Gelb und Orange, Scharlach- und Purpurrot auftrumpft und die andere sich mit zarten Rosa-, Creme-, Lila- und Apricot-Tönen zurückhält, entsteht ein schräges und unausgewogenes Bild.

Wer sich bei der Planung des Gartens eine Wippe vorstellt – am jeweiligen Ende des Balkens Kinder, die im gleichen Abstand von der Mitte platziert etwa gleich viel wiegen –, dürfte mit der Ausgewogenheit des Gartens kaum Schwierigkeiten haben. Während eine symmetrische Wiederholung der gleichen Farbe im formalen Garten dekorativ wirkt, wird sie anderswo geradezu eintönig erscheinen. So versuchen viele Gärtner, sich am Vorbild der offensichtlichen Zufälligkeit in der Natur zu orientieren, indem sie bewusst vermeiden, dass sich das Auge auf einen zentralen Blickfang richtet, der den Garten in zwei Hälften teilt.

Im Design eines Gartens kann daher eine asymmetrische Art von Balance oft lebendiger und interessanter wirken. Um erneut auf das Bild der Wippe zurückzukommen, sollte man sich überlegen, wie sich das »Gewicht« verschieben lässt, indem man etwa die leichtere Seite weiter vom Zentrum abrückt, um die Wippe horizontal zu halten. Auf den Garten übertragen heißt dies, dass zwei dominante rote Flecken auf der sonnigen Seite des Gartens durch einen ähnlichen, aber größeren roten Bereich auf der anderen Seite auszugleichen sind. Dazu müssen keineswegs die gleichen Pflanzen verwendet werden. Eine Gruppe roter Garben *Achillea millefolium* 'Red Beauty' und

Oben: Schopflavendel *(Lavandula stoechas)* mit unzähligen leuchtend magentavioletten Blüten wechseln sich mit Horsten lavendelblauer Katzenminze *(Nepeta sibirica)* links und rechts des Weges ab.

Links: Rot- und Gelbtöne ziehen sich in rhythmischer Wiederholung durch diesen Garten. Feuchtigkeitsliebende Pflanzen wie das goldene Kreuzkraut *Ligularia dentata* 'Desdemona' und die blutrote *Lobelia* 'Will Scarlet' geben den Ton an. Diese Farben werden mit lebhaft roten Dahlien wie 'John Prior' und in der Ferne mit gelben Rudbeckien und Lilien erneut aufgegriffen.

Montbretien *Crocosmia* 'Lucifer' könnte in einem einzigen größeren Bereich roter Lupinen wie *Lupinus* 'My Castle' ein Gegengewicht finden. Dank der Ausgewogenheit wird das Auge nicht zwischen beiden Gruppen hin- und hergerissen, sondern nach Belieben dahin oder dorthin wandern. Solche Planungsprinzipien wirken auf Grund dessen, dass unser Gehirn in seiner Logik das, was wir sehen, in eine Ordnung zu bringen versucht.

Rhythmus und Bewegung

Alle visuellen Kompositionen, darunter auch dreidimensionale Gartenräume, enthalten ein Element der Dynamik. Wir bewegen uns darin, ob physisch oder imaginär, wobei wir uns von den Verbindungen zwischen den Räumen und Formen oder einem ausgeprägt richtungsweisenden linearen Design lenken lassen. Farben können ebenso effektiv sein wie Linien, denn sie sprechen uns spontan an und wirken in unserer Vorstellung weiter. Auf diese Weise helfen sie uns, über den Raum hinweg Verbindungen zu schaffen. Solche Farbverbindungen können überall auftreten. Ganz gleich, ob kräftige oder ruhigere Farben und Töne das Bild prägen – das Auge verknüpft sie miteinander, selbst wenn sie sich nicht in unmittelbarer Nähe befinden. So lassen wir uns von optischen Reizen immer wieder durch den Garten leiten, um ihn aufs Neue zu entdecken.

In einer Rabatte wie im Garten als Ganzes stellen größere Sträucher immer skulpturale Farbblöcke dar. Diese an sich statisch wirkenden Blöcke können durch Wiederholung oder in Form eines ganz ähnlich gefärbten anderen Strauchs eine rhythmische Beziehung entwickeln. Die größeren Sträucher, die zugleich auch einen größeren Fleck Farbe einbringen, prägen das Bild eines Gartens unter Umständen so stark, dass sie ungewollt zu einem Blickfang werden. Verhindern lässt sich dies beispielsweise, indem man sie in ganz ver-

Oben: Die violettblauen Kugelköpfe des Zierlauchs *(Allium aflatunense)* schmücken zu Beginn des Gartenjahrs in rhythmischer Wiederholung die Rabatte, die von *Allium giganteum* in verwandtem Lilaton überragt wird.

Unten: Junge Pflanzen in ganz unterschiedlichen Grüntönen formieren sich zu geschwungenen Parallelen, ähnlich den Windungen eines gemächlich dahin fließenden Flusses.

AUSGEWOGENHEIT IN EINEM ÜBERSCHAUBAREN BEREICH

Dieser nach außen abgeschottete Bereich zeigt einen Entwurf mit kleinen, aber reich differenzierten Pflanzengruppen, aus denen gelegentlich eine einzelne Pflanze hervortritt, um mit ihrer ganz ähnlichen Wirkung Aufmerksamkeit zu erregen. Die Gestaltung beruht auf zwei zwanglos bepflanzten Beeten, die durch einen Weg getrennt sind. Drei Gruppen des hohen, intensiv indigoblauen Salbeis *Salvia sylvestris* 'Mainacht' halten das Ganze zusammen, und das dunkle Blau der Kugeldistel *Echinops ritro* 'Veitch's Blue' zeigt sich auf beiden Seiten, umspielt von dem zierlichen dunkelvioletten Storchschnabel *Geranium pyrenaicum* 'Bill Wallis', der aussieht, als hätte man ihn über den Weg gestreut. Lediglich auf einer Seite greifen zwei mauvefarbene Gruppen von *Salvia pratensis* 'Lapis Lazuli' die anderen Farben auf, die alle durch das purpurviolette Laub von *Salvia officinalis* 'Purpurascens', einem Salbei mit dunkelblauen Blütenähren, verbunden werden. Einen dynamischen Farb- und Texturkontrast bringen die fünf in ungleichen Abständen verteilten Horste der sepiabraunen Segge *Carex buchananii* ein. Hinzu kommen die leuchtend orangeroten Punkte der Nelkenwurz *(Geum coccineum)*, die in Zweier- und Dreiergruppen das Bild beleben.

schiedenen Bereichen erneut aufgreift (siehe Seite 88). Leuchtende Blütenfarben ziehen das Auge stets an, wie etwa die Strauchpappel *Lavatera* 'Rosea'. Wo sie das Bild nicht dominieren soll, könnte an anderer Stelle auf Sorten wie *L.* 'Burgundy Wine' oder *L.* 'Bressingham Pink' zurückgegriffen werden, um ihre Wirkung zu dämpfen. In gleicher Weise lassen sich Blütensträucher wie Schmetterlingsstrauch, Weigelie, Pfeifenstrauch und Flieder einsetzen. Über den Garten verteilt, können sie durch ähnlich aussehende Sträucher – sei es in Laub oder Blüte – eine Entsprechung finden.

Unverzichtbar sind immergrüne Sträucher, die im Winter für Farbe sorgen, zugleich aber auch eine Vielzahl verschiedener Grüntöne liefern – sie werden am besten in unregelmäßigen Abständen eingesetzt. Eine Ausnahme bilden hier die Rhododendren und Azaleen. Von den hohen, schlanken Baumformen wie *Rhododendron luteum* abgesehen, kommen sie allein kaum zur Geltung. Die meisten dieser leuchtend gefärbten sauren Boden bevorzugenden Sträucher wirken als Gruppe am schönsten; rhythmisch wiederholt, bilden sie harmonisch aufeinander abgestimmte Pflanzengemeinschaften (siehe Seite 162).

Manche Sträucher wirken am dekorativsten in langen geschwungenen Linien wechselnder Breite (»drifts«), womit zugleich auch ein anderer Rhythmus einfließt. Als Beispiel seien hier die Wildrosen angeführt, wie die pinkrot blühende *Rosa moyesii* 'Geranium', die als schmale Farbbänder eine naturnahe Wirkung entfalten. Auch die locker verzweigten Hartriegel und Strauchweiden wirken in fließenden Gruppen am schönsten. Kleinere farbenfrohe Gehölze mit horstartigem Wuchs wie die Strauchveroniken *(Hebe-*Arten) und der Schopflavendel kommen besser entlang einer Rabatte zur Geltung; auf diese Weise sind die Abstände zwischen den Farbblöcken zwar unregelmäßig, aber ausgewogen. Andere Sträucher mit naturnahem Charakter wie die Artemisien machen sich gut, wenn sie sich am Rand eines Beetes verweben und immer wieder einmal in die Bepflanzung eindringen.

Gestalten mit Blütenfarbe

Ob Farben in der Lage sind, ein ganzes Bild zusammenzuhalten, hängt weitgehend von der Größe der Farbblöcke ab. So kann eine Anzahl ausgewählter

Oben links: **Die taubengrauen Blätter der Hechtrose *(Rosa glauca)* bilden einen schönen Kontrast zu den ungefüllten pinkfarbenen oder weißen Blüten. In lebhaftem Gegensatz dazu stehen die weißen Korbblüten der Strauchmargerite *(Argyranthemum frutescens)*.**

Oben rechts: **Einjährige und frostempfindliche Stauden können den Sommer über im Nu eine spektakuläre Wirkung entfalten, wenn man ihre Farben zu Mustern kombiniert. Hier sieht man dunkelroten und hellrosa Goldlack in Verbindung mit pinkfarbenen Kosmeen, Spinnenblumen, hochrotem Ziertabak und scharlachrotem Eisenkraut.**

Links: **In lichtem Schatten und auf saurem Boden entfalten die niedrigen Büsche der kompakten weiß blühenden Vuyk-Azaleen und von *Rhododendron* 'Palestrina' sowie die lebhaft pinkfarbenen Kurume-Azaleen *(R.* 'Hino-mayo') eine geballte Farbwirkung.**

Pflanzen verbindend wirken oder ein ganzes Schema aus dem Gleichgewicht bringen. Große kompakte Gruppen fordern stets Aufmerksamkeit, denn allein schon als Masse bestreiten diese Farbkombinationen einen größeren Teil des Designs. Eine größere Menge des unübersehbaren Sonnenhuts lässt sich nicht durch eine gleich große Gruppe zartblauer Astern ausgleichen. Zu unterschiedlich ist das »Gewicht« der beiden Farbmassen, als dass man ihnen die gleiche Beachtung schenken würde. Um die erforderliche Balance herzustellen, könnte man die Asterngruppe vergrößern, einige dunkler blaue Formen einfügen und ein paar kleine Horste anderer gelber Rudbeckien integrieren.

Die Planung eines Blumenbeetes kann sich an einfachen Mustern orientieren. Beispiele dafür bieten die herrlich kunstvollen, mit Buchs eingefassten Teppichbeete, die so typisch für die französischen Barockgärten des 18. Jahrhunderts sind. Diese Entwürfe, die von der Farbenfreude der Blüten leben, beruhen auf geometrisch präzisen Musterfolgen mit einem ausgeprägten Sinn für Ordnung; sie geben eine Art mathematischen Rhythmus vor und wirken in ihrer Statik ganz anders als die an »organischen« Vorbildern orientierten Entwürfe. Hier erwecken die Farbkombinationen den Eindruck, als würden sie jeder Regelmäßigkeit widersprechen.

Durch einen Garten kann man gemächlich schlendernd oder eiligen Schrittes gehen. Selbst die Farben können Eile ausdrücken, alarmierend oder hektisch wirken, aber auch statisch oder leicht träge erscheinen und somit das Schritt-Tempo verlangsamen. Entsprechend der Dominanz der Farben ist der Rhythmus fließend oder stockend. So möchten zarte, gedämpfte Töne wie etwa Blau und Lila in Ruhe genossen werden, während die klareren, leuchtenderen Farben wie warme Orange- und feurige Gelbtöne eher beschleunigend wirken.

Aber auch die Größe der Farbflächen wirkt sich auf das »Schrittmaß« aus, je nachdem, ob es sich um eine ausgedehnte und große oder enge und gedrängte Farbfläche handelt. Ein großer weiträumiger Garten kann die ganze Variationsbreite emotionaler Eindrücke der ruhigen und entspannenden Blau- und Grüntöne ausschöpfen und zugleich die hektischeren, pulsierenden und flammenden Farben einbeziehen, um zu verhindern, dass der Garten »flach« wirkt. Diese Überlegungen sind in kleinen Gärten weniger relevant.

Wie dies in der Praxis aussehen kann, möchte ich am Beispiel eines Staudenbeetes in sonniger Lage zeigen. Als sommerlichen Schwerpunkt nehmen wir etwa ein geschwungenes Band aus cremeweißem Wermut *(Artemisia lactiflora)*, kombiniert mit himmelblauem Rittersporn *(Delphinium*-Belladonna-Gruppe 'Blue Bees') und zartrosa Türkenmohn *(Papaver orientale* 'Cedric Morris'). Von dieser zwanglos lockeren Gestaltung ausgehend, kann man sich allmählich den warmen Rosatönen des Phlox *(Phlox paniculata* 'Eva Cullum'), violettem Salbei *(Salvia nemorosa* 'Dear Anja') und Ehrenpreis *(Veronica spicata* 'Romiley Purple') zuwenden. Im Anschluss daran lässt sich mit der zinnoberroten Lichtnelke *(Lychnis × arkwrightii* 'Vesuvius') und orangeroten Montbretien *(Crocosmia latifolia* 'Castle Ward Late') eine aufregende Pause dazwischenschalten, bevor die hektischeren Farben von orangeroter *Crocosmia* 'Spitfire' und bernsteingelber Goldrute *(Solidago* 'Early Bird') folgen. Nun hasten die Farben weiter, lassen sich durch einen großen Horst gleichzeitig blühender Stauden in Pastelltönen aber auch erneut verlangsamen. So könnte etwa eine ausgepflanzte Strauchmargerite *(Argyranthemum frutescens* 'Jamaica Primrose') einfließen, kombiniert mit der Wiesenraute *(Thalictrum lucidum)*, die sich mit dem zarten Blauviolett der Riesen-Glockenblume *(Campanula lactiflora* 'Blue Cross') verbindet, um erneut ruhigere Rhythmen ins Spiel zu bringen.

Wie die Sträucher lassen sich auch die Stauden als Farbblöcke, Bänder oder rhythmisch wiederkehrende Akzente einsetzen. Oft verleitet ihre natürliche horstartige Wuchsform, wie sie bei Phlox, Dahlien oder Garten-Margeriten gegeben ist, zur Pflanzung in Farbblöcken. Andere Stauden kommen in geschwungenen Driften oder verwebt zwischen anderen Pflanzen besser zur Geltung, man denke nur an Garben, Montbretien, Nachtviolen, die kleineren Taglilien oder das gelbe Wald-Flattergras *(Milium effusum* 'Aureum'). Andere wie die Storchschnabel-Arten oder das Johanniskraut *(Hypericum calcycinum)* bilden einen flächigen Bodendecker. Es gibt aber auch Stauden, deren kleine Farbflecken wie Tupfenmuster wirken, so die kastanienrotbraune Wiesen-Witwenblume *(Knautia macedonica)*, zahlreiche orangerote Formen der Nelkenwurz, des roten Fingerkrauts und des lichtblauen Flachses *(Linum perenne)*.

Oben links: **Der kühle Reiz dieser Farbkombination beruht auf der Wirkung unzähliger hell mauvefarbener Phloxe *(Phlox paniculata* 'Franz Schubert) zwischen den stahlblauen Horsten des bogenförmig überhängenden Strandroggens *(Leymus arenarius)*. Wie Punkte wirken die Köpfe des Zierlauchs *(Allium sphaerocephalon)*, die das Bild rhythmisch durchsetzen.**

Oben rechts: **Warme Pfirsichtöne haben einen gewissen Reiz: Hier verbindet sich die Rose 'Sweet Dreams' mit dem Elfensporn *Diascia* 'Salmon Supreme'. Im Hintergrund finden sich die klaren Konturen des bronze überlaufenen, creme-pinkfarbenen Neuseeländischen Flachses *(Phormium* 'Sundowner').**

Rechts: **Die tief stehende Abendsonne beleuchtet die zarten Farbenteppiche des Thymians *(Thymus serpylum)*. Einen Kontrast bilden dunkle Farbflecken wie die ausladenden Blätter des Breit-Wegerichs *Plantago major* 'Rubrifolia' und die winzigen Blüten des Stiefmütterchens *Viola tricolor* 'Bowles' Black').**

Oben: **Im Frühsommer breitet sich die hohe, sich selbst aussamende Zwiebelblume *Nectaroscordum siculum* im Gehölzschatten aus. Ihre hängenden, zart gefärbten Blütenglöckchen sind blassgrün und zeigen eine zurückhaltend cremefarbene und weinrote Tönung.**

Rechts: **Die dicht gedrängten schlanken Ähren des rostroten Fingerhuts *(Digitalis ferruginea)* bezaubern mit ihrer zarten Färbung vom Hochsommer bis zum Herbst.**

Ganz rechts: **Diese herbstliche Kombination zeigt ockerfarbene Garben *(Achillea filipendulina* 'Altgold') mit schiefergrünen Blättern, die neben einer späten, grau überlaufenen Edeldistel *(Eryngium × oliverianum)* zart aufglühen.**

Zurückhaltend neutrale Töne

Neutrale Farben wie helle und dunkle Brauntöne, warme und kalte Grau- sowie anpassungsfähige Grüntöne finden sich überall, ob in Baumstämmen, am Boden, auf Steinfliesen oder am bewölkten Himmel. Legt man einem Maler ein strahlend weißes Papier vor, so wird er es höchstwahrscheinlich als erstes abtönen, um einen neutralen Untergrund zu schaffen. Ein Strauch, der mich stets an dieses Abtönen erinnert, ist der Schneeball *Viburnum sargentii* 'Onondaga' mit seinen pinkfarbenen Blüten und den braunen Blättern. In der Blüte wirkt der ganze Strauch, als ob ihn ein Aquarellmaler mit einer wässrig dünnen Farblasur überzogen hätte, um Blüten und Laub miteinander zu verschmelzen.

Wo kräftige Farben zu aufdringlich erscheinen, können neutrale Töne den lauten Effekt auffangen und ausgleichen. Von daher empfiehlt es sich, wo immer erforderlich, größere Mengen Grau, Silber, Braun und Creme einzufügen, um eine gewisse Ordnung und Verbindung zwischen den einzelnen Rabatten zu schaffen. Da sich diese Töne hauptsächlich im Laub finden, lassen sie sich in jedes sonnige Farbschema integrieren, ob warm oder kalt, flammend oder ruhig. Die silbergrauen Formen der Strohblume *(Helichrysum)* oder des Wollziests *(Stachys byzantina)* stehen beispielhaft für Pflanzen, die verbindend wirken.

Neutrale Blütenfarben haben eine ganz ähnliche Funktion. Sie finden sich in Stauden wie der hell bronzefarbenen Garbe *Achillea* 'Old Brocade', der staubig pink-beigen Königskerze *Verbascum* 'Helen Johnson', vielen Schwertlilien wie *Iris* 'Carolyn Rose' oder 'Chocolate Vanilla', Formen der Sterndolde wie *Astrantia* 'Shaggy', dem rostroten Fingerhut *(Digitalis ferruginea)* und einigen braunen Seggen. Auch Samenstände wie die des Zierlauchs und ornamentaler Gräser bringen im Herbst zarte Strohgelbtöne ein.

Falls ein großer Garten aufgrund isolierter Farbbereiche unausgewogen erscheint, lässt sich die Aufmerksamkeit durch die Wirkung vermittelnder neutraler Töne ablenken. Einen Versuch wert sind auffallende Gehölze, etwa solche mit großem, dunkelbraunem Laub, wie die Lambertsnuss *(Corylus maxima* 'Purpurea'), der ausladende Holunder *Sambucus nigra* 'Black Beauty' oder die Blasenspiere *Physocarpus opulifolius* 'Diabolo' mit zarterem Laub. Man kann sich aber auch für die pflaumenblau belaubte, dornige Berberitze *(Berberis thunbergii* 'Atropurpurea') oder den großen, ausladenden Perückenstrauch *(Cotinus coggygria* 'Notcutt's Variety') entscheiden. Über den Garten verteilt, lassen sie sich in Bodennähe in Form kleinerer dunkellaubiger Stauden wie Purpurglöckchen und Wolfsmilch-Arten wieder aufgreifen. In einem großen Garten kommt eine Gruppe des kleinen hübschen Lederhülsenbaums *(Gleditsia triacanthos* 'Ruby Lace') gut zur Geltung, als Alternative aber auch die scharfen Klingen des Neuseeländer Flachses *(Phormium tenax* der Purpureum-Gruppe). Solche dunklen Töne helfen ebenso wie die blasseren neutralen Schattierungen das Gesamtbild zu festigen, indem sie die anderen Farben nicht überdecken, sondern durch ihre ausgleichende Wirkung verbinden.

Einheit

Der Garten ist eine Einheit, in der jedes Detail eine Rolle spielt und zum Gesamtbild beiträgt. Voraussetzung für Farbkombinationen, die das Auge als harmonisch empfindet, sind nicht die lauten, auffälligen Farben, sondern jene, die im Spektrum nahe beieinander liegen, wie Blau-, Grün und Gelbtöne einerseits oder Rot-, Violett- und Lilatöne andererseits.

Durch die rhythmische Wiederholung dieser verwandten Farben innerhalb des Gartens entstehen Farbklänge, die sich nicht exakt entsprechen, dafür aber gewährleisten, dass die einzelnen Bereiche zu einem harmonischen Ganzen zusammen wachsen. Die Gesamtwirkung strahlt Ausgewogenheit, Zurückhaltung und Ruhe aus.

Eine ganz besondere Rolle spielt dabei Grün als die anpassungsfähigste Farbe des Spektrums. Was in der freien Natur überall da ist, wirkt in Gärten als Hintergrund so erfrischend, dass die anderen Farben dekorativ hervortreten.

Links: **Lupinen bestechen durch großartige Farben, die in ihrer naturnahen Wirkung bezaubernd miteinander verschmelzen; sie enthalten jene grau überlaufenen Pink-, Gelb- und Rottöne sowie zahlreiche zweifarbige Sorten, die die Farben verbinden.**

Oben: **Blaue und weiße Glockenblumen, durch die speerförmig aufragenden Blütenstände von lila-pinkfarbenem Blutweiderich *(Lythrum salicaria)* und die verzweigten Stiele des Eisenkrauts *(Verbena bonariensis)* betrachtet, verbinden sich hier zu einem fein abgestuften Spektrum kühler Töne.**

Gestalten mit Farbabstufungen

Wer sich einen Garten wünscht, der ganz von der Harmonie seiner Farben lebt, bedarf einiger Grundkenntnisse über Farbe, Grauwert und Tönung, wie sie im ersten Kapitel »Farbe entdecken« behandelt wurden. Bekanntlich gibt es Farben, die stärker hervortreten als andere. Die kräftige Wirkung der warmen oder satten Farben lässt sich am besten ausschöpfen, indem man sie in ihrer Wärme und Vitalität unterstreicht. Dennoch sollte sich der Effekt einer Farbe stets dem Gesamtkonzept unterordnen. Farben, die im Spektrum nebeneinander liegen und »von Natur aus« harmonieren, lassen sich als **Farbfamilie** betrachten. So passen Gelb, Orange und Rot immer gut zusammen, weil Rot eng verwandt ist mit Farben, die beinahe ebenso strahlend wirken. Verbindet man ein kräftiges Rot mit seinen nächsten Nachbarn, dann sticht es nicht isoliert hervor, sondern fügt sich vielmehr als Teil des Gesamtbilds ein.

Aus diesem Grund kommen größere Gruppen der feuchtigkeitsliebenden frühlingsblühenden Etagenprimeln am Teichrand ausgezeichnet zur Geltung. Ihre Farbpalette reicht von Rot als Zentrum über Pink, Scharlach- und Karmin- bis zu Kirschrot, zartem Violett und Lila und strahlt immer eine karnevaleske Fröhlichkeit aus. Zum Glück blühen andere feuchtigkeitsliebende Pflanzen wie der Felberich *(Lysimachia punctata)* erst im Sommer, denn das grelle Gelb ihrer Blüten würde das harmonische Bild empfindlich stören.

In der sonnigen Rabatte eines großen Gartens kann es reizvoll sein, innerhalb ein und derselben Gattung zu bleiben, um die benachbarten Farben zu verknüpfen. Man denke etwa an Lupinen. Die Intensität der tief purpurvioletten Sorte *Lupinus* 'Storm' ließe sich etwa durch eine Gruppe von *L.* 'Aston Villa' verstärken, die eine Mischung aus Purpurviolett und Weinrot zeigt. Als weitere Partner könnten die karminrote Sorte 'Red Arrow' mit Horsten der tief rosaroten 'Lady Fayre' auftreten, womit die Farbfamilie komplett wäre.

Abstufungen im Ton

Feine Abstufungen lassen sich auch durch unterschiedliche Töne einer einzigen oder von zwei Farben erzielen. Es gibt warme Töne, die zusammen immer harmonisch wirken, wie der gegen Ende des Sommers in flammendem Gelb aufleuchtende Sonnenhut *(Rudbeckia* 'Herbstsonne') mit der kupfer-orangeroten Sonnenbraut *(Helenium* 'Kupfersprudel'), der üppig blühenden Herbstchrysantheme *Chrysanthemum* 'Bronze Elegance' und der gold-orangefarbenen Kaktusdahlie 'Wooton Impact'. Kühlere Töne, die sich »von Natur aus« miteinander vertragen, sind bläuliche Pinktöne und Blau. So bildet die hohe sommerblühende Strauchpappel *Lavatera* 'Burgundy Wine' beispielsweise einen schönen Hintergrund für strahlend blauen *Agapanthus* (Headbourne-Hybriden). Zur Abrundung des Bildes können die Ähren des tief violettblauen Salbeis

Salvia verticillata 'Purple Rain' und die zarten Töne und Texturen der Bartblume *(Caryopteris × clandonensis* 'Heavenly Blue') hinzukommen.

Leider sind die Farbangaben einiger Kataloge so vage, dass man annehmen könnte, alle Rosatöne seien gleich. Nach meiner Erfahrung werden Elfensporne *(Diascia)* generell als pinkfarben beschrieben, obwohl einige wie *Diascia rigescens* ein kühles Erdbeerrosa, andere wie *D.* 'Salmon Supreme' hingegen unverkennbar gelbliche Obertöne zeigen. Ganz ähnliche Unterschiede finden sich unter den entfernt miteinander verwandten Mohngewächsen. Der Klatschmohn *(Papaver rhoeas)* liefert blutrote, karmin-, rosarote und an Apfelblüten erinnernde Weiß-Rosa-Töne, die sich gänzlich von den goldenen Tönen des Goldmohns *(Eschscholzia californica)* unterscheiden, die uns mit ihren in warmem Gelb, Orange und Kupferbraun schimmernden satinartigen Blütenblättern bezaubern.

Wie wir oben gesehen haben, sind die Blütenfarben in großen Staudenbeeten oft so sorgfältig ausgewählt, dass sie das gesamte Spektrum umfassen. Damit die Einheit in einem so farbenfrohen Bild nicht verloren geht, kann man sich erneut an der Gartengestalterin **Gertrude Jekyll** orientieren, die die Farben sanft abstufte und dieses Kaleidoskop durch graues und dunkles Laub verband. Die Farben in ihren Hochsommer-Rabatten gehen von gedämpften Blau- und Pastelltönen wie Creme, Apricot und Pink aus, um mit Gelb, Orange und Rot auf einen Höhepunkt zuzustreben, auf den erneut weniger intensive Töne folgen, die allmählich in ein zurückgenommenes Blau-, stille Violett- und Lilatöne übergehen, alles durch ausgleichend wirkendes graues Laub verbunden. Auf diese Weise gelang es ihr, selbst in ihren außergewöhnlich langen Rabatten jenes Gefühl der Einheit aufrechtzuerhalten, deren fein verwobene Farben zu ihrem Ruhm beitrugen.

Gegenüber: Die nickenden Blüten der Türkenbundlilie *(Lilium martagon)* bezaubern durch kühle Purpurviolett- und Pinktöne sowie Reinweiß. Auf gut durchlässigen sonnigen oder halbschattigen Standorten vermehren sie sich Jahr für Jahr.

***Unten:* Einjährige Duftwicken *(Lathyrus odoratus)* zeigen gemischte, aber stets kühle Farben, die untereinander harmonieren. Die Palette reicht von der purpurvioletten Form 'Pip Tremain' über die dunkle 'Oxford Blue' bis zur blass blauen 'Chatsworth'.**

EIN STÄDTISCHER INNENHOF

Ein in sattem Grün leuchtender Garten mit ausschließlich weißen Blüten strahlt Ruhe aus und erweckt ländliche Assoziationen. Hier erhebt sich ein großer Fliederbusch (*Syringa* 'Mme. Lemoine') über der später blühenden Hortensie *Hydrangea arborescens* 'Annabelle' und der kleinblütigen Waldrebe *Clematis* 'Duchess of Edinburgh'. Gegenüber bezaubern die üppigen Blüten der Pfingstrose *Paeonia* 'White Wings' neben einer früh blühenden Zierquitte *Chaenomeles speciosa* 'Nivalis' und der Kletterrose 'Climbing Schneewittchen', die den ganzen Sommer ausdauernd weiß blüht. Weiter geht es mit dem kletternden Kartoffelwein *Solanum jasminoides* 'Album' und der *Clematis* 'Marie Boisselot', die den Bogen überzieht. Wie ein geschwungenes Band fasst *Liriope muscari* 'Monroe White' den Rand auf dieser Seite ein. Die restliche Fläche ist teilweise von einer immergrünen Hecke aus *Escallonia* 'Iveyi' eingerahmt, die im Sommer mit weißen Blüten übersät ist. Im vorderen, etwas niedrigeren Bereich des Gartens wird das im Frühling blühende weiße Tränende Herz (*Dicentra spectabilis* 'Alba') anschließend durch die Ähren von *Acanthus spinosus* abgelöst, später im Gartenjahr bildet die Herbstanemone *Anemone* × *hybrida* 'Honorine Jobert' einen Blickpunkt. Weitere Weißtöne kommen durch Topfpflanzen hinzu, so etwa durch links und rechts der Treppe aufgestellte rechteckige Kübel, die mit Phlox (*Phlox subulata* 'May Snow'), hohem *Agapanthus campanulatus* 'Albidus' und kleinen Nelken (*Dianthus* 'White Ladies') bepflanzt sind. Königslilien (*Lilium regale*) in gegenüber stehenden Töpfen verströmen in Hausnähe den ganzen Sommer über köstlichen Duft.

Oben: **In dieser feuchten Lage verschmelzen die Grüntöne von Farnen, Schwertlilien, hohem Felberich und dem rundlichen Laub der Sumpfdotterblumen mit den silbernen Strauchweiden, um einen Hintergrund für die zierlichen pastellfarbenen Etagenprimeln zu bilden.**

Grün ist nicht gleich Grün

Grün ist keine dominante Farbe. Während dunkles Grün zurückweicht, scheint sich gelbliches Grün zu nähern, beide aber wirken weder grell noch stumpf. Der eigentliche Wert von Grün besteht in seiner Frische und der Vielfalt unterschiedlicher Schattierungen, Töne und Texturen.

In einer Rabatte kommt dem mittelgrünen Laub vieler Stauden wie Gartenmargeriten, Brandkraut und Phloxen eine wichtige stabilisierende Rolle zu. Einige wie die Taglilien bringen mit ihren mittelgrünen riemenförmigen Blättern eine üppige grasähnliche Textur ein, die mir ebenso lieb ist wie ihre Blüten. Es gibt aber auch die ausladenden Blätter des großen Riesenschleierkrauts *(Crambe cordifolia)* oder des dekorativen Bärenklaus *(Acanthus)*, die in sonnigen Bereichen Aufmerksamkeit erregen, sowie die der immergrünen glänzenden Bergenien, die das Licht reflektieren und im Halbschatten geschätzt werden. Viele *Dicentra*-Arten erfreuen uns in schattigen Bereichen den ganzen Sommer über mit ihrem farnartig gefiedertem Laub, ebenso die Blätter der Storchschnabel-Arten, die so »neutral« wirken, dass sie auch an ungünstigen Stellen das ganze Gartenjahr hindurch einen grünen Teppich bilden.

Kein Wunder, dass es uns »ins Grüne« zieht, wenn wir Entspannung und Harmonie suchen – Grün, das sich im Lauf des Jahres ständig wandelt. Nach dem Winter wirkt das junge Frühlingsgrün frisch und aufheiternd; wenn mit dem Sommer die Temperaturen steigen, werden die Grüntöne dunkler und zunehmend staubiger. Nirgends empfinde ich die Einheit der Grüntöne so stark wie im Wald, wo alle Schattierungen und Texturen zu einer natürlichen Harmonie »zusammenwachsen«. Diese Harmonie kann der Gartenfreund unter dem schattigen Laubdach von Gehölzen zu verwirklichen versuchen (siehe Seite 158).

Grün in all seinen Texturen

Die unterschiedlichen Texturen des Laubes wirken in jeder Bepflanzung verbindend und bereichernd. Diesen Bonus gilt es auszuschöpfen, denn die optische und taktile Wirkung der Texturen macht Grün zu einem anpassungsfähigen und aufregenden Partner, ohne die Harmonie des Ganzen zu beeinträchtigen. Mit taktilen Texturen sind jene gemeint, die man sowohl fühlen als auch sehen kann, wie die grauen seidig glatten Blätter der Silberwinde *(Convolulus cneorum)*, die wollig-weißen Königskerzen und selbst die glänzend dornigen Blätter der Stechpalmen. Die Textur kann Grüntöne aber auch grundlegend verwandeln, wie die behaarten Oberflächen des Wollziests *(Stachys byzantina)* oder

Oben: Im vorwiegend grünen Garten spielt die Textur eine unschätzbare Rolle, wie die bogenförmig überhängenden Horste des Chinaschilfs *(Miscanthus)* im Gegensatz zu aufrechtem Reitgras *(Calamagrostis)*, fedrigem Pfriemengras *(Stipa)* und der Rasenschmiele *(Deschampsia)* hier zeigen. Die Fetthenne *(Sedum spectabilis)* mit ihren flachen Blütenköpfen »erdet« die gesamte Kombination.

Gegenüber: Im Morgenlicht bildet der Grauton der glatten handförmigen Blätter des Federmohns *(Macleaya cordata)* einen ausgezeichneten Kontrast zum dunkel purpurvioletten Laub des Perückenstrauchs *(Cotinus coggygria* 'Royal Purple'). Mit ihrer matten Textur heben die Blätter des Federmohns zahlreiche andere Stauden im Bereich der kühlen Farben hervor, so etwa lila Phlox, blaue Glockenblumen oder weinrote Sterndolden.

viele Formen des Wermuts zeigen. Obwohl ihre Oberfläche dem Auge silbern erscheint, kommt das Grün des Chlorophylls zum Vorschein, sobald man sie aufschneidet.

Auch visuelle Texturen beeinflussen unsere Wahrnehmung grüner Blätter. Manche wie die Aukuben reflektieren das Licht, andere, die von Natur aus rau sind, wie die ledrigen Blätter der Wollmispel *(Eriobotrya japonica)*, hingegen nicht. Glänzende, das Licht reflektierende Texturen können mittelgrünes Laub wie das des Kirschlorbeers *(Prunus laurocerasus)* beinahe weiß erscheinen lassen, während das gleiche Blatt bei tief stehender Sonne apfelgrün wirkt. Raue Blätter reflektieren das Licht nicht, sondern absorbieren es wie Löschpapier und eignen sich somit bestens als dunkellaubiger Hintergrund für andere Farben. Diese »neutralen« Grüntöne fügen sich in jedes Farbschema ein. Andere wie die dornigen Elfenbeindisteln *(Eryngium giganteum)*, deren Rosetten jadegrüner stachelartiger Hüllblätter einen Rokoko-Effekt entfalten, werden zwischen anderen sonnenliebenden Pflanzen ihrer kühlen Wirkung

wegen geschätzt. Das wie ein Dunstschleier wirkende Laub des Fenchels, die fein gefiederten Blätter der Wiesenraute und das zierlich eingeschnittene Laub des Mädchenauges – sie alle erinnern an Frühlingsgrün und bringen im Hochsommer eine erfrischende Note ein.

Grauwert und Ton

Laub in leuchtendem Smaragdgrün, wie das des Heiligenkrauts *(Santolina rosmarinifolia)*, hat etwa den gleichen Grauwert wie seine gelben punktartigen Blüten – eine rundum harmonische Farbverbindung. Wenn graues Laub allerdings mehr zu Gelb tendiert, heißt es, die Partnerpflanzen sorgfältig auszuwählen (siehe Seite 30). Gelbliche oder beißend grüne Blätter schmeicheln nur wenigen Blüten; die meisten wirken kränklich. Anders das gelblich-grüne Laub des Storchschnabels *Geranium* 'Ann Folkard', das durch den extremen Kontrast zu den tief magentaroten Blüten beeindruckend wirkt. Goldgelbe Blüten kommen in Verbindung mit dunklem flaschengrünem Laub am besten zur Geltung, und blassere cremegelbe Blüten mit grasgrünen Blättern. Der Frauenmantel *(Alchemilla mollis)* gilt als gute Füllpflanze, was weder daran liegt, dass sich die Pflanze so üppig aussamt, noch an den lindgrünen Blütenbüscheln, sondern allein an den bezaubernden Blättern. Mit ihrer dekorativen Form bilden sie selbst an Problemstellen eine schöne Einfassung.

Als blaugrün charakterisierte Blätter, wie jene vieler Wolfsmilchgewächse, sind eigentlich grüne Blätter mit wachsähnlichem Überzug. Sie reflektieren das Licht nicht, und obwohl sie oft gemeinsam mit silbernen Blättern unter der Bezeichnung »blaugrau« laufen, sind sie längst nicht so dominant wie diese. Generell lassen sich Blätter, die zu Blau tendieren, wie jene »blauer« Funkien, problemlos mit anderen Farben kombinieren. Ausgeprägt bläulich grünes Laub, wie die jadefarbenen Blätter der Fetthenne *(Sedum spectabile)*, können kräftigeren Farben auch schmeicheln – die Pflanze selbst zeigt dies, wenn die himbeerpinkfarbenen Blüten erscheinen. Unter den größeren blaugrauen Pflanzen ist der Federmohn *Macleaya microcarpa* 'Coral Plume' zu nennen.

Der monochrome Garten

Ein einheitliches Gartenbild lässt sich am leichtesten verwirklichen, indem man die Auswahl der Farben einschränkt und sich auf eine ganz schmale Palette wie die Weiß- oder Blautöne beschränkt. Verschiedene Töne oder Grauwerte derselben Farbe sorgen in diesem Fall für Abwechslung und vermitteln zugleich ein Gefühl der Beständigkeit. Farben, die vom zentralen Thema ablenken oder wegführen, sind von vornherein auszuschließen.

Weiße Gärten

Die Beliebtheit weißer Gärten verdanken wir Gertrude Jekyll, aber auch **Vita Sackville-West,** die den berühmten weißen Garten in Sissinghurst schuf, in dem die weißen Blüten in den sonnigen Beeten wie von selbst zu einer Einheit verschmelzen. Weiß ist beinahe immer eine sehr blasse Variante unterschiedlicher Farben – Creme, Rosa, Pastellblau oder Blassgrün –, ohne kaum je über längere Zeit gleich zu wirken. Je nach Lichteinfall kann Weiß im Sonnenlicht warm erscheinen, im Zwielicht indes bläulich. Kombiniert mit sibernem und grauem Laub wirken weiße Gärten erfrischend kühl, und durch einige frische Grüntöne lässt sich verhindern, dass sie fade und bleich erscheinen.

Kalkweiß ist hart, es benötigt Grün und nicht Silber, um wärmer zu wirken. Da die Blüten der Garbe *Achillea ptarmica* 'The Pearl' beinahe gräulich erscheinen können, ziehe ich die gefüllte Form *(A. ptarmica* 'Boule de Neige') vor, die reiner wirkt. Weicheres Weiß bieten die Milchweißtöne der flaumigen Wiesenraute *(Thalictrum aquilegifolium* 'White Cloud') und der Geißbart *(Aruncus dioicus)* mit seinen schaumigen elfenbeinweißen Blüten.

Von unschätzbarer Bedeutung sind Textur und Form, um in einer weißen Bepflanzung auf Dauer die Spannung aufrechtzuhalten. Viele Stauden wie beispielsweise *Phlox paniculata* 'Fujiyama' mit reinweißen Blüten und die margeritenblütige *Leucanthemum* × *superbum* 'Phyllis Smith' bilden rasch ansehnliche Horste. Um der Bepflanzung Volumen und Eleganz zu verleihen, können etwa Türkenmohn *(Papaver orientale* 'Perry's White') oder die skulptural wirkende weiße Zimmer-Kalla *(Zantedeschia aethiopica* 'Crowborough') hinzukommen – letztere allerdings nur in milden Klimaten. Entscheidend sind aber auch einige vertikale Formen, wie die schlanken Ähren der Königskerze *(Verbascum chaixii)* und die kräftigeren Säulen von Lupinen *(Lupinus* 'Snowgoose'). Für das Hoch- bis Spätsommerbild empfehlen sich die anhaltend blühenden Kerzen des Ehrenpreis *Veronicastrum virginicum* 'Diana' und die luftig wirkende, frostempfindliche *Libertia grandiflora*, die mit ihren kleinen Blüten zwischen grasartigem Laub einen pointilistischen Tupfeneffekt erzeugt, aber auch die zierlichen flügelartigen Blüten von *Gillenia trifoliata* 'Whirling Butterflies'.

Im Spätsommer verleihen weiß blühende Stauden einem allmählich müde werdenden Garten eine geradezu belebende Frische. Die weißen Formen der Japan-Anemonen *(Anemone × hybrida* 'Whirlwind' oder 'Honorine Jobert') lassen sich problemlos in der Sonne oder im Schatten ansiedeln. Zierlicher wirkt die Herbstknotenblume *(Leucojum autumnale)* mit ihren schmalen, grasartigen Blättern. Eine ausgezeichnete Wahl für den Spätsommer ist der Spaltgriffel *(Schizostylis coccinea* 'Alba'), eingerahmt von der weißen Form von *Liriope muscari* oder weiß-panaschiertem Schlangenbart *(Ophiopogon jaburan)* – allesamt Pflanzen, die dem Garten so spät im Jahr die Frische von Gänseblümchen verleihen.

Rote Gärten

Auch die vollkommen gegensätzliche Wirkung roter Gärten hat ihren Reiz. In warmen Rottönen gehaltene Gärten bergen zwar die Gefahr, dass sie schwer wirken und Assoziationen an Beerdigungen wecken. Sie lassen sich jedoch durch Grüntöne, die sich dazwischen verweben, sowie Rot in den unterschiedlichsten, durchaus auch beißenden Schattierungen auflockern und beleben.

Um roten Rabatten Struktur zu verleihen, werden gern große ausladende Sträucher mit rotem Laub wie die Berberitze, der Perückenstrauch und Ahorne verwendet, auch wenn diese reichlich düster wirken können. Mehr als zwei bis drei Exemplare sollte man deshalb nicht einsetzen. Außerdem empfiehlt es sich, sie mit weiteren purpurlaubigen Gehölzen zu mischen, wie etwa der großen Bluthasel *(Corylus maxima* 'Purpurea') und dem Holunder *(Sambucus nigra* 'Purpurea'), aber auch mit kleineren Sträuchern wie dem immergrünen Klebsamen *(Pittosporum tenuifolium* 'Purpureum') und der pinkfarben blühenden Weigelie 'Foliis Purpureis'. An vollsonnigen Stellen könnte eine Weinrebe *(Vitis vinifera* 'Purpurea') an einer Mauer im Hintergrund das Bild abrunden.

Pflanzen mit scharf umrissenen Konturen wie die Keulenlilie *(Cordyline australis* 'Purple Tower') oder der Neuseeländische Hanf *(Phormium tenax* der Purpureum-Gruppe) bringen Spannung ins Bild. Mit dem Herbst bietet sich eine zunehmend breitere Auswahl an großen Sträuchern, wie dem weinrot belaubten Hartriegel *Cornus alba* 'Kesselringii' oder dem Ausläufer treibenden Pfaffenhütchen *Euonymus europaeus* 'Red Cascade'. Die grünen Zweige der rot fruchtenden Zwergmispel und des Feuerdorns halten sich, auch wenn Vögel in der kalten Jahreszeit die Beeren abpicken. Im Winter bilden die roten Triebe der Hartriegel wie *Cornus alba* 'Sibirica' einen willkommenen Farbfleck, bis mit frühen Tulpen wie 'Couleur Cardinal' die Blütezeit erneut beginnt.

Um größeren Gruppen rotlaubiger Sträucher die Schwere zu nehmen, können Stauden in ganz unterschiedlichen Rottönen das Bild beleben. Gut geeignet für sonnige Stellen sind Päonien, *Tanacetum coccineum* 'Brenda' mit kirschroten Margeritenblüten und blutroter Salbei *(Salvia × speciosa)*. Ergänzend können einige spät blühende Stauden wie die karminrote *Phlox panicu-*

Gegenüber: Weiß beherrscht dieses Bild üppiger Blütenpracht, in dem die elfenbeinfarbene Hortensie *Hydrangea arborescens* 'Annabelle' die schneeweißen Margeriten *Leucanthemum × superbum* 'Wirral Supreme' »wärmt« und die kalkweißen Blüten der zweijährigen Kronen-Lichtnelke *(Lychnis coronaria* 'Alba') mit ihrem grauen Blattwerk einbindet. Das Heiligenkraut *(Santolina rosmarinifolia* 'Primrose Gem') steuert mit seinen cremeweißen Knopfblüten noch mehr Wärme bei.

Unten: Der Erfolg dieser großen roten Rabatte beruht auf der Ausgewogenheit der Bepflanzung, angefangen mit dem purpurlaubigen Perückenstrauch *(Cotinus coggygria* 'Royal Purple'), bis in die unteren Bereiche. Im Mittelpunkt stehen die tief burgunderrote Dahlie 'Summer Night' und die pflaumenvioletten Blütentrauben von *Lobelia* 'Tania', die auf Bodenhöhe von dunkelroter Melde, der weinroten fleischigen Fetthenne *(Sedum telephium* subsp. *maximum* 'Atropurpureum') und dem schwarzen Schlangenbart *(Ophiopogon planiscapus* 'Nigrescens') verankert werden. Die flammend orangefarbenen flaschenförmigen Hagebutten von *Rosa moyesii* 'Geranium' und die gegen Ende des Gartenjahrs aufragenden bronzefarbenen fedrigen Grannen des Chinaschilfs *(Miscanthus sinensis* 'Silberfeder') verleihen der Bepflanzung die nötige Wärme.

lata 'Kirchenfürst' und die Indianernessel *Monarda* 'Cambridge Scarlet' hinzukommen. Den Sommer über gewährleisten karmin- und scharlachrote Rosen wie die üppige Kletterrose 'Guinée' oder die zuverlässige 'Parkdirektor Riggers' anhaltende Blütenpracht. Dazwischen könnte sich vielleicht noch eine weinrote Form einer *Clematis viticella* verweben. Orangerote Tigerlilien oder Montbretien, die wie zufällig da und dort auftauchen, verleihen einer roten Rabatte die nötige Würze.

Blaue Gärten

Blau gilt als ruhige Farbe (siehe Seite 42: »Eine Oase der Ruhe«), und blaue Blumen erfreuen sich allgemeiner Beliebtheit. Graublaues Laub bildet in einer blauen Bepflanzung einen harmonischen Hintergrund. Als Kulisse für einen blauen Garten eignen sich hohe Eukalyptus-Bäume (im entsprechenden Klima bzw. auch im Kübel), die kleinere Weidenblättrige Birne *(Pyrus salicifolia* 'Pendula'), aber auch große Sträucher wie die Ölweide. Hinzukommen könnten auch Lavendel, Beifuß, Strohblumen, Heiligenkraut und einige kleinere *Hebe*-Arten, solange das Blau der Blüten dominiert.

Sämtliche Blauschattierungen von Nachtblau bis Pastellblau lassen sich hier kombinieren, wobei leicht abweichende Varianten wie Lila und helle Grünblautöne zur Frische und Lebendigkeit des Bildes beitragen. Vor einer Mauer könnte sich die Säckelblume *(Ceanothus)* mit Kletterpflanzen wie der saphirblauen Waldrebe *(Clematis* 'Polish Spirit') oder der pastellblauen, im Frühsommer blühenden *C.* 'Lasurstern' verweben. An einem sonnigen Fleckchen erweist sich der aus Chile stammende, nicht winterharte Kartoffelwein *(Solanum crispum* 'Glasnevin') als eifriger Kletterer und erfreut uns den ganzen Sommer über mit seinen blauen Blüten mit gelber Mitte. Auch in der Rabatte prägen blaue Blüten über die Sommermonate das Bild, angefangen mit ausdauernden Glockenblumen, Schwertlilien, Storchschnäbeln über Salvien und Rittersporne bis zu *Agapanthus*. Wenn dann der Herbst naht, folgen die blauen Sträucher wie *Perovskia*, Bartblume und Bleiwurz, die anhaltend blühen, bis der erste Frost einsetzt. Einige Blüten in Creme-, blassen Apricot- oder zarten Rosatönen verleihen dem blauen Gestaltungsbild eine gewisse Spannung. Die Rabatte ist somit zweifarbig, was sie aber vielleicht noch reizvoller wirken lässt.

Pastelltöne

Pastelltöne sind grundsätzlich sehr blasse Varianten verschiedener Farben. Selbst wenn die Ausgangsfarben einander beißen, vermitteln sie beispielsweise zwischen Limonengelb und Orange, die zu einem blassen Citrus-Apricot-Ton verschmelzen. Man denke nur an die fluoreszierenden Blütenfarben der Mittagsblume *Dorotheanus bellidiformis* und die zarteren Kombinationen der Duftwicken *(Lathyrus odoratus)*.

Links: Schwertlilien unterstreichen die Wirkung einer blaugrauen Gestaltung, deren Farbschema durch den mit Schieferplatten ausgelegten Boden und die kobaltblauen Keramikfliesen der Wand im Hintergrund vorgegeben ist. Als einzige weitere Farbe kommt Grün hinzu.

Gegenüber: Diese Staudenrabatte in einem großen Garten steht ganz im Zeichen des Themas Blau. Leuchtend blauer Rittersporn, Salbei, Katzenminze und Schwertlilien finden in mehreren Gruppen hoher kastanienrotbrauner Lupinen zarte Begleiter.

Sehr gut kommen Pastelltöne im blaustichigeren Abendlicht zur Geltung, während sie im Tageslicht durch üppige Grün- oder einfühlsame Silbertöne hervorgehoben werden sollten. In einer sommerlichen Rabatte lassen sich Garben in blassen Creme-, Pfirsich- oder Rosatönen mit hellblauen Glockenblumen, grün gespitzten Sterndolden *(Astrantia involucrata)* und den pinkfarbenen Blütensträußen des Purpurglöckchens *(Heuchera* 'Strawberry Swirl') kombinieren. Als Würze kann man die jadegrüne dornige Elfenbeindistel *(Eryngium giganteum)* dazwischen setzen.

Durch feine Abstufungen in Höhe und Form lässt sich verhindern, dass eine pastellfarbene Rabatte breiig wirkt. So könnte man die Ähren blass pinkfarbener Präriemalven mit den großen pergamentartigen Blüten von zartrosa Türkenmohn wie *Papaver orientale* 'Fatima' oder dem Altrosa von *P. orientale* 'Patty's Plum' kombinieren. Im Lauf des Sommers lassen sich dann kräftigere Formen wie die blassgrüne Fackellilie *Kniphofia* 'Percy's Pride', die rehbraune 'Toffee Nosed' oder hohe Steppenkerzen *(Eremurus robustus)* einbringen, die durch ein blendend helles Rosa ins Auge fallen. Hinzu kommen könnten aber auch Gruppen lichtblauer Glockenblumen *(Campanula persicifolia* 'Telham Beauty') und die Blattfächer der Binsenlilie *(Sisyrinchium striatum)* mit cremeweißen Blütenähren.

Auch eine breite Auswahl pastellfarbener Rosen bietet sich an. Die rosigcremefarbene Moschusrose 'Penelope' ist nach wie vor sehr beliebt. Zur gleichen Gruppe gehören 'Buff Beauty' und 'Moonlight'. Auch unter den Floribunda-Rosen gibt es einige, die mit ihren warmen Tönen verbindend wirken, wie etwa 'Apricot Nectar' und die pinkrosa 'English Miss'. Die kühleren Pinktöne der Sorten 'Dapple Dawn' und 'Fritz Nobis' harmonieren nicht mit warmen Pastelltönen.

Kontrast und Spannung

Der Umgang mit Farbe kann viel Freude bereiten, zumal sich durch Farbe im Garten aufregende Spannungsmomente erzeugen lassen. Wer sich Überraschungseffekte wünscht, setzt farbliche Kontraste ein. Gegensätzliche oder sich beißende Farben können zugleich stimulierend und herausfordernd wirken, und manchmal lohnt es sich, alle Bedenken in den Wind zu schlagen und seine Experimentierfreude auszuleben. Wer Farben, die von vornherein nicht miteinander harmonieren, zusammen setzt, darf sich nicht wundern, wenn ein buntes Sammelsurium entsteht. Warum also nicht mit kontrastierenden Grauwerten benachbarter Farben, dunkleren und helleren Schattierungen spielen, um die Spannung gezielt aufzubauen? Vielleicht fühlt sich der eine oder andere aber auch eher von den Komplementärfarben, den im Spektrum gegenüber liegenden Farben angesprochen. Selbst wenn man leicht schrille Farbtöne, warme mit kalten Tönen etwa, miteinander kombiniert, lassen sich erstaunlich dekorative Wirkungen erzielen.

Links: Pulsierende Farbenfreude strahlen die mahagoniroten Taglilien in Verbindung mit kühl pinkfarbenem Blutweiderich *(Lythrum salicaria)* aus. Mit den kühlen blassen Blauschattierungen und warmen Gelbtönen im Hintergrund setzt sich das Schauspiel fort.

Mit dem Grauwert der Farben – ihrer Helligkeit oder Dunkelheit – bietet sich ein natürlicher Kontrasteffekt, vergleichbar der Gegenüberstellung verschiedener Farben, denn oft fehlt es dem Garten an Kontrasten, die ihm eine gewisse Dramatik verleihen. Während dunkle Farben die helleren erst richtig zur Geltung bringen, können Gegenüberstellungen von dunklen und hellen Schattierungen geradezu bühnenwirksame Silhouetten und Schattenspiele erzeugen.

Wie wir bereits gesehen haben, wirken blasse Blüten am schönsten vor dunkellaubigen Pflanzen, einer Eibenhecke etwa oder Stechpalmen, der Duftblüte *(Osmanthus delavayi)* oder der Lorbeerkirsche *(Prunus lusitanica)*. Der dunkle Hintergrund unterstreicht die blassen Schatten und lässt sie beinahe aufleuchten. Blasse Tulpen im Frühling, weiße Lilien im Sommer und Japan-Anemonen im Herbst – sie alle profitieren von dieser Kontrastwirkung. Was für sich alleine betrachtet beinahe nichts sagend erscheint, wirkt eingewoben in einen großen »Teppich« spektakulär. Ganz anders die Zwergpalme *(Chamaerops humilis)* mit ihrer auffallenden Wuchsform, deren Konturen am besten vor einer weiß getünchten Mauer ihre plastische Wirkung entfalten, während die weitaus höhere Hanfpalme *(Trachycarpus fortunei)* im Gegenlicht silhouettenartig hervortritt.

Alle »von Natur aus« dunklen Farben wie Purpurviolett, Flaschengrün, Braun, Rostrot, Kastanienbraun und Nachtblau sind ausgesprochen anpassungsfähig und bilden dekorative Kontraste zu Pastelltönen wie Creme, Pink, Apricot, Jade und Blassblau. An einer sonnigen Stelle kann beispielsweise der braunlaubige Holunder als Hintergrund reinweißer Päonien wie der gefüllt blühenden *Paeonia lactiflora* 'Duchesse de Nemours' oder auch solchen in Pastelltönen wie der zart lachsrosa 'Sonata' oder der lila 'Bridal Veil' gut wirken, vielleicht zusätzlich noch mit dunkellaubigen Purpurglöckchen im Vordergrund.

Schwarz und Weiß

In einer »schwarz«-weißen Bepflanzung fällt die spektakuläre Wirkung der Silhouetten ins Auge. Die dreidimensionale Form der Pflanze reduziert sich auf zweidimensionale Konturen, ebenso wie das kahle Astgerüst der Bäume im Winter. Diese dramatische Wirkung ist wie geschaffen für kleine, minimalistisch gestaltete Gärten in der Stadt (siehe Kapitel 4, Seite 144).

Schwarz ist eine sehr gefragte Farbe, die dramatische und außergewöhnliche Effekte erzeugt. Wirklich schwarze Blüten und Blätter gibt es letztlich nicht, aber viele werden mit Bezeichnungen wie »Niger« oder »Nigrescens« als schwarz charakterisiert, wobei selbst »purpurea« auf ausgesprochen dunkle Töne hinweist. Die Blüten des kleinen Stiefmütterchens *Viola tricolor* 'Bowles' Black' oder der einjährigen Prunkwinde *Ipomoea purpurea* 'Kniola's Purple-Black' entpuppen sich als ein ganz dunkles Purpurviolett. Und das Laub des ausdauernden Schlangenbarts *(Ophiopogon planiscapus* 'Nigrescens'), allgemein als »schwarzes« Gras bekannt, ist in Wirklichkeit tief braun-purpurn.

Da solche kräftigen, dunklen Farben unweigerlich Aufmerksamkeit erregen, empfiehlt es sich, sie an anderer Stelle erneut aufzugreifen, um ihnen nicht zu viel Gewicht zukommen zu lassen. So bedürfen die bronze-schwarzen Blätter des Storchschnabels *Geranium* 'Purple Haze' und das tiefbraune Laub des Christophskrauts *Actaea racemosa* 'Purpurea' eines Ausgleichs, der in Form mehrerer Horste Purpurglöckchen *(Heuchera* 'Velvet Night') und einer größeren Fläche Sauerklee *(Oxalis triangularis* subsp. *papilionacea* 'Atropurpurea') gegeben sein kann. Ergänzend hinzukommen könnte im Frühling die Wolfsmilch *Euphorbia* 'Black Pearl', die mit den schwarzen Auge ihrer grünen Blüten eine Verknüpfung schafft, und im Sommer etwa Bänder des mit winzigen Blüten übersäten Stiefmütterchens *Viola wittrockiana* 'Black Moon'. Wie gesagt, unbegrenzte Möglichkeiten, in Farben zu schwelgen.

Auch das andere Extrem, reines Weiß, hat die Tendenz zu dominieren, zumal sich im Garten nichts Leuchtenderes findet. Weiß ist allein schon thematisch eine Herausforderung (siehe Seite 106), in Kontrast zu diabolischem Schwarz entfaltet es aber eine geradezu ungestüme Wirkung. Die hohen weißen Blüten der Königslilie *(Lilium regale)* in Kontrast zu einem Heer »schwarzer« Stockmalven *(Alcea rosea* 'Nigra') zwingen uns unweigerlich stehen zu bleiben. Ein derart krasser Gegensatz zeigt sich selbst in einer einzigen Blüte, dem Türkenmohn *(Papaver orientale* 'Black and White') mit schwarz gefleckten, pergamentartigen weißen Kronblättern und rußschwarzen Staubgefäßen.

Oben: Die braunschwarzen Blätter des Schwarzen Holunders *(Sambucus nigra* 'Guincho Purple') bilden einen ausgezeichneten Hintergrund für die pinkfarbenen Knospen und die weißen flachen Blütendolden.

Gegenüber: Die porzellanweißen, intensiv duftenden Blüten von *Osmanthus delavayi* bilden einen aufregenden Kontrast zu den glänzend dunklen, immergrünen Blättern.

Unten: In einem schwarz-weißen Gestaltungsschema bildet das purpurviolette Laub des Felberichs *(Lysimachia ciliata* 'Purpurea') im späten Frühling einen spektakulären Kontrast zu den reinweißen Blüten von *Camassia leichtlinii*. Im Sommer allerdings machen die leuchtend gelben Blüten des Felberichs das schwarz-weiße Thema zunichte.

Kontrastierende Komplementärfarben

Kontraste gibt es nicht nur zwischen Farbschattierungen. Auch Farbe an sich kann erstaunliche Spannungsmomente im Garten auslösen. Durch die Gegenüberstellung von Farben lässt sich deren Wirkung beträchtlich verstärken, was in ausgesprochen spannenden Effekten gipfeln kann. Die Primärfarben Rot, Grün und Blau stehen in krassem Gegensatz zu den drei »gemischten« Sekundärfarben Grün, Violett und Orange. Blickt man längere Zeit auf einen roten Fleck und schließt dann die Augen, so erscheint dieser bekanntlich grün – ein Phänomen, das ähnlich, wenn auch weniger augenscheinlich, bei Blau und Orange sowie Gelb und Violett nachweisbar ist.

Das Wissen um diese Zusammenhänge lässt sich auch im Garten ausschöpfen, indem man durch die Kombination »gegensätzlicher« Farben oder Komplementärfarben gezielt deren Intensität steigert. Rote Blüten entwickeln vor einem grünen Hintergrund eine geradezu flirrende Wirkung, wie etwa die Dahlie 'Alva's Doris', umgeben von ihrem dunkelgrünen Laub. Farbkontraste wie diese können im Garten von unschätzbarer Bedeutung sein, solange der Effekt nicht überstrapaziert wird. In einem Bereich, in dem Blau dominiert und alles rundum so harmonisch abgestimmt ist, dass es beinahe schon flach wirkt, lässt sich mit den goldenen Blütenköpfen des Sonnenauges *(Heliopsis helianthoides* var. *scabra* 'Sommersonne') oder *Alstroemeria aurea* 'Dover Orange' ein Schuss Dynamik einbringen. Selbst bei blassen Komplementärfarben ist diese Wirkung noch gegeben, wie die cremegelbe Färberkamille *Anthemis tinctoria* 'Sauce Hollandaise' im Vordergrund der Wiesenraute *Thalictrum delavayi* 'Hewitt's Double' zeigt. Und wieder einmal ist uns die Natur zuvor gekommen: Die mit Pollen überzogene Mitte von *Tradescantia* der Andersoniana-Gruppe 'Purple Dome' leuchtet in beinahe blendendem Gold vor den dunkel purpurvioletten Blütenblättern. Auf diese Weise werden die bestäubenden Insekten ins Innere der Blüten gelockt.

Kontrastierende Töne

Obwohl es höchstwahrscheinlich die moderne Malerei war, die uns die Augen öffnete, finden sich auch in der Natur immer wieder erstaunliche Ton-Kontraste. Man betrachte nur *Echinacea purpurea* mit ihrem Kranz kühl kirsch-mauvefarben zurückgebogener Blütenblätter, die eine konisch hervortretende Mitte einrahmen. Auffallend: ihr glühendes Orange und der gelbliche, mit warmem Braun überlaufene Ockerton – eine Farbkombination, die mich von jeher angesprochen hat.

Die Verbindung kontrastierender Töne – kalter und warmer Farben also – ist eine weitaus riskantere Sache als die Kombination sämtlicher flammenden Farben oder die Gestaltung einer kühlen Rabatte. Eine aufregende farbliche Spannung lässt sich durch kühle Pinkviolett-Töne und glühendes Orange aufbauen, wie die mauve-pinkfarbene Garbe *Achillea* 'Forncett Candy' neben der orangeroten *A.* 'Forncett Fletton' zeigt, oder der hochrote Storchschnabel *Geranium* 'Little Gem' neben leuchtend orangefarbener Nelkenwurz *(Geum*

FARBKONTRASTE AN EINEM VOLLSONNIGEN FLECKCHEN

In einem auf Kontrastfarben aufgebauten Sommerarrangement leiten die orangeroten keulenförmigen Blüten der Fackellilie *Kniphofia* 'Mount Etna' und die vielen Köpfe bräunlich orangegelber Garben *(Achillea* 'Marmalade') zum Limonengelb von *Achillea* 'Taygetea' über und bilden einen gewagten Rahmen für Horste von kirschrotem Phlox und intensiv himbeerrosa *P. paniculata* 'Starfire'. Zwei aufstrebende Horste aus leuchtend violettblauem Salbei *(Salvia nemorosa)* steuern noch mehr Farbe bei, und die einjährige Gartenmelde *(Atriplex hortensis* var. *rubra)* bringt tief dunkles Purpurrot ein. Im Mittelpunkt dieser dramatischen Inszenierung steht der Wiesenknopf *Sanguisorba obtusa* 'Pink Tanna' mit überhängenden babyrosa Blüten – Überraschungseffekte wie auf einem Gemälde der Fauvisten.

Gegenüber oben: **Gegensätze steigern die Wirkung von Dissonanzen, die Spannung in den Garten bringen. Hier zeigt sich, wie stark das reine Orangerot der Garbe *Achillea* 'Feuerland' auf das tiefe Violett der Glockenblume *Campanula glomerata* 'Superba' reagiert.**

Gegenüber unten: **In einer aufregenden Kombination bilden die gestreiften, flammend roten Blätter des Blumenrohrs, die sich hinter der goldgelben Dahlienblüte mit rot gespitzten Blütenblättern erheben, einen dramatischen Kontrast zum kühlen Purpurviolett des Eisenkrauts *(Verbena bonariensis)*.**

borisii). Eine bezaubernd beißende Kombination bilden die kühlen Farben des magentaroten Storchschnabels *Geranium* 'Ann Folkard' mit seinen gelb überlaufenen Blättern und der schwefelgelben Wolfsmilch *Euphorbia schillingii*. Man könnte aber auch noch das dunkle Rot von *Alstroemeria* 'Margaret' einfließen lassen, üppig abgerundet durch die kupferfarbene Sonnenbraut *Helenium* Coppelia', und die ganze Gruppe mit Horsten des rötlichbraunen Sauergrases *Uncinia uncinata* einfassen. Um die Kontraste zu verknüpfen, hat sich das hohe, an verzweigten Stielen stehende purpurviolette Eisenkraut *(Verbena bonariensis)* bestens bewährt.

Eine in warmen Farben gestaltete Rabatte, in der sich Scharlachrot, Bernsteingelb und Goldtöne verbinden, gewinnt an Spannung, sobald in ungleichen Abständen helles Mauveviolett wie das des Zierlauchs *(Allium giganteum)* »eingestreut« wird. Ein anspruchsvoll gestalteter Bereich, in dem kühle Blau-, Violett- und Lavendeltöne dominieren, ergänzt durch ein frostiges Himbeerrosa, kann durch eine Spur Senfgelb oder helles Ziegelrot, wie das des Fingerkrauts *Potentilla* 'Flamenco', erstaunlich gewagt erscheinen. Diese kleinen Dissonanzen, die gleichermaßen warm oder kalt sein können, erweisen sich unter blassen Farben als ebenso wirkungsvoll. So bildet die apricotfarbene Fackellilie *Kniphofia* 'Bees' Sunset' in einem Meer von hellblauem *Phlox paniculata* 'Eventide' einen auffallenden Blickfang.

Um das Spiel mit kontrastierenden Grauwerten benachbarter Farben fortzusetzen, empfiehlt es sich, mit zwei verschiedenen Formen der gleichen oder nahe verwandten Pflanze zu experimentieren, wie etwa einer Kombination der silberlaubigen zweijährigen Kronen-Lichtnelke *Lychnis coronaria* mit der braunlaubigen ausdauernden *L.* × *arkwrightii* 'Vesuvius' – erstere mit kühlen magentaroten Blüten, letztere scharlach-orangefarben, wodurch Aufsehen erregende Kontraste in Ton und Grauwert entstehen.

Wer eine Schwäche für gewagt knallige Kombinationen hat, könnte zu Beginn des Gartenjahrs versuchen, Tulpen in kräftigen Farben mit Einjährigen wie Goldlack, Vergissmeinnicht oder Maßliebchen zu mischen.

Akzente setzen

Pflanzen mit markanten Blütenformen und kräftigen Farben wie Königslilien, Tulpen, Zierlauch-Arten oder Fackellilien stellen in jedem Garten eine Bereicherung dar, denn sie setzen Akzente und bilden Kontraste, wo immer sie eingebunden werden. Solche gelegentlichen Akzente wirken wie Glanzlichter, die Aufmerksamkeit erregen. In einem Bereich, in dem alles zart und harmonisch aufeinander abgestimmt ist, vermag ein kleiner Missklang wie etwa Orange zwischen Blau-, Violett- und Karminrottönen den Betrachter abrupt zurückzuhalten.

Oben: **Der kühle Pinkviolett-Ton des Purpursonnenhutes *(Echinacea purpurea* 'Magnus') steht im Gegensatz zu dem warmen, strahlend orangefarben überlaufenen Braunton der konisch gewölbten Mitte. Eine ungewöhnlich auffallende Farbkombination, die durch die flaumigen magentaroten Blüten der Astilbe im Hintergrund noch verstärkt wird.**

Gegenüber: **Eine einzige scharlachrote Dahlie *(Dahlia* 'Bishop of Llandaff') vor dem mauvevioletten Hintergrund der Katzenminze. Als Kontrast dazwischen: das purpurviolette Laub der Gartenmelde *(Atriplex hortensis* var. *rubra).***

Auffallend kräftige Farbakzente wirken immer dramatisch – man denke an die silbernen Artemisien –, während die zurückhaltenderen Effekte ein Farbschema wie eine Klammer zusammenhalten. So wirken wiederholt auftretende Flecken aus Salbei *(Salvia nemorosa* 'Mainacht') oder dunklem Storchschnabel in regelmäßigen Abständen wie eine Kette von Akzenten. Gute Erfahrungen habe ich aber auch mit den hohen Horsten der grünen Engelwurz *(Angelica archangelica)* gemacht.

Einige Einjährige wie die purpurlaubige Gartenmelde *(Atriplex hortensis* var. *rubra)* oder Kosmeen in entsprechend ausgewählten Farben können mit ihrem luftigen hellgrünen Laub in einem Beet wiederholt Akzente setzen. Die silberne Eselsdistel *(Onopordum acanthium)* ist wie geschaffen für lange und breite Staudenrabatten, aber auch andere hohe Pflanzen können vorgesehene Lücken füllen. Ein guter Tipp ist der weiß blühende, süß duftende Ziertabak *(Nicotiana sylvestris)* oder hoch aufragende Stockmalven. Es gibt eine tief schokoladenbraune Form *(Alcaea rosea* 'Nigra'), die nahezu schwarze Blüten hervorbringt und allein schon durch ihre außergewöhnliche Farbe Akzente setzt. Bei beiden handelt es sich in der Tat um kurzlebige Stauden, die in der Regel als Einjährige gezogen werden. Auch die großartigen Sonnenblumen sollte man nicht vergessen. Unter den riesigen einjährigen *Helianthus*-Hybriden bietet sich die über 3 m hohe 'Russian Giant' an, aber auch 'Lemon Queen', 'Claret' und intensiv orangegelbe gefüllte Formen wie 'Titanic'.

Akzent und Blickfang

Oben: **Pastellfarbene Fingerhüte *(Digitalis purpurea)* und die zart weinroten, gedrungenen Blütenähren des Knöterichs *(Bistorta amplexicaulis)* lenken nicht von der optisch dominierenden Wirkung der Eselsdistel *(Onopordum acanthium)* ab, die zum Blickfang wird.**

Gegenüber: **In einem kühnen Farbschema wird ein toter Kirschbaum durch einen ultramarinblauen Anstrich zu neuem Leben erweckt. Blaue Flockenblumen und schaumig weiße Wiesenraute heben das skulpturale Astgerüst hervor, ohne selbst zu viel Aufmerksamkeit auf sich zu ziehen.**

Jedes optische Kunstwerk und jede Fotografie lebt von einem Blickfang, einem Element, das das Auge bannt. Wo dieser Blickfang fehlt, wird das Bild zur »Tapete«, einem fortlaufenden Musterrapport, aus dem nichts auffallend hervortritt. Ganz ähnlich ist es im Garten, in dem es zwar Höhepunkte geben mag, dennoch aber nur einen klar definierten Fokus, bei dem alle Linien des Designs zusammenlaufen und das Auge hängen bleibt. Dabei kann es sich um eine Aufmerksamkeit erregende Skulptur, ein bauliches Element wie ein Aussichtstürmchen oder ganz einfach um eine dominante Pflanze handeln. Bei all dem sollte man nicht vergessen, dass eine wirkungsvolle Farbgebung am nachdrücklichsten das Interesse fesseln kann.

Kräftige Rot- und Gelbtöne sowie Silber gehören zu den auffallendsten Farben im Garten, denn sie springen uns vor einem weitgehend grünen, neutralen Laubhintergrund förmlich entgegen. Wo also keine Laube und keine Skulptur dominiert, kann ein Baum, ein Strauch oder eine Gruppe Blüten die Rolle des Stars innerhalb der Gesamtkomposition übernehmen. Wie keine andere Farbe vermag ein Schuss Rot das Auge spontan anzuziehen, denn Rot hat unbestritten Signalwirkung.

Wo ein markanter Blickfang gefragt ist, muss im Vorhinein entschieden werden, an welchem Punkt das Auge verweilen soll, denn danach richtet sich die

Links: In einem Waldgarten bilden Grüntöne in allen Schattierungen wie lindgrüne Euphorbien, hellgrüne Magnolienblätter und ein ausladender dunkelgrüner Wacholder einen Hintergrund, der die ganze Aufmerksamkeit auf die sauren Boden bevorzugenden orange blühenden Azaleen lenkt.

Wahl der Farben. So kann man den Blickfang etwa ins Zentrum rücken wie in formal symmetrisch gestalteten Gärten. In diesem Fall stellt sich die Frage nach dem optischen Fixpunkt erst gar nicht, obwohl um der Balance willen auf jeder Seite ganz ähnliche Farben einzubringen sind. Wahrscheinlich wird der Blickfang aber leicht von der Mitte abgerückt sein, vielleicht sogar weiter hinten stehen oder gar am äußeren Rand des Gartens. Wenn dieser nicht ausgesprochen groß ist, wird der Bereich unmittelbar ins Auge fallen, sodass es sich empfiehlt, die Farbe des Blickfangs sorgfältig einzubinden, um die Gesamtgestaltung zusammenzuhalten.

Bäume

Von allen Pflanzen bilden Bäume den auffallendsten Blickfang, was sicher auch daran liegt, dass sie das ganze Jahr über vorhanden sind und durch Höhe sowie eine ansehnliche Form beeindrucken. Aber selbst wo die Form dominiert, muss Farbe hinzukommen, um die erforderliche Balance zu gewährleisten. Zu den spektakulär gefärbten Bäumen für große Gärten gehören *Eucalyptus niphophila* mit blass blaugrün überlaufenem Laub und einem Stamm, der silbern und grün marmoriert ist, aber auch einige der hohen panaschierten Stechpalmen. Für kleinere Gärten eignet sich die Zwergmispel *(Cotoneaster hybridus)*, die, auf einen niedrigen Stamm gepfropft, als 2 m hoher Hochstamm angeboten wird. Sie zeichnet sich durch blau getönte Blätter und leuchtend rote Früchte aus. Unter den Bäumen, die im Sommer einen Blickfang bilden, sind der kleinere panaschierte Etagen-Hartriegel *(Cornus alternifolia* 'Argentea') oder höhere goldlaubige Bäume wie der messinggelbe Lederhülsenbaum *(Gleditsia triacanthos* 'Sunburst') oder die limonengelbe Scheinakazie *(Robinia pseudoacacia* 'Frisia') zu nennen. Mit den Jahreszeiten wandelt sich auch das Erscheinungsbild des Blickfangs. Im Frühling entfaltet der magentarote Judasbaum *(Cercis siliquastrum)* üppige Farbenpracht, während der Blasenbaum *(Koelreuteria paniculata)* mit gelben Blütenrispen seinen großen Auftritt im Frühsommer hat. Wenn der Herbst kommt, entfachen die japanischen Ahorne wie *Acer japonicum* 'Vitifolium' ein flammendes Feuerwerk.

Ist die Frage des Blickfangs geklärt, sollte man über den Garten verteilt Bereiche in ähnlichen Farben schaffen, um auszuschließen, dass sie zu viel Aufmerksamkeit auf sich ziehen. Zwei miteinander korrespondierende Farbflächen irgendwo im Raum verbinden sich optisch über eine gedachte Linie. Das Auge blickt durch sie so hindurch, als halbiere es diese virtuelle Linie. Dadurch wirken diese beiden Flächen weniger bedeutend als eine einzige, was insbesondere bei der Planung eines formalen symmetrischen Gartens zu berücksichtigen ist.

Interessant ist, dass das Auge drei domininierende Farbbereiche – ganz gleich wo sie sich im Garten befinden – zu einem Dreieck verbindet, folglich also ihre Bedeutung ignoriert, um sich ganz auf die »Primadonna« zu konzentrieren.

So kann man beispielsweise die in ihrem Wuchs skulptural wirkende Weidenblättrige Birne *(Pyyrus salicifolia* 'Pendula') als Blickfang einsetzen, einerseits, weil es sich um eine Trauerform handelt, vor allem aber, weil das silberne, Licht reflektierende Laub inmitten vorwiegend grüner Gehölze ausgesprochen dekorativ wirkt. In diesem Fall sollten sich allerdings wenige andere silberlaubige Pflanzen in unmittelbarer Umgebung befinden.

Oben: **Die verzweigten Triebe von *Aloe striata* mit endständigen orangeroten Blütenrispen fordern mehr Aufmerksamkeit als die dunkelroten Ähren von *Aloe arborescens* (unten).**

Unten: **All diese Blüten sind potentielle Konkurrenten im Ringen um Beachtung. Der dunkellaubige Wunderbaum *(Ricinus communis* 'Gibsonii') mit seinen reizvollen kugelförmigen Fruchtkapseln in leuchtendem Rot und die dunkellaubige orange blühende Dahlie 'David Howard' wirken nicht weniger Aufsehen erregend als die hohe Fackellilie *(Kniphofia rooperi)* und die kaktusblütige kardinalrote Dahlie 'Altami Corsair.'**

Stauden

Eine geradezu magische Anziehung üben in den meisten Rabatten die Rottöne aus, die mit Fingerspitzengefühl eingesetzt werden wollen (siehe Grafik rechte Seite), dicht gefolgt von den Gelbtönen. Um Gelb als Blickfang hervorzuheben, kann man Blüten in der gleichen Farbe, aber unterschiedlicher Intensität einbringen. So bieten die Schwertlilien etwa ein breites Spektrum von der intensiv goldgelben *Iris* 'Harlow Gold' angefangen über die blassere 'Maui Moonlight', die zitronengelb-weiße Form 'Early Light und die hell apricotfarbene 'Peach Frost' bis zur kupferbraunen 'Blue-eyed Brunette'. All diese Farben verschmelzen optisch miteinander, selbst wenn sie weiter voneinander entfernt sind, und binden auf diese Weise den Garten zusammen.

Andererseits treten die auffallendsten Solitärpflanzen unweigerlich hervor. Einen spektakulären Blickfang bildet der großblättrige Zierrhabarber *(Rheum palmatum* 'Atrosanguineum'), der im Frühsommer an verzweigten Trieben flaumig karminrote Blütenrispen entfaltet. Auch die riesigen, säulenartigen *Delphinium*-Hybriden wie etwa die über 2 m hohe, vornehm purpurviolette 'Nimrod', verfehlen im Hochsommer ihre Wirkung ebenso wenig wie die silberlaubige Königskerze *(Verbascum olympicum)* mit gelben Blütenähren. Im Spätsommer sind es die Horste des großen, leuchtend goldgelben Alants *(Inula magnifica)*, die Platz brauchen, um ihr dunkelgrünes raues Laub und die großen margeritenartigen Blüten entsprechend zur Geltung zu bringen.

AUFSEHEN ERREGENDE ROTTÖNE

Der große Star dieses Gartens ist ein ausgewachsener rotlaubiger Ahorn *(Acer palmatum* var. *heptalobum* 'Rubrifolium'). Er bildet einen kleinen, bis zu 5 m hohen Baum, der so elegant wirkt, dass alles andere in seiner Umgebung eine untergeordnete Rolle spielt. Weitere rote Bereiche finden sich in Gruppen oder größeren Flächen, die sich in ihrer starken Wirkung gegenseitig abschwächen, sodass das Auge, das den Gartenraum zu erfassen sucht, die drei Bereiche »im Kopf« unwillkürlich zu einem Dreieck verbindet. Auf der linken Seite im Vordergrund präsentiert sich eine Gruppe rotblühender Fackellilien *(Kniphofia* 'Prince Igor'), 1,8 m hohe Riesen, die auf der anderen Seite in Form flammender Montbretien *(Crocosmia* 'Lucifer') erneut aufgegriffen werden, während sich in der Nähe des Baums ein Meer roter Indianernesseln *(Monarda fistula* 'Gradenview Scarlet') ausdehnt. Das Auge verharrt bei keiner dieser Staudengruppen, sondern verbindet sie zu einem ausgewogenen Dreiecksverhältnis. Ihre Verbindung gewährleistet, dass keine der drei Komponenten vom dominanten Blickfang, dem japanischen Ahorn, ablenkt.

Farbe im Gesamtbild

Vorhergehende Doppelseite: **Dieser Ausschnitt eines großen Gartens auf dem Lande zeigt flächig eingesetzte, farbenfrohe Pflanzen, die auf Kreta heimisch sind und fast wie eine Bergwiese anmuten. Alle benötigen Sonne und durchlässigen Boden.**

Jeder Garten ist die Summe seiner Einzelteile. Seine Größe beeinflusst die Großzügigkeit der Gestaltung, und diese wiederum die verschiedenen Ansätze, Farbe einzubringen. Vergleicht man die Wirkung eines großen, abstrakten Ölgemäldes, auf dem die Farbe pastig und mit breiten, flächigen Pinselstrichen aufgebracht wurde, mit der zarten Wirkung kleiner Aquarellbilder, deren Details am besten von nahem betrachtet werden, so tritt der Unterschied zwischen der Verwendung von Farbe in einem großen Garten und einem kleinen, überschaubaren Bereich deutlich zutage.

Das Volumen und die Qualität der Farbe richten sich jeweils nach der Größe des Gartens. Eine ausgedehnte Fläche bietet Raum für weit ausschwingende Farbbögen wie Wogen von Astern, einen massiven Lupinenhorst oder Schwaden von Purpursonnenhüten oder Rudbeckien. In kleineren Bereichen, wo es an Platz fehlt, sind ganz andere Überlegungen anzustellen. Hier müssen die Proportionen der Blütenfarbe auf die Größenverhältnisse des kleineren Gartens abgestimmt werden, dafür gewinnen die Details aber an Bedeutung, insbesondere in Hausnähe. Grundsätzlich gilt, je kleiner der Raum, desto interessanter sollte die Bepflanzung im Einzelnen sein, denn fein strukturierte Pflanzen wie Akeleien oder Edeldisteln entfalten ihre volle Wirkung nur bei näherer Betrachtung.

Links: **In einem kleinen Garten in der Stadt, in dem die Begrenzungsmauern als Pflanzfläche genutzt werden, zeigt sich, wie fein die Farben der *Clematis* 'Niobe' und der immergrünen *Escallonia* 'Pride of Donard' aufeinander abgestimmt sind.**

Größenverhältnisse

Unten: Dank der überschaubaren Begrenzung scheinen die Bäume der angrenzenden Landschaft mit dem Garten zu verschmelzen. In der Ferne verbindet sich die cremeweiße Wiesenraute *(Thalictrum)* mit der grünen Belaubung, ohne mit den ausgedehnten Horsten des Rittersporns und dem flammenden Rot des Mohns dicht daneben zu konkurrieren.

Größere Gärten

In größeren Gärten auf dem Lande stellen die Grüntöne der angrenzenden Umgebung die verbindende Kraft dar. Innerhalb der Begrenzung vermischen sich Natur und Design, was Sensibilität und Einfühlungsvermögen erfordert. Wo die Landschaft Teil des Blickfelds ist, gilt es, die Farben im Garten darauf abzustimmen. In einem nach außen hin abgeschotteten Garten, der die Landschaft ausgrenzt, kann hingegen ein in sich geschlossener, »kunstvoll« gestalteter Raum entstehen. Aber wenn – was immer wieder vorkommt – ein farbenprächtig leuchtender »Stadtgarten« auf die ländliche Umgebung »übertragen« wird, können die kräftig gefärbten Pflanzen vor den zarten Grün- und Brauntönen der Landschaft geradezu schrill wirken.

Wer einen ländlichen Garten neu anlegt, sollte versuchen, die Farben so auszuwählen, dass sie sich wie von selbst mit dem Farbspektrum der Umgebung verbinden. Die erste Überlegung gilt somit der Frage der Begrenzung. Wird eine offene Begrenzung angestrebt, die das Blickfeld außerhalb des Gartens mit einbezieht? Oder soll der Raum mit ländlichen Hecken umschlossen werden und die Landschaft lediglich ausschnittweise sichtbar sein? Wenn der Garten unmittelbar an Wiesen und Felder angrenzt, bildet Grün eine ideale Verbindung zu zarten Blütenfarben und Sträuchern wie Holunder, Schneeball, Wildrosen und Strauchweiden, die harmonisch mit dem Hintergrund verschmelzen. In Gärten, in denen ein Windschutz erforderlich ist, bilden Hecken aus Schwarz- oder Weißdorn, Eiben, Spindelsträuchern oder Hundsrosen eine wirkungsvolle Barriere, wobei sich die Auswahl nach dem Bodentyp richten muss, damit kalkliebende Pflanzen nicht mit sauren Boden bevorzugenden Gewächsen gemischt werden.

Bäume spielen in einem großen Garten eine bedeutende Rolle, denn sie lenken den Blick gen Himmel. Auch hier verzichtet man am besten auf spektakuläre Sorten, die sich in dieser Umgebung so fremd ausnehmen wie die goldlaubige Robinie oder der japanische Ahorn im europäischen Landschaftsbild. Nicht nur in der Wuchsform, sondern auch farblich fallen sie aus dem Rahmen, während sich heimische Arten harmonisch einfügen.

Farbe und Entfernung

Das Einbeziehen der Landschaft ist unerlässlich. Der Dichter William Wordsworth beklagte, dass die weiß getünchten Häuser im Lake District viel zu aufdringlich wirkten. Für die wilde Schönheit dieser Landschaft schienen ihm die warmen Töne zurückhaltender Erdfarben weitaus angebrachter, zumal Weiß selbst aus großer Entfernung noch sichtbar ist. Die Entfernung beeinträchtigt die Wirkung der Farben, sodass jene, die normalerweise hervortreten, zu fliehen scheinen und verblassend im bläulichen Bild der Landschaft aufgehen. Zur Veranschaulichung braucht man sich nur die »blauen« Inseln am Horizont oder die fernen Bergketten vorzustellen. Kühle Farben erscheinen von weitem gesehen noch blasser, und selbst die leuchtenderen Farben wirken gedämpft. Blau ist eine Farbe mit ausgeprägter räumlicher Dimension – eine Erklärung dafür, dass ein größeres Band blauer Blumen am Ende des Gartens länger erscheint, als es in Wirklichkeit ist.

Dunkle Farben scheinen ebenfalls zu fliehen, wobei es sich nicht zwangsläufig um Grün handeln muss. So können beispielsweise rot- oder purpurlaubige Sträucher wie der dunkle ausladende Judasbaum *Cercis canadensis* 'Forest Pansy', als Gruppe eingesetzt, die Tiefenwirkung steigern, indem sie die Grenzen weiter »hinausschieben«. Wenn andererseits Laub in leuchtenderen und auffallenderen Farben verwendet wird, wie etwa eine Gruppe panaschierter Hartriegel (*Cornus alba* 'Spaethii'), gilt es, sie im Vergleich zu dunkleren Sträuchern schmaler zu halten, damit sie optisch nicht hervorspringt.

Im Gegensatz dazu scheinen leuchtende, satte Farben näher zu kommen, sodass selbst eine entfernte Gruppe von Sonnenhüten in den Vordergrund zu drängen scheint. Handelt es sich um größere Bestände, wird die Tiefenwirkung des Raums sichtbar gemindert. Von nahem betrachtet, wirken alle Farben intensiver, da sie nicht durch die Streuung des bläulichen Lichts gedämpft werden wie jene in der Ferne – eine Erkenntnis, die man sich in kleineren Gärten zunutze machen kann (siehe Seite 138).

Gegenüber: Ein Strahl des Abendlichts beleuchtet das ferne Ende eines großen Gartens. Dennoch dominieren die unzähligen kirschroten Blüten der Indianernessel *Monarda* 'Cambridge Scarlet' inmitten eines ruhigeren Bereichs aus Sterndolden. Hinzu kommen die schlanken Ähren der weißen Königskerze *Verbascum chaixii* 'Album' und rosig gelbbraune Blütenstände des Reitgrases *Calamagrostis* × *acutiflora* 'Karl Foerster'.

Links: Die Bäume in der Ferne wirken bläulich, aber im Vordergrund verbinden sich der goldene Sonnenhut *Rudbeckia laciniata* 'Hortensia', die zitronengelbe Montbretie *Crocosmia* 'Golden Fleece' und der bräunlich pinkfarbene Purpursonnenhut *(Echinacea)* zu einem Aufsehen erregenden Spätsommerbild.

Licht

Die Lichtverhältnisse spielen in jedem Garten eine bedeutende Rolle. Die Entscheidung, wo Bäume gepflanzt werden, ist in einem größeren Bereich immer auch eine Frage von Licht und Schatten. Was den Reiz eines großen Gartens ausmacht, sind nicht zuletzt einige Schattenbereiche. Diese können durch Baumgruppen mit dichtem Laubdach entstehen, wie etwa einer Gruppe Indischer Rosskastanien *(Aesculus indica* 'Sidney Pearce'), bis zu 15 m hoher Bäume, die im Frühling und im Herbst schön gefärbtes Laub und im Frühling zusätzlich beeindruckende Blüten zeigen. Wer Halbschatten bevorzugt, sollte Bäume mit weniger kompaktem Laub wie die Hängebirke *Betula pendula* 'Dalecarlica' auswählen; dank ihrer schlanken Wuchsform lassen sie sich zu mehreren gruppieren.

Proportion und Fülle

Mit der Gliederung eines Gartens ist zugleich auch die Proportion der Farbblöcke und die Anzahl der Pflanzen vorgegeben. Eine der ersten wichtigen Entscheidungen gilt der Größe der Grünfläche – des Rasens oder Wiesenbereichs also. Danach sollte man sich überlegen, in wieweit das Areal durch Sträucher und Bäume abzuschirmen und was an Immergrünen vorgesehen ist. Zu entscheiden ist aber auch, welche Gehölze mehrfach auftreten sollen. Kompakte Farbblöcke aus Laub abwerfenden Sträuchern wie dem Schwarzen oder goldlaubigem Holunder entstehen durch Gruppenpflanzung, wobei ein einzelnes Exemplar, an anderer Stelle eingesetzt, zur Verknüpfung des Bildes beitragen kann.

Sobald der grobe Rahmen geschaffen ist, lässt sich die farbliche Gestaltung ins Auge fassen. Die Gewichtung der einzelnen Farbblöcke hängt von ihrer Bedeutung und der Entfernung vom Haus ab. So gilt es, in einem weitläufigen Bereich mit entsprechend großen Farbflächen zu arbeiten, denn kleine Farbtupfer würden mager und kümmerlich wirken. Massive Staudengruppen, die ins Auge fallen, prägen das Bild des ländlichen Gartens, wie etwa leuchtend gelbe Sonnenbräute *(Helenium)* oder Goldruten *(Solidago)*. Von weitem gesehen, können sie wuchtige Strauchergruppen ausgleichen, die anhaltend blühen und über ein vergleichbares Volumen verfügen. Wogende Farbflächen wie diese werden innerhalb des Gesamtbilds zwar nicht im Detail erfasst, spielen aber als Struktur bildendes Element in einem größeren Garten eine fundamentale Rolle. Weitere großzügig gestaltete Farbbereiche könnten auf leuchtend roten Phlox-Sorten *(Phlox paniculata)* basieren oder als blassere Farbe den cremeweißen Geißbart *(Aruncus dioicus)* einbeziehen.

Es muss auch nicht ein und dieselbe Pflanze sein, die erneut aufgegriffen wird. Vielmehr lässt sich der farbliche Bogen so planen, dass das Auge in einem

HERBSTFARBEN IN EINEM GROSSEN GARTEN

Größere Garten bieten auch Raum für ein herbstliches Schauspiel. Flammende Farbenpracht entfalten hier die Felsenbirne *(Amelanchier lamarkii)* auf der linken Seite und die Zierkirsche *Prunus* 'Shirofugen' gegenüber. Der Judasbaum *Cercis canadensis* 'Forest Pansy' oben rechts hat ebenso wie der rotlaubige Perückenstrauch *Cotinus coggygria* 'Grace' am anderen Ende der Pergola ein warmes Karminrot angenommen. Blütensträucher wie die Hortensie *Hydrangea paniculata* 'Pink Diamond' und der Eibisch *Hibiscus syriacus* 'Blue Bird' stehen in voller Blüte, während das Fingerkraut *Potentilla fruticosa* 'Tangerine' sowie die Orangenblume *Choisya* 'Aztec Pearl' noch vereinzelt Blüten tragen. Stauden wie die Indianernessel *Monarda* 'Croftway Pink', die Aster 'Rose Bonnet', der rote Spaltgriffel *Schizostylis coccinea* 'Major', die rostrote Sonnenbraut *Helenium* 'Moerheim Beauty', der kühl gelbe Halbstrauch *Phygelius aequalis* 'Yellow Trumpet', die dunkle Bartblume *Caryopteris* × clandonensis 'Heavenly Blue', mittelblaue *Agapanthus* Headbourne-Hybriden und die leuchtend blaue *Aster frikartii* 'Mönch' – sie alle bringen gegen Ende des Gartenjahrs noch Farbe ein. Unter der Felsenbirne breitet sich ein großer Horst der weißen Japan-Anemone *Anemone* × *hybrida* 'Honorine Jobert' aus, der von über den Garten verteilten, grasartigen *Liriope muscari* 'Munroe White' ausgeglichen wird. Braune Seggen und die purpurviolettlaubige Fetthenne *Sedum spectabile* 'Autumn Joy' runden die Bepflanzung ab. Die scharlachroten Beeren der kleinen baumartigen Zwergmispel *Cotoneaster lacteus* und der Strauchrosen *Rosa moyesii* 'Geranium' daneben bilden einen Kontrast zu dem Feuerdorn *Pyracantha* 'Mohave' auf der anderen Seite. Über der Pergola zeigt sich die Weinrebe *Vitis vinifera* 'Purpurea' inzwischen in burgunderroter Färbung, die an der Begrenzung gegenüber in der Waldrebe *Clematis viticella* 'Purpurea Plena Elegans' ein Gegengewicht findet.

fein abgestuften größeren Pflanzbereich beispielsweise von der chromegelben Garbe *Achillea* × *filipendulina* 'Gold Plate' zur hohen goldenen Taglilie *Hemerocallis* 'Berlin Yellow' und von da aus zu den Trieben des blassgelben Brandkrauts *(Phlomis russeliana)* bis zu den hohen duftigen Blüten von cremefarbenem Beifuß *(Artemisia lactiflora)* wandert.

Die Größe des Gartens wirkt sich aber auch auf die Proportionen der Pflanzengruppen aus. So dürfen die weiter entfernten Farbbereiche keinesfalls zu dünn ausfallen, weil man sie sonst gar nicht wahrnimmt. Da insbesondere im größeren Garten ein einheitliches Gesamtbild gefragt ist (siehe Seite 98), sollten die Farben, Töne und Schattierungen in rhythmischer Wiederholung auftreten, um eine Verbindung untereinander erkennen zu lassen. Wer Farbe ohne größere Überlegung kleckerweise verteilt, darf sich nicht wundern, wenn ein unruhiges Bild entsteht, in dem das Auge nirgends verweilen kann. Andererseits dürfen einzelne Farbgruppen auch nicht zu stark hervortreten, es sei denn, sie wären ganz bewusst als Blickfang eingesetzt.

Harmonische große Beete

Selbst in einem ausgesprochen weitläufigen Garten können großflächige Pflanzengruppen und Farbflächen Heiterkeit ausstrahlen. Als Beispiel schlage ich eine blaue Bepflanzung vor, die nie aufdringlich wirkt und in einigen blassen Gelbtönen ein Gegengewicht findet. Als Blickfang wäre die silberlaubige Artischocke *(Cynara cardunculus)* denkbar, die in Abständen wiederholt auftreten könnte. Als Rahmen eignet sich die hohe Katzenminze *Nepeta* 'Six Hills Giant', wobei beide Pflanzpartner an anderer Stelle im Garten mit mehreren Gruppen der Glockenblume *Campanula lactiflora* 'Prichard's Variety', einer mehrjährigen, etwa 1 m hohen Staude mit dicht stehenden leuchtend hellblauen Blüten kombiniert werden könnten. Vielleicht ließen sich im näheren Umkreis auch einige Horste der lavendelblauen Flammenblume *(Phlox paniculata* 'Toits de Paris') integrieren, und dahinter die buschige hellgelbe Baumlupine *(Lupinus arboreus)* setzen, die bis zu 2 m hoch und breit wird.

In dieses große Schema könnten aber auch geschwungene Bänder mit cremefarbenen und grünen Blüten einfließen, wie etwa Driften der Katzenminze *(Nepeta govaniana)* mit blassgelben, flaumigen Blüten im Sommer, oder Horste des Geißbarts *(Aruncus dioicus)* mit cremeweißen, fedrigen Blütenständen.

Je größer die Horste der Blickfangpflanze, desto vielfältiger sollten sich andere Pflanzen dazwischen verweben. Auf diese Weise entsteht ein weiches fließendes Bild, in das sich das Brandkraut *(Phlomis russeliana)* mit seinen hohen Stängeln und den blassgelben etagenförmig angeordneten Blütenquirlen bestens einfügt. Zur Abrundung dieser ruhigen Rabatte könnten die gewellten grünen Blätter des Gamanders *Teucrium scorodonia* 'Crispum Marginatum' als Einfassung beitragen.

Aber nicht nur Artischocken bieten sich als Blickfangpflanzen an. Alternativen mit auffallender Wuchsform und Belaubung sind das Riesenschleierkraut *(Crambe cordifolia)* und die Engelwurz *(Angelica archangelica)*. Spektakulär wirkt auch der zinngrau-violette Federmohn *(Macleaya cordata)*.

Oben: **Der Sonnenhut *Rudbeckia fulgida* var. *sullivantii* 'Goldsturm' erfreut uns mit seinen goldgelben Blüten bis zum Spätsommer.**

Rechts: **Gelbe Farbflächen, bestehend aus limonengelber Goldrute *Solidago* 'Goldenmosa', den goldenen Korbblüten des Mädchenauges *Coreopsis auriculata* 'Schnittgold', beißend schwefelgelber Wolfsmilch *Euphorbia wallichii* und dem bernsteingelben Kreuzkraut *Ligularia dentata* 'Desdemona', verbinden sich harmonisch mit den warmen, flammenden Farben der roten Montbretie *Crocosmia* 'Fireglow'. Dennoch ist es das dunkle Laub der jungen aufstrebenden Rotbuche *Fagus sylvatica* 'Dawyk Purple', die diese großflächige Bepflanzung zusammenhält.**

Staudenrabatten

Nur größere Gärten bieten Platz für Staudenbeete im englischen Stil (»borders«) oder gar parallel laufende Zwillingsrabatten. Sie benötigen Raum, denn sie sollten mindestens 3 m tief sein. Nur dann lässt sich im Vordergrund der großen Solitärstauden noch etwas pflanzen, und Gewächse, die besser zur Geltung kommen, wenn sie sich unter die übrigen Horste mischen, können sich dazwischen verflechten.

Wo lediglich Raum für eine Rabatte ist, schlage ich vor, sie nicht im rechten Winkel zum Haus zu planen, da sie sich auf der anderen Seite kaum befriedigend abschließen lässt. Dekorativer wirkt ein schöner Schwung, der, im Hintergrund von einer Eibenhecke begrenzt, den Blick auf hohe Sträucher und Bäume auf der anderen Seite freigibt und somit den Gartenraum weiträumiger erscheinen lässt. In Zwillingsrabatten sollten die Farben miteinander verknüpft werden – nicht indem man sie einfach verdoppelt, sondern indem Pflanzen der gleichen Farbe in unregelmäßigen Abständen aufgegriffen und vom Auge dann als Einheit empfunden werden.

Die Gestaltung einer Staudenrabatte kann nach unterschiedlichen Gesichtspunkten erfolgen. So ließe sich das Farbschema etwa auf eine einzige Farbe beschränken, wie etwa in einer roten Rabatte (siehe Seite 107). Mir persönlich gefallen Staudenkombinationen, in denen die gesamte Farbpalette der mehrjährigen Pflanzen ausgeschöpft wird. In diesem Zusammenhang gilt es, den grünen Hintergrund als Kulisse einzubeziehen und durch entsprechende Farbnuancen und Schattierungen Akzente zu setzen. Dabei empfiehlt es sich, den Wiederholungseffekt ähnlicher Farben zu nutzen, teils in ineinandergreifenden Bögen, und im Verlauf der Rabatte sanfte Farbübergänge einfließen zu lassen (siehe Seite 109). Eine gute Möglichkeit, bestimmte Farben hervorzuheben, ergibt sich durch das größenmäßige Variieren der Farbblöcke, während kleinere Farbbereiche an anderer Stelle ein ganz unterschiedliches Thema aufgreifen könnten.

Man sollte auch die vielfältigen Formen und Texturen berücksichtigen, die die meisten Stauden bieten, angefangen bei vertikal aufragendem *Veronicastrum* oder hohen Königskerzen *(Verbascum olympicum)* bis zum flaumigen Charakter des feuchtigkeitsliebenden Mädesüß *(Filipendula purpurea)* oder der trockenere Standorte bevorzugenden, tief purpurvioletten Wiesenraute *(Thalictrum aquilegifolium* 'Thundercloud') sowie den filigranen cremefarbenen Grannen des hohen Pfriemengrases *(Stipa gigantea)*. Farblich neutralere Töne, wie sie der zurückhaltende Beifuß *(Artemisia lactiflora)* einbringt, wirken sehr dekorativ, wenn sie sich mit ihrer ganz unterschiedlichen Textur wie ein Band durch die sonnendurchfluteten Rabatten ziehen.

Gut machen sich immer auch jahreszeitliche Farbtupfer wie Tulpen im Frühling, Zierlauch und Lilien im Sommer und im Anschluss daran pinkfarbene *Nerine* sowie roter Spaltgriffel *(Schizostylis)*. Wo Lücken auftreten, lassen sie sich durch zahlreiche herbstblühende Stauden füllen, von den hohen Anemonen über den Wasserdost bis zu Chrysanthemen und Dahlien.

Oben: **In diesem Ausschnitt eines großen Gartens beleuchtet zart bläuliches Licht die senkrecht aufstrebenden lavendelblauen Schwertlilien, deren vertikale Form in hohen weinroten Lupinen aufgegriffen wird. Die Blautöne wiederholen sich in größeren Tuffs blauer Storchschnäbel und Flockenblumen. Diese kühlen Töne werden durch die pinkfarbenen Ähren des Wiesenknöterichs *Bistorta officinalis* 'Superba' unterstrichen, die die anderen vertikalen Elemente rhythmisch wiederholen.**

Gegenüber oben: **Diese farbenprächtige Staudenrabatte veranschaulicht, wie durch wiederholt auftretende Farbblöcke von blauen Salvien mit Horsten des Rittersporns und bläulich pinkfarbenem Storchschnabel eine harmonische Ton-in-Ton-Komposition entsteht. Auch warme Farben sind integriert, wie die dottergelbe Taglilie, das goldlaubige Geißblatt *Lonicera nitida* 'Baggesen's Gold' und weiter vorn eine kleine gelbe Segge. Weißes Schleierkraut fügt sich harmonisch ein.**

Gegenüber unten: **Abendlicht fällt durch die Bäume und sorgt für eine bühnenwirksame Kulisse, vor der die hohen Ähren des gelben Kreuzkrauts *Ligularia* 'The Rocket' und das junge Pfriemengras aufleuchten und mit einem größeren Bereich Indianernesseln *(Monarda* 'Cambridge Scarlet') kontrastieren. In der Ferne unterstreicht die leuchtend silberlaubige kleine Ölweide *(Elaeagnus angustifolia)* das Gefühl der Weiträumigkeit.**

Die Gärten, mit denen wir uns im Folgenden befassen, entsprechen in der Tat der Mehrheit der Haus- oder Vorstadtgärten – es handelt sich also weder um große Anwesen auf dem Lande noch um begrünte Innenhöfe in der Stadt. Solche Gärten bieten dem Gartenfreund genügend Raum, um sich nach Herzenslust an Pflanzen zu freuen, ohne dass Beschränkungen, wie sie in kleinen, mauerumgebenen »Stadtgärten« unweigerlich auftreten, den Spielraum einengen.

Oben: Üppig grünes Laub verbindet die fein aufeinander abgestimmten Farbkombinationen dieses kleinen Gartens. Von selbst aufgegangen sind die einjährigen ungefüllten Mohnblumen, deren Pinkton in Form intensiv rosaroter Garben *(Achillea)* erneut aufgegriffen wird, während das beißende Gelb der hohen, schlanken Ähren des Felberichs von rahmgelben Königskerzen reflektiert wird. Einfühlsam ist auch die Verknüpfung der orangefarben blühenden Kletterrose mit apricot-gelben Inkalilien *(Alstroemeria)*. Dazwischen immer wieder weiße Blüten, wie die kalkweißen Garten-Margeriten, cremefarbene Königskerzen und die flaumigen elfenbeinweißen Blüten des Geißbarts. Bemerkenswert ist die rhythmische Wiederholung der in Form und Farbe einander entsprechenden Stauden.

Links: Von nahem betrachtet entfaltet diese Kombination aus zierlichen lila-mauvefarbenen Blüten des Dosts *Origanum laevigatum* 'Herrenhausen' zwischen den abgeflachten himbeerroten Blütenköpfen der Fetthenne *Sedum* 'Autumn Joy', die sich soeben öffnen, ihre ganze Schönheit.

Kleinere Bereiche

KLEINE BLAUE RABATTE IM SPÄTSOMMER

Hier verbinden sich kühle Blauschattierungen mit Weinrot, Pink und Purpurviolett. Ganz oben steht die Strauchveronika *Hebe franciscana* 'Blue Gem', ein immergrünes Gehölz, das eine kompakte Kuppel bildet und leuchtend blaue Blütentrauben hervorbringt. Links davon, die höhere Flammenblume *Phlox paniculata* 'Eva Cullum' mit intensiv pinkfarbenen Blüten und dunklem Auge sowie die noch höhere Schwertlilie *Iris sibirica* 'Orville Fay' mit tief purpurvioletten Blüten. Im Vordergrund zeigt der kleine graulaubige Lavendel *Lavandula angustifolia* 'Munstead' dunkel violettblaue Blüten, die durch die zierlichen, cremegelb leuchtenden Stiefmütterchen *Viola* 'Jeannie Bellew' hervorgehoben werden. In der Mitte findet sich eine größere Fläche aus dunkelviolettem Salbei *Salvia nemorosa* 'Ostfriesland' und links davon niedriger lavendelblauer Storchschnabel *(Geranium wlassovianum)* als Überleitung zu den Horsten der Katzenminze *Nepeta racemosa* 'Walker's Low' mit verhalten mauveblauen Blüten. Dahinter steht die violettrote Taglilie *Hemerocallis* 'Summer Wine' mit schilfartigem Laub. Der graulaubige Gamander *(Teucrium fruticans* 'Compactum') mit hellblauen Blüten ist von zwei großen Schwertlilien-Horsten *(Iris* 'Winner's Circle') mit dunkelblauen Blüten und grauem Laub eingerahmt. *Agapanthus* 'Blue Giant' säumt den äußeren Rand. Überraschend schiebt sich ein größeres geschwungenes Band aus der zitronengelben Färberkamille *Anthemis tinctoria* 'Wargrave' dazwischen, durchsetzt mit den kegelförmigen Blüten des Zierlauchs *(Allium sphaerocephalon)*.

Raum-Manipulation

Wie wir bei der Betrachtung von »Farbe und Entfernung« (siehe Seite 130 ff.) gesehen haben, hat die Entfernung entscheidenden Einfluss auf die Farbwirkung. Im kleineren Garten kann Farbe aber genutzt werden, um die Illusion größerer Tiefe zu erzeugen. Allerdings sollte man auffallend leuchtende Farben wie Rot, Orange und Gelb nicht an der äußeren Begrenzung einsetzen, denn diese Farben scheinen sich zu nähern und auszudehnen, sodass sie den Garten noch kleiner wirken lassen – ein Grund, der für flammende Farben in Hausnähe spricht. Falls diese erneut aufgegriffen werden sollten, wählt man am besten dunklere Ocker- oder Brauntöne.

Für weiter entfernte Beete eignen sich Blauschattierungen und blassere Farben, die zurückweichen und die Tiefenwirkung des Gartens unterstreichen. Hellblautöne könnten in unmittelbarer Nähe durch leuchtendere Blau- und kräftige Magentarottöne erwidert werden. Selbst Rot kann im Randbereich auftauchen, solange es sich um ein blaustichiges Karminrot handelt, eventuell mit violetten, mauvefarbenen, lila und purpurroten Blüten gemischt, um den Eindruck von Weite aufrecht zu halten. Dunkle Farben scheinen zu fliehen, sodass dunkelgrüne Sträucher wie der Immergrüne Schneeball *(Viburnum tinus)* weiter entfernt scheinen als leuchtend grüne *Griselinia littoralis* an gleicher Stelle.

Vorteilhaft wirkt sich in kleineren Bereichen aus, dass sämtliche Farben kräftiger und intensiver erscheinen. Auch die Kontrastwirkung ist ungleich stärker, sowohl im Grauwert als auch im Ton; hinzu kommt, dass Details bemerkenswert hervortreten. Deshalb können die Farbblöcke in Hausnähe auch weitaus kleiner sein als im größeren Garten, zumal die Kontraste ohnehin vielfältiger sind. Es empfiehlt sich, die Zahl der Pflanzen innerhalb der Gruppe auf drei bis fünf Exemplare zu beschränken, denn ausdrucksvolle Pflanzen wie die Edeldisteln kommen auf diese Weise am besten zur Geltung. Auch Farbkontraste gilt es in diesem Rahmen auszuschöpfen, wie etwa die Wirkung des gelben Felberichs *(Lysimachia punctata)* neben magentarotem Storchschnabel *(Geranium psilostemon)*. Weiter entfernt würde die bläulich überlaufenene Tönung des Storchschnabels gar nicht erst wahrgenommen und der Felberich stattdessen das Bild beherrschen. Von nahem betrachtet, tritt hingegen sowohl die Kontrastwirkung als auch die Blüte in all ihren Feinheiten ins Rampenlicht. Aber auch eine Kombination wie das bernsteingelbe Mädchen-

auge *Coreopsis grandiflora* 'Mayfield Giant' zwischen tief samtroten Schmuckkörbchen *(Cosmos atrosanguineus)* bietet sich an, beides einjährige Pflanzen.

Mit wachsender Entfernung vom Haus wird die Bepflanzung mit weiten, geschwungenen Staudenpflanzungen zunehmend großzügiger – alles, was dünn und zaghaft wirkt, ist hier fehl am Platz. Vor allem darf man sich nicht verleiten lassen, aus dem Garten eine botanische Sammlung zu machen, denn wo einzelne Pflanzen zusammenhanglos nebeneinander gestellt werden, wird kaum je ein befriedigendes Bild entstehen.

Oben: **Magentarot-, Violett- und Blautöne bilden eine harmonische Einheit. Pinkfarbenes *Tanacetum* und Phlox unterstreichen gemeinsam mit blauen Glockenblumen und Salvien die ruhige Stimmung.**

Links: **Bronzefarbener Neuseeländischer Flachs *Phormium tenax* 'Nanum Purpureum', magentaroter Storchschnabel *(Geranium psilostemon)* und die kirschrote Lichtnelke *(Lychnis coronaria)* harmonieren in Ton und Farbe.**

Zahlenspiele

Von nahem gesehen, haben präzise Farbangaben durchaus ihre Berechtigung. So wirken kräftige Farbblöcke auch am besten in Form kleinerer Flecken, die die vielfältigen Kontraste voll ausschöpfen. Dreier-, Fünfer- oder Siebenergruppen strahlen eine natürliche Zwanglosigkeit aus, die ansprechend wirkt. Was vorrangig für **ungerade Zahlen** spricht, ist die Tatsache, dass unser Gehirn gerade Zahlen gern in zwei gleiche Gruppen unterteilt, was in formalen Pflanzschemen durchaus angebracht ist, ansonsten aber unnatürlich wirkt. Viele Pflanzen kommen in größeren Horsten am besten zur Geltung, vor allem die zarteren, die nicht kompakt genug sind, um als Solitär aufzutreten, wie etwa Akeleien, während Stars wie die großen silberlaubigen Kardonen alle Aufmerksamkeit auf sich ziehen.

Horstbildende Pflanzen mit schönem Laub, wie Päonien oder Türkenmohn, wirken in ungeradzahligen Gruppen ebenfalls am schönsten, insbesondere wenn sie eingerahmt sind von neutralen cremefarbenen oder weißen Blüten wie der Hundskamille. Auch vertikal aufragende Stauden wie Rittersporne, Königskerzen und Fackellilien sollten in größeren Verbänden auftreten. Einige Pflanzen wie Wiesenraute, Phlox, Sonnenbraut und Astern kommen in langen geschwungenen Driften besser zur Geltung. Andere Pflanzen wie Taglilien und Garben lassen sich wie ein schlankes gewundenes Farbband einflechten.

Zarte Farben

In größeren Anlagen verlieren sich zarte Farben ebenso wie zierliche Formen und feine Textureffekte. Nur in kleineren Gärten werden grazile Blüten wie die der strauchigen Scheinanemone *(Gillenia trifoliata)* gebührend beachtet und in ihrer schmetterlingshaften Anmut und Flüchtigkeit geschätzt. Auch die winzigen, frostig weißen Blüten der Sterndolde *(Astrantia maxima)*, die sich über einem pergamentartigen »Kragen« grün-weißer Hochblätter entfalten, gehen in der Entfernung unter, während die feinen Farbschattierungen auch in den rötlichen Formen wie *A. major* 'Hadspen Blood' von nahem gesehen bezaubernd wirken.

Die Blüten der Elfenblume sind klein und zerbrechlich; dennoch wird diese krautige Pflanze aufgrund ihres robusten, ausdauernd schönen Laubs geschätzt. Die grazilen cremefarbenen Blüten von *Epimedium × versicolor* 'Sulphureum' kommen erst zum Vorschein, wenn im Frühjahr das Laub zurückgeschnitten wird.

So bietet ein beschränkter Rahmen dem Gartenfreund die Chance, sich an den kleinen Dingen zu freuen und einige der tupfenartig feinen Blütenköpfe zu integrieren, deren Wirkung aus den vielen kleinen Blüten besteht, die auf relativ hohen Stielen stehen. Diese krautigen Pflanzen sind zwischen schwereren, massigeren Blüten von unschätzbarem Wert. Ob es sich um das Eisenkraut *(Verbena bonariensis)*, die weinrote Witwenblume *(Knautia macedonica)*, die grell orangefarbene Nelkenwurz *(Geum coccineum)* oder das dunkelrote Fingerkraut *(Potentilla* 'Etna') handelt, sie alle zeichnen sich durch schlichte, unaufdringliche Blätter aus.

Berauschende Farben

Wer warme, flammende Farben mag, kann in einem kleinen Garten einige purpurlaubige Sträucher in den Hintergrund pflanzen, wie etwa die 2 m hohe Berberitze *Berberis thunbergii* 'Red Chief', die sich zu einem etwas breiteren Strauch entwickelt. Als reizvolle Partnerin erweist sich die zinngrau-purpurlaubige *Rosa glauca*, die ebensohoch wird. Wer sich um der Kontrastwirkung willen einen dunkleren Strauch wünscht, könnte aber auch den sepiabraunen Schneeball *Viburnum sargentii* 'Onondaga' einbringen, der höher und breiter wird. Sein bronzerotes junge Laub färbt sich zunächst tiefgrün, um im Herbst purpurrot aufzuleuchten.

Gemeinsam bilden sie einen dunklen vollen Laubhintergrund, vor dem rote und bernsteinfarbene Blütenstauden, ergänzt durch etwas Nachtblau, im Sommer geradezu bezaubernd wirken. Hinzu kommen könnten zwei bis drei Lupinen-Gruppen wie *Lupinus* 'Cherry Belle' und 'Corn Gold' sowie die dunkelrote lilienblütige Taglilie *Hemerocallis* 'Stafford' mit goldenem Schlund. Im Umkreis bilden einige flammend orangefarbene Montbretien *(Crocosmia* 'Jupiter') gute Partner. Auch Lichtnelken-Gruppen *(Lychnis × arkwrightii)* kommen hier gut zur Geltung, nicht nur um der leuchtend scharlachroten Blüten willen, sondern auch der purpurvioletten Blätter wegen, die die Wirkung der Berberitze wieder aufgreifen. Für die entsprechende Verbindung zwischen den Farben sorgt hier die Garbe *Achillea* 'Terracotta'. Bogenförmig einfließen könnte aber auch noch ein Band orangeroter Taglilien *(Hemerocallis* 'Mauna Loa' und 'Ruffled Apricot'); und überall dazwischen die roten Punkte des Fingerkrauts *Potentilla* 'Gibson's Scarlet', die dem Bild eine gewisse Leichtigkeit verleihen.

Spitze Akzente bringen mehrere Horste des kleinen Neuseeländischen Flachses *Phormium* 'Bronze Baby' ein, oder auch größere Bereiche aus indigoblauem Ehrenpreis *Veronica longifolia* 'Foerster's Blue', gefolgt von den behelmten tief violettblauen Blüten des Eisenhuts *Aconitum henryi* 'Spark's Variety', die der Bepflanzung eine dramatische Note verleihen. Als Kontrast hinzukommen könnten einige kühle Pinktöne für den Frühsommer, wie etwa die horstbildende Schwertlilie *Iris sibirica* 'Sparkling Rose', die zart mauvefarben überlaufen ist. Und um später etwas Licht in das Bild zu bringen, empfiehlt sich die ausgesprochen blassgelbe, hohe Katzenminze *(Nepeta govaniana)*, zusammen mit einer den ganzen Sommer über blühenden Einfassung aus kleinen cremefarbenen Garben *(Achillea × lewisii* 'King Edward').

Beeteinfassungen

Der Reiz eines großen Gartens besteht nicht zuletzt in den unterschiedlichen Bereichen, die, nach Farbthemen gegliedert, aufeinander folgen können oder aber Raum für einen Kräutergarten, einen geheimen Gartenteil oder ein ummauertes Refugium bieten. Auch in durchschnittlich großen Gärten lassen sich abgetrennte Bereiche für bestimmte Zwecke schaffen, die durch Buchseinfassungen das ganze Jahr über dekorativ wirken. Zwergig gestutzter Lavendel oder Heiligenkraut *(Santolina chamaecyparissus)* bilden silbergraue Hecken – eine Alternative zu dem üblichen grünen Buchs. Zwanglos locker wirkt eine Umrandung mit grasartig grünem Schnittlauch *(Allium schoenoprasum)*, der im Frühling purpurviolette Blüten hervorbringt. Gut denkbar sind samtig orangefarbener und roter Goldlack oder Löwenmäulchen, und als Farbtupfer dazwischen hohe intensiv rosarote Tulpen. Im Lauf des Frühjahrs könnte ein geschützter Bereich in den Regenbogenfarben der frostempfindlichen, päonienblütigen Ranunkeln erstrahlen *(Ranunculus asiaticus* der Turban-Gruppe), und für den Hochsommer bieten sich die kühlen Rot- und Pinktöne der Bartnelken *(Dianthus barbatus)* an, eingerahmt von violettblauem Leberbalsam *(Ageratum)* und der pastellblauen Jungfer-im-Grünen *(Nigella damascena)* sowie den auffälligen mauve-violetten Trommelschlegeln des Zierlauchs.

Gegenüber oben: Zarte, junge Grüntöne wirken in diesem abgeschirmten, lichtarmen Bereich erquickend frisch. Der Hirschzungenfarn *(Asplenium scolopendrium)* mit seinen glänzenden, das Licht reflektierenden Blättern erhebt sich zusammen mit dem Salomonssiegel *(Polygonatum multiflorum)* aus einem Meer teppichbildender Bubiköpfchen *(Soleirolia soleirolii)*.

Gegenüber unten: In diesem kleinen Ausschnitt verbindet sich die rote Gartenmelde *Atriplex hortensis* 'Rubra' mit dem Bartfaden *Penstemon* 'Port Wine', silberlaubigem Wermut *(Artemisia absinthium)* und den schokoladenbraunen, einjährigen Kornblumen *(Centaurea cyanus* 'Black Ball'). Dazwischen verwebt sich die rankende Waldrebe *Clematis* 'Niobe'.

Ein abgeschirmtes Fleckchen Garten in der Stadt, meist mit festem Bodenbelag statt Rasen, stellt ganz besondere Ansprüche. Innen- und Hinterhöfe bieten von Natur aus kein großartiges Blickfeld; sie sind nach innen gerichtet und vermitteln, abgeschottet von der Außenwelt, ein Gefühl intimer Geborgenheit. Charakteristisch für die grüne Oase in der Stadt sind die Mauern, die oft mehr Pflanzfläche bieten als der Boden – ein Raum, wie geschaffen für Kletterpflanzen. Außer Clematis, Weinreben, Kletterrosen und »exotischen« frostempfindlichen Kletterern bietet sich eine große Auswahl Einjähriger in schier unüberschaubarer Farbpalette.

Die größte Einschränkung, die ein Hof in der Stadt mit sich bringen kann, ist seine Fläche – von daher auch das Bestreben, ein Gefühl von Weite zu vermitteln. Bewährt haben sich hierfür helle Blau- oder blasse Türkistöne, die bis auf die Mauern zurückzuweichen scheinen, im Gegensatz zu warmen Rot- oder kräftigen Orangetönen, die näher kommen und deshalb von vornherein ausscheiden. Blasse Gelb-, Creme- und Apricot-Töne unterstreichen das Gefühl größerer Tiefenwirkung gleichermaßen, und beruhigende Farben verleihen diesem mauerumgebenen Bereich eine angenehme Ruhe.

Oben: Ein ungewöhnliches Arrangement in glasierten Tontöpfen: Es lebt ganz von der Wirkung roter Blüten und Blätter, hier von Purpurglöckchen *Heuchera micrantha* var. *diversifolia* 'Palace Purple' und Nelken *Dianthus* 'Diamond Scarlet', Neuseeländischem Flachs und Alpenveilchen.

Rechts: Eine mit Steinplatten ausgelegte Terrasse in einem kleinen Hof zeigt als Mittelpunkt ein Kiesbeet mit einem Apfelbaum, kleinen Glockenblumen und Storchschnabel. Mit Frauenmantel gesäumte Beete, in denen Stauden und Sträucher wachsen, umrahmen diesen abgesenkten Bereich.

Grüne Inseln in der Stadt

Die Begrünung der Mauern

Einige immergrüne Pflanzen kaschieren die Begrenzungen, erfordern allerdings einen sachkundigen Rückschnitt, um »im Rahmen« zu bleiben. Anregungen finden sich unter dem Abschnitt »Einheit« (siehe Seite 103). Hier zusätzlich einige Vorschläge für kleinere Sträucher, die auch in städtische Innenhöfe passen. Der dunkelgrüne Schneeball *Viburnum tinus* 'Eve Price' wird bis zu 3 m hoch, lässt sich aber zurückschneiden, während der flaschengrüne Kirschlorbeer *Prunus laurocerasus* 'Low 'n' Green' lediglich 80 cm hoch wird, und der blassgrüne Klebsame *Pittosporum tenuifolium* 'Irene Paterson' einen kompakten 1,2 m hohen Strauch bildet. Hellere Lindgrüntöne bieten andere Formen des Klebsamens, wie *P. tenuifolium* 'Warnham Gold', oder der duftende Laub abwerfende Pfeifenstrauch *Philadelphus coronarius* 'Aurea', der in der Sonne goldgelb leuchtet, besser aber an einem weniger exponierten Standort gedeiht, weil seine Blätter leicht verbrennen und sich dann limonengrün färben.

Für sonnige Stellen empfehlen sich aber auch leuchtend grüne Pflanzen mit schöner Textur wie der duftige Fenchel *(Foeniculum vulgare)*, eine hohe Staude, die einen einzigartigen Kontrast zu gelben oder orangefarbenen Blüten bildet, sowie der kühl silbergrüne Honigstrauch *(Melianthus major)*, der in Verbindung mit ebenfalls kühlen, pinkfarbenen, blauen oder pflaumenvioletten Blüten bezaubernd wirkt. An einem schattigen Plätzchen bieten sich Farne mit zerteilten Blattwedeln und dekorativen Strukturen an, die unter Sträuchern mit glänzendem Laub wie Aukuben *(Aucuba)* gut zur Geltung kommen.

Zur Wahl stehen auch einige grüne Blüten, wie die der Euphorbien, die in einem warmen geschützten Bereich gut gedeihen. Einen Versuch wert ist die immergrüne, skulptural wirkende Wolfsmilch *Euphorbia characias* subsp. *wulfenii* 'John Tomlinson'. Obwohl sie einen Durchmesser von 1,2 m erreicht, erfordern beschränkte Bereiche meiner Ansicht nach aussagekräftige Akzente. Wenn alle Pflanzen klein sind, besteht nämlich die Gefahr, dass das Gesamtbild kümmerlich wirkt. Ein großer Strauch wie die Feige *Ficus carica* 'Brown Turkey' macht sich gut vor einer sonnenbeschienenen Mauer, denn sie lässt sich relativ flach erziehen. Als Schattenpflanze hat sich aber auch eine andere Wolfsmilch-Art bewährt, *Euphorbia amygdaloides* var. *robbiae*, die mit ihren lindgrünen Blütenständen und dem dunklen Laub selbst Problemstellen zuverlässig begrünt. Im Frühjahr und Sommer sind die Nieswurz-Arten und die ungewöhnliche Einbeere *Paris polyphylla* (Syn.: *Daiswa polyphylla)* auf Grund ihres ansprechenden Wuchses eine gute Wahl für den Schatten. In sonnigeren Bereichen ließe sich das grüne Thema mit den grüngelben, keulenartigen Blütenständen der Fackellilie *Kniphofia* 'Percy's Pride' aufgreifen.

Leuchtende Farben

Der mauerumgebene Garten in der Stadt wird nicht nur tagsüber, sondern auch in den Abendstunden geschätzt. Es gibt Monate, in denen der Garten bei Tageslicht kaum wahrgenommen wird, es sei denn an den Wochenenden, wenn die Vorhänge den ganzen Winter geöffnet sind und der Hof Teil der Wohnung wird. An einem Sommerabend hingegen gibt es kaum etwas Schöneres, als im Freien zu tafeln. Während dunkle Farben die meiste Zeit unbeachtet bleiben, empfiehlt es sich, die Wirkung leuchtender Weiß- und Pastelltöne mit ihrem geisterhaften Mangel an Farbe auszuschöpfen.

Gegenüber: In diesem modernen Gartenstyling wurden reihenweise Ziergräser in ein mit galvanisiertem Wellblech begrenztes Hochbeet gepflanzt. Im Hintergrund: Chinaschilf *Miscanthus sinensis*, dann *M. sinensis* 'Variegatus' und davor kleine panaschierte Seggen *(Carex)*, Blauschwingel *(Festuca glauca)* und goldfarbene *Carex*-Horste. Sie müssen mit der Zeit ausgelichtet werden.

Unten: Ganz im Zeichen der Grüntöne steht dieser kleine, zwei Ebenen umfassende Garten in der Stadt, ein Gestaltungsentwurf der Autorin. Eine Verbindung zwischen den beiden Ebenen bilden der hohe, über die zweite »Etage« hinausragende Bambus und die kuppelförmigen Buchskugeln, die in Töpfen die Treppe säumen.

Wer gern abends im Garten sitzt, weiß lichtreflektierende Blüten und Blätter zu schätzen, die aus dem Gesamtbild herausblitzen. Storchschnabel-Arten mit weißen, blassblauen und rosa Blüten blühen den ganzen Sommer, aber auch kleine Zwiebelblumen wie Strahlenanemonen *(Anemone blanda)* für den Frühling und hohe, krautige Herbstanemonen sollten einbezogen werden. Als erste im Gartenjahr sind die weißen Tränenden Herzen, Narzissen und Tulpen an der Reihe, gefolgt von Lilien. Für den Sommer bieten sich hellblaue Skabiosen, Salvien und Agapanthus-Hybriden an, kombiniert mit cremefarbener Hundskamille, Garben und Schwertlilien.

Für den Schatten eignen sich auch einige Sträucher mit panaschierten Blättern, wie der immergrüne Spindelstrauch *Euonymus fortunei* 'Emerald Gaiety' und der höhere laubabwerfende Pfeifenstrauch *Philadelphus coronarius* 'Variegatus', ein reizvoller langsam wachsender Strauch, aber auch der immergrüne Kreuzdorn *Rhamnus alaternus* 'Argenteovariegata', ein ausgezeichnetes Gehölz, das einen halbschattigen Bereich mit Licht erfüllt. Die Schwertlilie *Iris foetidissima* 'Variegata' leuchtet selbst in tiefem Schatten, ebenso wie blasse blaulaubige oder panaschierte Funkien oder das besonders liebenswerte Maiglöckchen *Convallaria majalis* 'Albostriata'. In sonnigeren Bereichen könnte man eine andere Schwertlilie, die weiß gestreifte, verzweigte *Iris pallida* 'Variegata' oder die Binsenlilie *Sisyrinchium striatum* 'Aunt May' ins Auge fassen.

Sonnenfarben

Wie von Sonnenlicht überflutet wirkt ein Garten in der Stadt, in dem leuchtend gelbe Blüten und Blätter das Bild beherrschen. Im Frühling kann das frischgelbe Flattergras *Milium effusum* 'Aureum' in den sternförmigen Blüten früh blühender Taglilien *(Hemerocallis dumortieri)* einen Widerhall finden. Als nächstes könnte die ansehnliche zitronengelb blühende Form der Färberkamille *Anthemis tinctoria* 'Wargrave' folgen, im Sommer dann kombiniert mit dem goldgelben Mädchenauge *Coreopsis verticillata* 'Grandiflora'. Im Spätsommer bringt die limonengelb-silberne Strohblume *Helichrysum* 'Sulphur Light' einen weiteren Farbfleck ein.

Harmonisch kombinieren lassen sich diese gelben Blumen mit etwas hellem Blau, Weiß und Creme, um den lichtdurchfluteten Charakter der Gestaltung zu betonen. Ein Hauch Apricot kann für Wärme sorgen, wie etwa die bernsteingelbe *Iris* 'Ultimatum', die dunkler orangefarbene 'Tanzanian Tangerine' und die kleinere, noch intensivere 'Gingerbread Man'. Später im Gartenjahr lässt sich das Bild durch die hohe Montbretie *Crocosmia* 'Jupiter' und einige *Chrysanthemum*-Sorten in warmen Kupferorange-Tönen ergänzen.

Wer eine Schwäche für auffallend dramatische Pflanzen hat, könnte sich an exotischen Pflanzkombinationen orientieren. Aber auch die Farben, die im Haus dominieren, lassen sich im Freien erneut aufgreifen. Ein Garten in der Stadt reflektiert oft auch die anspruchsvolle Farbgestaltung des Gebäudes an sich. In sonnenreichen Gebieten, in denen der Hof im Sommer sehr heiß wird, sind außerdem silberlaubige Pflanzen wie auf Seite 166 beschrieben eine gute Wahl.

Mauersträucher und Kletterpflanzen

Wo die Begrenzungsmauern hoch und der Raum im Innern sehr begrenzt ist, sind Kletterpflanzen im Allgemeinen Sträuchern vorzuziehen, es sei denn, dass Letztere sich ganz flach ziehen lassen, wie etwa die Zierquitte, der Feuerdorn und *Escallonia*. Auch die Laub abwerfenden Deutzien bilden im Frühsommer einen schönen Hintergrund. Die meisten blühen weiß, es gibt aber auch andere Formen wie die duftende, intensiv pinkfarbene *Deutzia* × *elegantissima* 'Rosealind'. Leuchtende Farbenpracht entfalten der frostempfindliche, immergrüne Teebaum *Leptospermum scoparium* 'Red Damask' mit seinen kleinen roten Blüten, der bei uns im Kübel gehalten wird, aber auch die blau blühende Säckelblume *(Ceanothus)*. Damit diese Sträucher ihre kompakte Form behalten, sollten sie jedes Jahr geschnitten werden.

Waldreben

Von allen Kletterpflanzen sind die *Clematis*-Arten die dankbarsten für kleine Gärten, vorausgesetzt, ihre Wurzeln sind beschattet und verfügen über nährstoffreichen humosen Boden, der nicht leicht austrocknet. Sie nehmen wenig Platz ein und bieten ein breites Farbspektrum, unterschiedliche Blätter und so vielfältige Blütezeiten, dass eine die andere ablösen kann und nahezu das ganze Jahr etwas blüht.

An einer Mauer, an der vorwiegend Waldreben ranken, würde ich zusätzlich einen immergrünen Kletterer wie den Sternjasmin *(Trachelospermum jasminoides)* einfügen; er bringt duftende weiße Blüten hervor und ist nicht zu

Links: Der Sternjasmin *(Trachelospermum jasminoides)* kommt mit seinen duftenden, sternförmigen Blüten vor allem von nahem gesehen blendend zur Geltung. Im Vordergrund die strahlend blauen Köpfe einer Schmucklilie *(Agapanthus)*.

starkwüchsig. Die kleinen, nickenden blauen Blüten der *Clematis alpina* 'Columbine' oder *C.* 'Frances Rivis' läuten das Gartenjahr ein, indem sie früh schon ein farbenfrohes Bild bieten. Das Gleiche gilt für *Clematis macropetala*, insbesondere für die Sorte 'Markham's Pink'. Keine dieser Wildformen zeigt die riesigen tellerartigen Blüten der Hybriden; ihr Reiz besteht vielmehr in ihrer zarten Struktur und Farbe. Im Schatten hat sich die intensiv himbeerrosa *C.* 'Carnaby', bewährt, die den ganzen Sommer über blüht. An sonnigen Mauern könnte man *C.* 'Royal Velvet' ausprobieren, die durch ausdauernde, leuchtend burgunderrot-violette Blüten mit roten Staubgefäßen auffällt, und *C. viticella* 'Polish Spirit', eine blauviolette Form mit cremefarbenen Staubgefäßen, die sich ebenfalls den ganzen Sommer über hält. Um das Bild aufzuhellen, eignet sich die pergamentweiße *C. viticella* 'Alba Luxurians', eine außerordentlich schöne und zuverlässige Sorte. Die immergrüne *Clematis cirrhosa* var. *balearica* entfaltet vom Spätherbst bis zum anbrechenden Frühjahr zierliche gelbe Blüten; die Form 'Freckles' bezaubert mit nickenden cremefarbenen Glockenblüten zwischen farnartig eingeschnittenem Laub.

Obwohl der Platz am Fuß der Waldrebe beschränkt sein dürfte, gibt es einige kleinere Pflanzen, mit denen sich die kahlen, dünnen Triebe kaschieren lassen. Schön wirken kleine Purpurglöckchen *(Heuchera* 'Red Spangles' oder *H.* 'Snowstorm') mit marmorierten Blättern und pinkfarbenen Blüten. Ansehnliches Laub zeigen auch viele Storchschnabel-Arten, wie das ausdauernd blühende blaue *Geranium* 'Rozanne' oder die ganz niedrige blassrosa Form *G. cinereum* 'Apple Blossom'. Aber auch andere schön belaubte Blütenpflanzen eignen sich zur Beschattung der Clematiswurzeln. Kleinere Taglilien wie *Hemerocallis* 'Summer Wine' oder die größere zitronengelbe Färberkamille *Anthemis tinctoria* 'E. C. Buxton' mit petersilienähnlichem Laub sind bewährte Begleiter.

Kletterrosen

Zu den vielen Möglichkeiten für die Begrünung eines mauerumgebenen Gartens in der Stadt gehören auch die Kletterrosen. Während die starkwüchsigen Ramblerrosen meist nur einmal blühen, wenngleich atemberaubend schön, gibt es Kletterrosen, die den ganzen Sommer über ihre Blüten zeigen oder über zwei üppige Blühperioden verfügen. So bieten sich flammende Farben,

Oben: Die pinkfarbene Rose 'Madame Caroline Testout' ist ein idealer Kletterer für die mit Spalieren ausgestatteten Mauern eines Gartens in der Stadt. Daneben rankt eine früh blühende Waldrebe und unterhalb der immergrüne Kreuzdorn *Rhamnus alaternus* 'Argenteovariegata', der sich sehr schön mit den fedrigen, bräunlich pinkfarbenen Blüten des Purpurglöckchens verbindet.

Rechts: Die Gelbtöne von Zweizahn *(Bidens)* und Petunien dominieren in diesem Topfpflanzenarrangement, das durch graue Hauswurz *(Sempervivum)* untermalt wird.

dunkle Töne, pastell- und zweifarbige Rosen an. Kräftige Farben zeigen die tiefrote 'Sympathie', die karminrote duftende 'Étoile de Hollande', die apricotfarbene 'Meg', die orangegelbe 'Maigold' und die hübsche rosa und weiße 'Händel'. Gedanken machen sollte man sich aber auch über Größe, Blütezeit und Art der Blüte (einfach oder gefüllt blühend) sowie die Krankheitsresistenz. Auch die Ausrichtung zur Sonne ist wichtig: Manche Rosen tolerieren nach Norden oder Osten gehende Mauern, wie etwa die flammend rote 'Danse de Feu', die goldene 'Gloire de Dijon', die tiefrote 'Guinée' und die pinkfarbene, duftende 'Zéphirine Drouhin', wenngleich sich alle an einer sonnigen Stelle besser entwickeln.

Andere Kletterpflanzen

Es gibt aber auch noch andere winterharte Kletterpflanzen, die sich für die grüne Insel in der Stadt eignen, wie etwa der immergrüne Sternjasmin *(Trachelospermum jasminoides)* mit duftenden weißen Blüten, der porzellanblaue, sommerblühende Kartoffelwein *Solanum crispum* 'Glasnevin' oder die etwas frostempfindlichere weiße Form *S. jasminoides* 'Album'. Abraten möchte ich von den meisten Geißblattarten. Mit ihrem ungestümen Wuchs bilden sie an einem kleinen Fleckchen in der Stadt rasch ein undurchdringliches Dickicht.

EIN LICHTREFLEKTIERENDES PFLANZSCHEMA

Im Mittelpunkt dieses Innenhofes steht die kleine, zart graulaubige Eberesche *(Sorbus vilmorinii)*, die über Blüten- und Fruchtschmuck verfügt. In ihrem Schatten wachsen cremefarbener Eisenhut *Aconitum* 'Ivorine' und im Vordergrund die zwergwüchsige *Iris* 'Blue Line', daneben zartblauer Storchschnabel *Geranium himalayense* 'Irish Blue'. Erneut aufgenommen wird der Blauton mit der kleineren, leuchtenderen *G.* 'Little Gem', die im Wuchs der rundlichen Kuppel des winterblühenden Seidelbasts *Daphne* × *burkwoodii* 'Somerset' entspricht. An der Mauer dahinter rankt die weinrote Waldrebe *Clematis* 'Niobe', die farblich in den über den ganzen Bereich verteilten, tupfenförmigen Blüten der Witwenblume *(Knautia macedonica)* wieder aufgegriffen wird. An der äußersten Begrenzungsmauer bildet die immergrüne blau blühende Säckelblume *(Ceanothus burkwoodii)* einen Hintergrund für die blassgelbe Taglilie *Hemerocallis* 'Towhead' sowie die Zistrose *Cistus* 'Silver Pink' links davon, die sich zur blauen Glockenblume *Campanula persicifolia* 'Telham Beauty' rechts gesellt. Der Sternjasmin *(Trachelospermum jasminoides)* überzieht die Mauer auf der linken Seite, davor die graulaubige *Iris* 'Impetuous'. Das kleine Hornveilchen *Viola cornuta* 'Letitia' bildet mit seinen rosavioletten Blüten eine hübsche Beeteinfassung, und niedriges moosgrünes Heiligenkraut *Santolina virens* 'Primrose Gem' setzt mit seinen unzähligen gelben Blütenknöpfchen einen Schlusspunkt.

Die Auswahl der Farben wird durch die Lage des Gartens beeinflusst – dem Breitengrad und der Physiognomie des Geländes –, aber auch durch die klimatischen Bedingungen und der Art der Umgebung, sei es auf dem Lande, am Stadtrand oder in der Innenstadt. Zu berücksichtigen sind aber auch die Lichtverhältnisse, also ob der Garten nachmittags der vollen Sonne ausgesetzt ist oder hauptsächlich Morgen- bzw. Abendsonne erhält und wie es mit dem Schatten steht. Je näher der Garten dem Äquator liegt, desto extremer fallen die Licht- und Schattensituationen aus. Aber wo immer der Garten sein mag, für jeden Standort gibt es die entsprechenden Farben, die manchmal sogar Probleme lösen.

Die Wirkung von Licht, Schatten und Kontrast sind untrennbar mit der Faszination der Gartengestaltung verbunden. Licht vermag bekanntlich alles zu verwandeln. Frühmorgens und am frühen Abend ist die beste Zeit zum Fotografieren, wenn die Schatten lang sind, und wenn das Licht nicht senkrecht von oben kommt und sämtliche Höhen und Tiefen verschluckt. Wenn die Sonne im Zenit steht, ist das Licht so blendend hell, dass es die Farbintensität stark mindert. Die Schatten sind um diese Zeit so kurz, dass sie jede Dreidimensionalität der Form, Textur und Tiefe, aber auch der Farbwirkung zunichte machen.

Rechts: **Das Abendlicht lässt diese Blumen intensiv aufleuchten. Alle sind auf volle Sonne und gut durchlässigen kieshaltigen Boden angewiesen. Silberlaubiger Wollziest *(Stachys byzantina)*, die einjährige dunkelrote Gartenmelde *(Atriplex hortensis* 'Rubra') und die weißen Ähren der Königskerze *(Verbascum chaixii)* umgeben die goldenen Schalenblüten der Nachtkerze *Oenothera fruticosa* 'Fireworks' mit bräunlich-purpurn überlaufenen Blättern.**

Die Lage des Gartens

Unten: Ein zarter Blauschimmer unterstreicht die Intensität der kastanienroten Taglilien *(Hemerocallis* 'Summer Wine') und der üppig violettroten Sterndolde *(Astrantia major* 'Hadspen Blood'). Gemeinsam mit dem zinngrauen Laub von *Rosa glauca* bietet sich ein anpassungsfähiger Hintergrund.

Sanftes bläuliches Licht

In den gemäßigten Zonen sorgt Streulicht dafür, dass die Schatten weder messerscharf noch rußschwarz sind, sondern eher eine zarte Hell-Dunkel-Wirkung des reflektierten Lichts darstellen. An Baumaterialien werden in der Regel die neutralen Naturstein- und Erdfarben wie Braun, Ocker oder Ziegelrot bevorzugt, nicht knallig bunt gestrichener Beton oder hartweiß getünchte Mauern, wie man sie in heißeren Ländern antrifft. Und die Farben der heimischen Flora sind im Allgemeinen auch gedämpfter als jene der subtropischen Gewächse.

In diesen Gärten der gemäßigten Zonen, in denen die Luft auf Grund des blauen Lichts feuchterer Klimate zart getönt wirkt, sollte zugunsten weicherer Farbharmonien auf grelle Effekte verzichtet werden. Was vielen modernen Hybriden fehlt, sind die feinen Zwischentöne, nicht zuletzt, weil schreiende Farben nun einmal imponierender wirken und sich besser verkaufen. Dennoch erscheinen die lauten Töne und Kombinationen in diesen Breiten aufdringlich und deplatziert.

Blütenfarben, die einander schmeicheln, sind aus der »romantischen« Tradition der Blumengärten hinreichend bekannt: Rosa, Lila, Pastell- und Tiefblau, Creme, Karmin- und Weinrot, reines Gelb und Zitronengelb sowie Kombinationen aus Silbertönen und frischem Grün. Diese Farben entfachen kein flammendes Feuerwerk, das sich in wilden Bögen oder massiven Horsten entzündet. Aber sie bergen einen stillen Charme, der in ruhigen gebrochenen Akkorden widerhallt. Alle hier aufgeführten Kombinationen sind für sonnige Gärten gedacht.

Oben links: Künstlicher Nebel liegt über diesem kleinen Garten, der ganz von den Farben des Laubs lebt. Lind- und grasgrüne Ziergräser, kombiniert mit kleinen rundlichen *Hebe*, rotvioletten Purpurglöckchen und blaulaubigen, ausladend wachsenden Wacholdern umrahmen die leuchtend rahmgelben Blätter des schönen Ahorns *Acer shirasawanum* 'Aureum'.

Mitte: Das braune Laub des Zierfenchels bildet einen schönen Kontrast zu den glühend orangeroten Blüten des Habichtskrauts *(Hieraceum aurantiacum)* und den zarteren Apricot-Tönen der Mohnblumen, Taglilien und Fingerhüte, die in der Ferne miteinander verschmelzen.

Oben rechts: Die kühlen Farben der Lilienblütigen Tulpen, wie etwa der kastanienbraunen *Tulipa* 'Burgundy' und der pinkfarbenen, weiß gerandeten *T.* 'Ballade' vor einem Hintergrund aus frischem Frühlingsgrün.

Kletterpflanzen wie Rosen, Waldreben und die Geißblatt-Arten nehmen innerhalb romantischer Gärten traditionell den ersten Rang ein, umgeben von den Pastelltönen gedämpft blauer Katzenminzen, grauer und blauer Lavendel, Storchschnäbel und Nelken, überschäumend blauer Glockenblumen, kühlem vollem Phlox, den cremefarbenen Korbblüten der Hundskamille, flaumiger Wiesenraute, pergamentartig zarten Mohnblumen, sich aussamenden *Diascia* und Bändern des Frauenmantels. Aber solche duftig-zarten Pflanz-Kombinationen bedürfen sorgfältiger Planung, wenn das Ergebnis nicht blutleer wirken soll. Die oben beschriebenen ausgewaschenen Farben können von einigen dunkleren Kontrasten profitieren, wie indigoblauen Salvien oder purpurvioletten Rittersporen, aber auch von der Wärme rostfarbener Taglilien oder Iris-Sorten. Einige dunkle Blütenfarben verleihen dem romantischen Garten eine gewisse Rafinesse, insbesondere wenn die Blauviolett-Töne von Eisenhut und Storchschnabel hinzu kommen, während die kastanienrote Witwenblume *(Knautia macedonica)*, das Schmuckkörbchen *(Cosmos atrosanguineus)*, der Zierlauch *(Allium sphaerocephalon)*, der Bartfaden *(Penstemon* 'Raven') und die Kratzdistel *(Cirsium rivulare)* für Tiefe und Kontrast sorgen.

Sträucher

Unerlässlich für die Struktur eines Schemas sind Sträucher, denn sie wirken in einer überbordend vollen Bepflanzung Form gebend. Zu den besten Blütensträuchern gehören in diesem Zusammenhang Horste von Zistrosen wie der

Gegenüber oben: Das grau überlaufene Altrosa des Türkenmohns *Papaver orientale* 'Patty's Plum' ist farblich ein idealer Kombinationspartner für Rosen.

Gegenüber unten: Gestutzte Buchshecken verleihen dieser üppig romantischen Bepflanzung formale Struktur. Pinkfarbene und weiße Rosen beherrschen das Bild, das durch unzählige graulaubige Lichtnelken *(Lychnis coronaria* 'Alba') im Vordergrund ergänzt wird.

Rechts: Eine leuchtend pinkfarbene *Rosa* × *centifolia* verbindet sich mit der Waldrebe *Clematis viticella* 'Kermesina', um über einem Meer aus Storchschnabel *(Geranium endressii)* in luftige Höhen zu klettern.

EIN ROMANTISCHER ROSENGARTEN

Dieser ausgesprochen romantische Garten zeigt sämtliche Komponenten des »englischen« Stils: Grüne Rasenflächen, die mit einer Glyzinie überwachsene Pergola und zahlreiche Rosen, kombiniert mit duftenden Partnerpflanzen. Die beiden Bereiche sind durch dunkle Ebenhecken getrennt, wobei die linke Seite schattiger ist. Der erste Garten, den man, flankiert von zwei immergrünen Schneebällen *(Viburnum davidii)* betritt, fällt durch eine runde Rasenfläche ins Auge. Auf der sonnigen Seite sieht man zwei duftende Blütensträucher, den weißen Pfeifenstrauch *Philadelphus* 'Belle Étoile' und den tief purpurvioletten Flieder *Syringa* 'Katherine Havermayer', dazwischen eine Gruppe creme-pinkfarbener 'Penelope' Moschus-Rosen. Auf der anderen Seite erwidern zwei Schmetterlingssträucher *Buddleja davidii* 'Black Knight' das dunkle Purpurviolett, daneben der Schneeball *Viburnum tinus* 'Gwenllian' und weiter vorn die gelbe winterblühende *Mahonia* × *media* 'Charity'. Davor bauen sich fünf reinweiße 'Schneewittchen'-Rosen auf, gefolgt von einigen Englischen Rosen wie der pink-gelben 'Abraham Derby'. Bei der Eibenhecke bietet die gelb blühende Rose 'Graham Thomas' einen großartigen Anblick. Die blaue Katzenminze *Nepeta sibirica* 'Souvenir d'André Chaudron', der dunkelblaue Eisenhut *Aconitum carmichaelii*, die graulaubige *Perovskia* 'Filigran' und zwei Bereiche mit magentaviolettem Schopflavendel *Lavandula stoechas* verknüpfen die Farben mit der grasähnlichen, weiß blühenden *Libertia grandiflora*, die den Rasen einfasst. Bevor man den ersten Garten, flankiert von zwei weiß blühenden, immergrünen Orangenblumen *(Choisya ternata)* verlässt, und auf den zweiten rechteckigen Bereich zugeht, fällt der Blick auf die mit Buchs eingerahmte Rasenfläche.

An Bäumen dominieren eine große weißblühende Kirsche *(Prunus* 'Tai Haku') und im Bereich der Ecke die kleine silbergraue Weidenblättrige Birne *(Pyrus salicifolia* 'Pendula'), kombiniert mit dem Flieder *Syringa* 'Bellicent' mit duftenden, intensiv rosaroten Blüten. Eine gemischte immergrüne Hecke aus der blaulaubigen Stechpalme *Ilex* × *mersevae* 'Blue Princess' auf der schattigen und Escallonia 'Slieve Donard' auf der sonnigen Seite umschließt den Garten. Neben der Birne finden sich mehrere lachsrosa 'Paul Shirville' Strauchrosen. Das äußere Ende des Gartens säumen die intensiv pinkfarben blühende Rose 'Bonica' und die zartrosa 'Savoy Hotel'; sie leiten zur Ecke über, in der die Rose 'William Shakespeare' tief karminrote, gefüllte Blüten entfaltet. Und auch hier sind es erneut blaue Blüten, die das Ganze zusammenhalten, wie der hellblaue Storchschnabel *Geranium pratense* 'Mrs Kendall Clarke' und die violettblauen Glockenblumen *Campanula lactiflora* 'Pritchard's Variety'. Schaumig lindgrün blühender Frauenmantel *(Alchemilla mollis)* und drei hohe Acanthus spinosus gedeihen gut auf der schattigeren Seite des Gartens.

ansehnlich kuppelförmige *Cistus corbariensis* mit pinkfarbenen Knospen, die sich zu unzähligen weißen Blüten entfalten, sowie der höhere, aromatisch belaubte *C. ladanifer* mit großen weißen Blüten und goldenem Auge. Die meisten strauchigen Fingerkräuter tendieren zu rundlichen Formen, obwohl es auch Formen mit niedrigem, ausladendem Wuchs gibt. Sie bieten rosa, weiße, apricotfarbene und rote Blüten. Eine meiner Lieblingsformen ist die altbewährte *Potentilla fruticosa* 'Primrose Beauty', die sich nahezu jedem Farbschema anpasst. Auch die steifer wirkenden *Hebe*-Arten eignen sich als Akzente, ebenso Lavendel um des silbernen Laubs und der zartlila bis purpurvioletten Blütenfarben willen, sowie senkrecht aufstrebender blassblauer Rosmarin.

Andere Sträucher zeigen eine weniger ausgeprägte Form, etwa der reinweiße Pfeifenstrauch. Auch kleine Fliederbüsche kommen in Frage, wie die duftende, lavendel-mauvefarbene Form *Syringa microphylla,* die große flaumig blühende Säckelblume *Ceanothus* 'Autumnal Blue', Schmetterlingssträucher mit überhängenden Zweigen und blauen, lila und weißen Blüten, Baumpäonien mit ihrem vollen Blattwerk und zitronengelbe Baumlupinen.

Rosen

Rosengärten finden überall Bewunderung, zumal Rosen heute in nahezu jeder Farbe angeboten werden und sich ohne großen Aufwand ziehen lassen, sofern man ihre Bedürfnisse berücksichtigt. Rosen gedeihen am besten in voller Sonne, extreme Temperaturunterschiede bekommen ihnen nicht. Ideal sind kühle Klimate mit gleichbleibender Feuchtigkeit und milder Luft. Die Auswahl unterschiedlicher Formen ist riesig, von den bis zu 2 m hohen Strauchrosen wie der hellgelben neueren Züchtung 'Frühlingsmorgen' angefangen bis zu den kleinen Miniatur-Patio-Rosen.

Wildrosen haben zarte, »natürlich« anmutende Blütenfarben und oft sehr hübsches, bisweilen graugrün überlaufenes Laub, wie das der pinkfarben blühenden Hechtrose *(Rosa glauca)* oder der hohen stacheligen *Rosa fedtschenkoana* mit weißen Blüten. Kombiniert mit Hartriegeln und Holunder, passen sie in naturnahe Bepflanzungen oder bilden eine schöne Ergänzung der gemischten Rabatte, denn sie bringen nicht nur Höhe und Volumen ein, sondern auch Blütenfarben, die mit nahezu jedem Farbschema harmonieren. Gegen Ende des Sommers erscheinen Unmengen roter und orangefarbener Hagebutten, das der allmählich müde wirkenden Rabatte einen Schuss Frische verleiht. Manche Rosen werden mehr als 3 m hoch, wie *R. moyesii*, eine Wildart mit farnähnlich eingeschnittenem Laub und kleinen blutroten Blüten, die zwar nur einmal blüht, dafür aber großartige scharlachrote, flaschenförmige Hagebutten hervorbringt. Zusätzlich gibt es Hybridformen wie die rosa Bibernellrose *R. pimpinellifolia* 'Stanwell Perpetual', die mehrmals blüht.

Strauchrosen zeigen in der Regel eine dichte Belaubung und einen ansehnlichen Wuchs – nicht zuletzt dadurch fügen sie sich überall ein. Die meist steif verzweigten Triebe tragen im oberen Bereich schweres Laub; was diese Hybriden indes begehrenswert macht, sind ihre großen, schön strukturierten Blüten, die sich durch einzigartige Farben und ihre über Monate anhaltende Blütezeit auszeichnen. Hinzu kommen ihre Starkwüchsigkeit und Krankheitsresistenz. Die Vorzüge der alten und neuen Rosen finden sich sozusagen in den Englischen Rosen vereint, die die Eigenschaften der alten Rosen wie etwa der Gallica- und Damaszener-Rosen erkennen lassen, zugleich aber anhaltend blühen, duften und wenig anfällig für Mehltau und Sternrußtau sind.

Kühle Farben wie bläuliches Pink, Karminrot und Weiß sind typisch für die alten Strauchrosen, von denen es viele Hybriden gibt; aufgeführt seien hier die pinkfarbene Moschushybride 'Felicia', die weiße Rugosarose 'Schneezwerg' und die intensiv duftende, samtig karminrote 'William Shakespeare 2000'. Es gibt aber auch einige reizvolle warme Gelb-, Kupfer- und Apricot-Töne, wie die dottergelbe, gefüllt blühende 'Graham Thomas', die Moschushybride 'Cornelia' und die blass apricot-pinkfarbene 'Penelope'. Die warmen und kalten Farben werden am besten in getrennten Bereichen angesiedelt, denn sie schmeicheln einander keineswegs.

Wer Rosen mit büschelständigen Blüten den einfachen oder gefüllt blühenden vorzieht, sollte sich unter den Floribundarosen umsehen. Sie wirken zwangloser im Wuchs und bringen eine Menge Farbe ein; von daher passen sie gut zu Katzenminzen, flächigen Storchschnabelpflanzungen und Frauenmantel. Zur Wahl stehen die reizvolle 'English Miss' mit hell pinkfarbenen Blüten und warm getönter Mitte, die kupferüberlaufene apricotfarbene 'South Hampton' mit halb gefüllten, duftenden Blüten und die weiße, öfterblühende 'Schneewittchen'. Im Vorhinein zu klären gilt es, wie hoch die Rose werden kann und wie ausladend sie wächst, denn viele benötigen beträchtlich Platz und manche wuchern. Begleiter die solchen Rosenfarben schmeicheln sind kastanienrote, rosa oder elfenbeinweiße kleine Bartiris, zart rosaviolettes *Erysimum* 'Bowles' Mauve' oder tiefblauer Salbei *(Salvia nemorosa* 'Ostfriesland').

Die wohl berühmteste Teehybride ist 'Gloria Dei', ein Paradebeispiel für offen blühende Rosen. Obwohl sie im Wuchs etwas steif ist, wirken das glänzend dunkelgrüne Laub und die schön strukturierten Blüten in ihrem rosa überhauchten hellen Gelb bezaubernd. Mauve-violetter Schopflavendel *(Lavandula stoechas)* oder intensiv leuchtende Hornveilchen bilden eine ansprechende und kontrastreiche Unterpflanzung, ohne die Wirkung der Rose zu schmälern. Eine weitere Rose, der eine glänzende Zukunft bevor steht, ist

'Silver Jubilee' mit klassisch geformten Blüten in einem Pfirsichrosa mit leuchtend golden-cremefarbenem Einschlag. Unterstreichen lässt sich die Wirkung des üppig belaubten Strauchs durch violettblauen Lavendel *Lavandula angustifolia* 'Hidcote' oder den kompakten Storchschnabel *Geranium* 'Rozanne'.

Viele der neueren Englischen Rosen zeigen gefüllte Blüten, die die Farben noch intensiver erscheinen lassen. Die tiefdunklen Töne sind in einem romantischen Garten allerdings kritisch, weil sie leicht zu sentimental wirken. Anders die satten Farben wie etwa von 'Charles de Mills', einer Gallica-Rose mit dicht gepackten weinroten Blütenblättern, die mit der Zeit einen staubigen Purpurton annehmen oder die intensiv duftende, öfterblühende 'Souvenir du Dr. Jamain', eine weitere burgunderrote Rose. Beide kommen hervorragend mit ganz dunklen Blautönen zur Geltung, wie der indigoschwarzblauen *Iris* 'Superstition', die später im Sommer durch Salbei *(Salvia nemorosa* 'Mainacht') und violettblauem Storchschnabel *(Geranium magnificum)* abgelöst werden kann.

Als Begleitpflanzen für Rosen eignen sich die meisten der bereits erwähnten Stauden. In großen Bereichen kombiniere ich Rosen mit Phlox, Lilien, Taglilien und Hundskamille-Pflanzen, die die Wurzeln in der Regel beschatten, was den Rosen sehr zugute kommt. Hinsichtlich der Farbzusammenstellung kann man nach den bereits bekannten Prinzipien vorgehen. Für Abwechslung sorgen vereinzelte »Funken« wie Tigerlilien zwischen orange- oder weinroten Rosen, vor apricotfarbenen, gelben und cremeweißen Rosen aber auch das hohe, transparent wirkende lilaviolette Eisenkraut *(Verbena bonariensis)* oder gelblich braunes Pfriemengras, das einen ausgezeichneten Kontrast zu den kräftigen Farben der dicht belaubten Tee-Hybriden bildet. Für einen kleineren Bereich eignen sich niedrige Patio-Rosen wie die intensiv rosarote 'Queen Mother', die apricotfarbene 'Sweet Dreams' und die weiße 'Bianco', mit duftenden, pomponförmigen Blüten.

Blüten in der Gemischten Rabatte

Durch die Kombination von Sträuchern mit Stauden lässt sich die Blütezeit ausdehnen und jenes überschäumende Bild üppiger Wuchsfreude schaffen, das man mit englischen Gärten verbindet. Ein immergrüner Rahmen grenzt den Garten nach außen hin ab, und Blütensträucher können am Rand, aber auch innerhalb des Gartens in die Bepflanzung integriert werden.

Das Spektrum des Laubes reicht von den riemenförmigen Blättern der Taglilien bis zu den dunkleren von *Leucanthemum*. Die Blätter des Mädchenauges *(Coreopsis verticillata)* und des Fenchels sind verhalten smaragdgrün, manche elegant eingeschnitten wie das frischgrüne Laub der Lupinen. Hinzu kommen die silbernen oder bläulichen Laubfarben der Beifuß-Arten, des Wollziests und der grasartigen Haargerste *(Elymus magellanicus)*.

Farbkombinationen sind aber nicht alles, auch die unterschiedlichen Wuchsbilder und die fein differenzierten Formen tragen zur Wirkung bei. So ließe sich Fülle etwa in Form einiger kleiner Gruppen einbringen; man denke nur an Päonien, Mohnblumen, Fuchsien, Spireen, Malven und strauchige Fingerkräuter. Als spektakuläre Blickfangpflanzen eignen sich die Artischocke *(Cynara cardunculus)*, der Honigstrauch *(Melianthus major)*, der Akanthus *(Acanthus spinosus)*, die Wolfsmilch *(Euphorbia characias)*, der feuchtigkeitsliebende Zierrhabarber *(Rheum palmatum)* und *Rodgersia aesculifolia*, aber auch der im Spätsommer blühende Wasserdost *(Eupatorium purpureum)*.

Wo ein erkennbarer Rahmen gegeben ist, kann die Bepflanzung auch weniger ausgeprägte Formen einbeziehen, wie Salvien, Taglilien, Storchschnabel, Bartfaden, Wiesenraute, Astern, Glockenblumen, Phlox und Eisenkraut. Dramatische Akzente und Kontraste könnten durch die wie Ausrufezeichen wirkenden Rittersporne, Fingerhüte, *Veronicastrum*, Präriemalven, Fackellilien, Blutweiderich und Lupinen eingebracht werden.

Rechts: **Romantisch bläuliches Licht und frische Grüntöne verbinden sich zart mit der leuchtend pinkfarbenen *Rosa mutabilis*, rosarotem Bartfaden, dem leuchtend lilavioletten Salbei *(Salvia farinacea)*, hellblau blühender graulaubiger *Perovskia* und dem silbernen Beifuß *Artemisia ludoviciana* 'Valerie Finnis'. Für Kontraste sorgen pflaumenviolett belaubte Haselsträucher im Hintergrund und die schwertförmigen grauen Blätter des Neuseeländischen Flachses, aber auch die kastanienroten Tupfen des Zierlauchs *Allium sphaerocephalon*.**

Gegenüber: **Ein romantisches Paar – die zartrosa Rose 'Albertine' und blassblauer Rittersporn.**

Unten: **In diesem Waldgarten bietet sich mit verschiedenen Formen der Nieswurz *(Helleborus orientalis)* ein großartiges Frühlingsbild. Die Blüten leuchten in den charakteristischen Grün-Weiß, Rosa-Pink, Purpur- und Grüntönen mit dunkelroten Sprenkeln.**

Schattiger Garten

Viele Gartenfreunde haben eine Schwäche für den Reiz schattiger Gärten, und auch ich bekenne mich zu einer Vorliebe für solche waldigen Bereiche, solange der Schatten nicht zu dicht ist und sich hin und wieder Lichtungen finden, die hell genug sind, um farbenprächtigeren Blüten einen Lebensraum zu bieten. In den bereits behandelten sonnigen Gärten bilden Schattenplätze einen unschätzbaren Kontrast. An heißen Tagen schätzt man die wohltuende Kühle, zugleich aber auch die Möglichkeit, mit Schattenpflanzen eine völlig andere Atmosphäre zu schaffen.

Was den Charakter des Waldes in der freien Natur ausmacht, ist die Tiefe zurückweichend dunkler Grüntöne, die einen Hintergrund für leuchtend helle Farben bilden, mit dazwischen liegenden helleren Bereichen wie Lichtungen, in denen kräftigere Farben auftreten. Das Laubdach der Bäume kann unterschiedlich dicht sein, und in einem traditionellen Waldgebiet entstehen unter alten Bäumen wie Rosskastanien dunkle Schattenbereiche. Im Garten wird man nicht umhin kommen, die Kronen bestimmter Bäume gelegentlich auszulichten, damit es nicht zu dunkel wird. Man könnte aber auch von vornherein Bäume pflanzen, die das Licht filtern, ohne es zu »ersticken«. Ebereschen, Formen von *Sorbus aucuparia* etwa und Hängebirken wie *Betula pendula* 'Tristis' haben relativ kleine Blätter, die sich im zartesten Windhauch bewegen und Halbschatten bieten. Anders Buchen, die ein dichtes Laubdach bilden. Im Sommer bedeutet dies trockener Boden, was auch erklärt, dass in einem Buchenwald kahle Erde vorherrscht. Linden scheiden klebrigen Honigtau aus und kommen schon deshalb nicht in Frage. Bei den Bergahornen gilt es zu bedenken, dass die großen Blätter den Boden im Herbst mit einer dichten Decke überziehen. Auch vor den flachen Wurzeln von Bäumen wie den blühenden Zierkirschen sollte man sich hüten, denn sie entziehen dem Boden, ebenso wie Birken, wertvolle Nährstoffe. In jedem Fall ist eine gründliche Bodenvorbereitung mit gut verrottetem, organischem Material unerlässlich.

Links: **Im feuchten Schatten bieten die pinkfarbenen, pfirsichgelben, lila und mauve-violetten Pastelltöne der Etagenprimeln ein berauschendes Bild.**

Gegenüber: **Die Schaumblüte *(Tiarella cordifolia)* überzieht den halbschattigen Waldboden mit einem blassgrünen Teppich, über dem Wolken cremeweißer Blüten stehen. Im Hintergrund sieht man die Wedel des Trichterfarns *(Matteucia struthiopteris)*.**

Es gibt aber einige bodendeckende Pflanzen, die selbst mit dichtem Schatten zurechtkommen, wie Efeu, Taubnessel oder das Immergrün *(Vinca minor)*. Größere teppichbildende Pflanzen wie die Schaumblüte *(Tiarella cordifolia)*, *Tellima* und einige Storchschnabel-Arten tolerieren ebenfalls Schatten; allerdings bringt keine von ihnen eine kräftige Farbwirkung ein. *Tiarella* entfaltet zierliche, blassrosa Blüten und hübsches, rot gezeichnetes Laub, und *Tellima grandiflora* blass gelbgrüne Blütenrispen; die Sorte 'Purpurteppich' unterscheidet sich durch rotviolettes Laub und rosa überlaufene Blüten. Der blass pinkfarbene Storchschnabel *Geranium endressii* und der aromatisch duftende *G. macrorrhizum* 'Bevan's Variety' bringen mit violettrosaroten Blüten zarte Töne ins Spiel.

Es gibt einige schöne, aus Nordamerika stammende Pflanzen, die früh schon leuchtende Farben zeigen und im Schatten von Bäumen gedeihen. Es handelt sich ausnahmslos um kleine Gewächse, die aber mit unzähligen punktförmigen Blüten übersät sind. Man denke etwa an die Hundszahnlilie *(Erythronium)* und die Götterblume *(Dodecatheon meadia)*. Empfehlenswert sind aber auch die schöne gelb blühende *Clintonia borealis* für neutrale bis saure Böden sowie die blau-, purpurviolett- oder pinkfarben blühenden Leberblümchen *(Hepatica)* für neutrale bis alkalische Böden. Für saure Standorte empfehlen sich das rosa-, kastanienbraun- und gelbblühende Dreiblatt *(Trillium)* und der kriechende Kanadische Hartriegel *(Cornus canadensis)*, der ebenfalls weiße Blüten hervorbringt.

In einem weniger großen Garten könnte man einen kleinen verborgenen Bereich in einen Miniaturwaldgarten verwandeln; einige Hängebirken, unterpflanzt mit smaragdgrünen Farnen, schaffen rasch die entsprechende Atmosphäre. Auf Standorten, die nie mit Bäumen bewachsen waren, bedarf es nährstoffreicher Kompostgaben..

Frühling im Waldgarten

Wenn im Frühling die frischen Grüntöne erscheinen, bietet der Waldgarten ein beeindruckendes Bild. Gärten der nördlichen Breiten zeigen entschieden weichere Farben als jene der Rhododendren. Pflanzen wie Waldanemonen, Lungenkraut, Nieswurz und Hasenglöckchen verbinden sich harmonisch miteinander, und die Bluebells *(Scilla non-scripta)* wirken von weitem gesehen geradezu berauschend. Dennoch besteht der eigentliche Reiz in den hellen Pastelltönen, die sich im Schatten entwickeln, wie den Farben der Primeln, weiß blühendem Waldmeister und blauem Gedenkemein sowie lindgrünem Frauenmantel, cremefarbenem Salomonssiegel, der grasähnlich panaschierten Hainsimse und den kleinen weißen Blüten des Maiglöckchens. Damit die Bepflanzung nicht zu flach wirkt, könnten purpurvioletter Silberpfennig *(Lunaria biennis)*, der sich reich versamt, aber auch Fingerhüte in verschiedenen Farben hinzukommen.

Was die Nieswurz-Arten so reizvoll erscheinen lässt, sind ihre zarten, zurückhaltenden Farben und das ansehnliche immergrüne Laub. Im Frühling haben diese Schatten liebenden, anhaltend blühenden Stauden ihren großen Auftritt, und die Auswahl ist so breit, dass es ratsam ist, sich eingehend zu informieren. Die höhere Korsische Nieswurz *Helleborus argutifolius* (Syn. *H. corsicus*) bildet große Horste bzw. zahlreiche skulptural wirkende Blätter. Von einem Zentrum apfelgrüner Blüten ausgehend, entfalten sie sich im Spätwinter und halten sich über Monate. Die Stinkende Nieswurz *(H. foetidus)* ist etwas kleiner und bringt Büschel mit kleinen, hängenden grünen Glöckchen hervor, die häufig einen feinen kastanienbraunen Rand zeigen und sich gleichermaßen lang halten. Beide stellen keine besonderen Pflegeansprüche und versamen sich in humosem Boden reichlich. Sie unterscheiden sich eher in der Textur als in der Farbe von den sich allmählich entrollenden gefiederten Wedeln Schatten liebender Farne wie dem Wurmfarn *(Dryopteris filix-mas)* und dem eleganteren Schildfarn *(Polystichum setiferum)*.

Kleinere Formen der Nieswurz, wie die Hybriden von *H. orientalis*, sind in der Belaubung ähnlich. Die Blüten von *H.* × *hybridus* 'Pluto' etwa zeigen ein intensives Pflaumenviolett und cremefarbene Staubgefäße, und *H. orientalis* subsp. *guttatus* ein dunkles, weiß geflecktes Karminrot. Des weiteren gibt es grüne, cremefarbene, hellgelbe und rosa Formen. Sie lassen sich erfreulich gut mit einem Meer blauer, rosa oder weißer knolliger Strahlenanemonen *(Anemone blanda)* kombinieren, aber auch mit den farnartig belaubten *Dicentra*-Arten und der hellgelben Schlüsselblume *(Primula vulgaris)*, die den Frühling ankündigt.

Zum Reiz des Waldgartens tragen später im Gartenjahr andere Farne wie etwa der glänzend smaragdgrüne Hirschzungenfarn *(Asplenium scolopendrium)* bei, der hoch aufragende, schlanke, riemenförmige Blätter entfaltet. Einige Formen der Crispum-Gruppe zeigen gekräuselte Ränder, aber sie glänzen wie die Wildart und bilden einen wirkungsvollen Kontrast zu den gefiederten Farnen sowie der ausdauernden immergrünen Schwertlilie *(Iris foetidissima)*. Diese Pflanze bringt zwar bescheidene blaue oder cremeweiße Blüten hervor, wird aber vor allem der glatten, schwertförmigen Blätter wegen und der leuchtend orangefarbenen Früchte im Winter gezogen.

Dichtes volles Laub liefert der sich ausbreitende krautige Beinwell *(Symphytum caucasicum)* sowie ein Meer an Frühlingsblüten, die blassblau-karminrot oder weiß-pinkfarben leuchten. Die hohe blaublühende Form *S.* × *uplandicum* 'Variegatum' bringt Licht in schattige Ecken. Den gleichen Effekt hat das Kaukasusvergissmeinnicht *Brunnera macrophylla* 'Hadspen Cream', dessen hellblaue Blütenbüschel mit herzförmigen, cremefarben gerandeten Blättern umrahmt sind. Die Elfenblumen haben helle Blätter, die über dem Boden zu schweben scheinen und entweder intensiv pinkfarbene, gelbe oder weiße Blüten zeigen, die allerdings nur zum Vorschein kommen, wenn die Blätter im Winter zurückgeschnitten werden. Einen dekorativen Hintergrund für *Epimedium* × *versicolor* 'Sulphureum' bilden der Pfauenrad-Farn *(Adianthum pedatum)* oder das Gedenkemein *(Omphalodes verna)* mit seinen intensiv blauen Blütentrauben.

Ein Waldgarten auf saurem Boden

Im Garten können Waldbereiche, anders als in der Natur, erstaunlich kräftige Farbkombinationen zeigen, sobald »kalkfliehende« Rhododendren und Azaleen ins Auge gefasst werden. Die meisten Rhododendren sind Flachwurzler und lieben sauren, feuchten Boden, der mit Humus angereichert werden sollte, aber nicht staunass sein darf. Sämtliche Rhododendren sind auf etwas Sonne oder Halbschatten angewiesen, stehen also am besten am Gehölzsaum.

Rhododendren können baumhoch werden, wie etwa die 5 m hohe rosa Form der Laub abwerfenden Alpenrose *Rhododendron vaseyi* oder die beeindruckende *R. sinogrande*, ein 10 m hoher Baum, dessen riesige längliche Blätter immergrün und unterseits mit einem bräunlichen Flaum überzogen sind, ähnlich einem ganz feinen Pelzmantel. Große gelb-cremefarbene Blütentrauben zieren die Pflanze um die Frühlingsmitte. Im lichteren Schatten bieten sich an kompakteren Pflanzen die verschiedenen Sorten von *R. yakushimanum* an: ansehnliche kuppelförmig wachsende Pflanzen, die sehr reich blühen. Die breite Farbpalette umfasst die hellgelbe, lachsrosa überhauchte 'Grumpy', die pinkcremefarbene 'Percy Wiseman' und die zinnoberrote 'Titian Beauty', Sorten, die für kleine Gärten alle bestens geeignet sind.

Die Mehrzahl der Rhododendren zeigt kühle Farben, was bedeutet, dass die Rottöne zu Karmin tendieren, wie etwa die Sorte 'Cynthia', und die Pinktöne bläulich kalt sind, wie 'Pink Pearl' mit gerüschten Blütenblättern. Auch Mauvetöne gibt es, wie die Sorte 'Blue Boy' zeigt, Violettblau und dunkles Purpurlila wie bei 'Purple Splendour', einem rundlichen Strauch von 1,5 m Höhe. Einige Formen erinnern mit ihrem Blauton eher an Hyazinthen, so etwa die kleine 'Blue Diamond' oder *R. augustinii* mit 2 m Höhe. Außerdem gibt es herrliche weiße Formen wie die schöne 1,8 m hohe 'Sappho' mit purpurvioletten

Knospen und die kompakte grün-weiße 'Palestrina', eine immergrüne Alpenrose. Da Weiß unter zurückhaltenden Farben immer dominiert, sollte diese Form mit Fingerspitzengefühl eingesetzt werden.

Die Farben der Azaleen-Hybriden sind wesentlich wärmer. Die meisten Züchtungen zeigen flammende Scharlachrot- Orange-, Gold- und Gelbtöne (darunter ausgesprochene Sonnenliebhaber, die hier nicht gefragt sind). Laub abwerfende Azaleen können eine Herbstfärbung zeigen, die sich mit den Farben der Ahorne stört, wie die scharlach-orangerote Form 'Koster's Brilliant Red' und die goldene 'Narcissiflorum'.

Unter diesen großartigen Sträuchern bedeckt man den Boden mit säureliebende Partnerpflanzen wie dem jadegrau belaubten Ysander *(Pachysandra terminalis)* und dessen panaschierter Form, farbenprächtigen Dreiblatt-Arten *(Trillium)* und dem weißblühenden Schaumkraut *(Cardamine trifoliata)*. Aber auch größere Gruppen der duftenden Bluebells lassen sich als Frühlingsblüher einsetzen, gefolgt von der schönen Türkenbundlilie *(Lilium martagon)* in pinkpurpurvioletten oder weißen Formen.

Immergrüne Sträucher wie *Skimmia*, das Bitterkraut *(Pieris)* und die Scheinbeere *(Gaultheria)* bringen Fülle ein. Auf feuchteren Böden lässt sich das kompakte Bild der Immergrünen durch krautige Begleitpflanzen wie das weißblühende Duftsiegel *(Smilacena racemosa)* oder die kühlen Töne fedriger Astilben auflockern. Eine gute Wahl ist *Astilbe* 'Cattleya' mit 1 m Höhe oder die tiefrote 'Fanal', die halb so hoch wird. Auf feuchten Standorten, sind Primeln unverzichtbar, man denke nur an die Purpurviolett-Töne der ausgezeichneten *Primula pulverulenta* Bartley-Hybriden, aber auch an die frischen hellgelben Tibetprimeln *(Primula florindae)*.

Sommerfarbe

Im Sommer ist das Laubdach am dichtesten. Deshalb sollte man sich auf die halbschattigen Bereiche konzentrieren, um purpurviolette, pinkfarbene oder weiße Fingerhüte zu pflanzen. *Digitalis purpurea* f. *albiflora* ist 1,2 m hoch und erfüllt dunklere Standorte mit Licht. Sprühend lebhaft wirkt der Eisenhut *Aconitum* 'Ivorine' mit seinen hellen cremefarbenen Blütenähren, ebenso die höhere dunkelblaue Form 'Spark's Variety'. Feuchtigkeitsliebende Schattenpflanzen wie die Astilben verbinden sich harmonisch mit Funkien, die nicht nur durch ihre dekorative Blattfärbung sondern auch durch ihre Blüten auffallen. Von der großen, blaugrün überlaufenen Funkie *Hosta* 'Big Daddy' bis zu der winzigen dunkelgrünen *H. venusta* reicht das Spektrum von glatten, tief gerippten und gekräuselten bis zu flachen und schlanken Blättern. Die Laubfarben variieren zwischen der rahmgelben Form *H. fortunei* var. *albopicta* f. *aurea* und der eher schwefelgelben *H.* 'Zounds' bis zu den blau getönten Blättern von *H. sieboldiana* und der kleineren, anmutigen *H.* 'Halcyon'. Besonders dekorativ wirken im Schatten die panaschierten Blätter; es lohnt sich also nach der klassischen Form *H.* 'Frances Williams' oder der winzigen *H.* 'Ginko Craig' Ausschau zu halten.

EIN KLEINER WALDBEREICH IM FRÜHLING

Auch kleinere Gärten können etwas von der Atmosphäre eines frühlingshaften Waldes ausstrahlen. Drei Hängebirken *Betula pendula* 'Dalecarlica' filtern das Licht. Im tieferen Schatten unter den Bäumen besteht die Bepflanzung aus Hainsimsen *(Luzula sylvatica* 'Variegata) mit grasartigem Laub, immergrünen Schwertlilien *(Iris foetidissima* 'Citrina') mit schlichten gelben Blüten und Schildfarn *(Polystichum setiferum* 'Acutilobum'). Auch Horste grün blühender Stinkender Nieswurz *(Helleborus foetidus)*, auf die später Fingerhüte und Türkenbundlilien folgen, fügen sich hier gut ein. Im Frühjahr bedecken die großen panaschierten Blätter des blaublühenden Kaukasusvergissmeinnichts *Brunnera macrophylla* 'Hadspen Cream' den Boden; am vorderen Rand werden sich später andere große Blätter entfalten, wie jene der Funkie *Hosta* 'Ground Master' mit gewellten grünen Blättern und cremefarbenen Rändern. In der Mitte windet sich ein Band aus der Wolfsmilch *Euphorbia amygdaloides* 'Rubra' mit kastanienbraunen Stängeln, dunkelgrünen Blättern und lindgrünen Brakteen.

Im lichteren Schatten drängen sich Primeln neben dem lila Lerchensporn *Corydalis flexuosa* 'China Blue', gegenüber ein Streifen aus blauen und weißen Anemonen *(A. blanda)*, die im Frühling einen herrlichen Anblick bieten. Sie werden abgelöst von einem größeren Band goldgelber Taglilien *(Hemerocallis dumortieri)* mit grasähnlichem Laub, das den Rand dieses Schattenbereichs säumt.

Gegenüber oben: Im Frühling erweist sich das Spanische Hasenglöckchen *(Hyacinthoides hispanica)* am Gehölzsaum als perfekter Begleiter für weiße Tulpen.

Gegenüber unten: Die unterschiedliche Intensität der flammenden Herbstfarben zeigt sich am schönsten im lichten Schatten eines Waldgartens, wo herrliche Ahorne, das Eisenholz *(Parrotia)* und Hartriegel die Wärme der Farben unterstreichen. Dennoch wirken die Herbstfarben nirgends beeindruckender als bei den Ahornen *(Acer)*.

Pflanzenkombinationen für heiße, trockene Gärten orientieren sich an einer Vegetation, die in der Natur für mediterrane Klimazonen charakteristisch ist. Als mediterran bezeichnet man Bereiche mit anhaltend heißen und trockenen Sommern, milden Wintertemperaturen und wenig Regen, wobei die Niederschlagsmenge von Land zu Land variiert. Zu diesen Bereichen gehören das Kap in Südafrika, einige Küstengebiete Kaliforniens, Zentralchiles sowie die südlichen Länder Australiens und selbstredend jene am Rand des Mittelmeers. Die Pflanzen sind ausschließlich Sonnenliebhaber, die Wasser zu speichern vermögen oder mit einem Minimum auskommen. Die meisten sind immergrün – nur so ist es ihnen möglich, die winterliche Feuchtigkeit zu absorbieren, um sie für entbehrungsreiche Sommer zu speichern. Ihr Laub ist oft dick und glänzend grün wie das des Klebsamens *(Pittosporum tobira)* oder fleischig wie das von Sukkulenten wie den Dickblattgewächsen *(Crassula)*. Viele Sträucher verfügen über silbernes Laub, weil die feinen Härchen, die die Blätter bedecken, eine Art Schutzschicht darstellen, die die Hitze und das austrocknende Sonnenlicht reflektiert. Auf diese Weise wird verhindert, dass das Laub verbrennt, denn dieser Überzug schirmt das lebensnotwendige Chlorophyll im Blattinnern ab. Andere Blätter sind fein und schlank wie bei Formen des heimischen Rosmarins *(Rosmarinus officinalis)* oder nadelartig wie bei der Schirmkiefer *(Pinus pinea)* – ein Effekt, der die Laubfarbe leicht »verwischt« und zarter erscheinen lässt.

Rechts: **Inbegriff des mediterranen Stils: ein Meer aus Lavendel unter knorrigen Olivenbäumen.**

Mediterrane Klimate

Silbergraues Laub

Blüten kommen und gehen, Blätter hingegen halten sich den ganzen Sommer, manchmal sogar noch länger. Es gibt viele silberlaubige Pflanzen, an denen man sich in heißen, sonnigen Klimaten erfreuen kann. Als verbindende Klammer, die solch eine Gestaltung zusammenhält, ist silberlaubiges Blattwerk im Garten unentbehrlich (siehe »Harmonie«, Seite 86).

Die Beifuß-Arten tragen wesentlich zum »gleichbleibend« silbernen Hintergrund in mediterranen Gärten bei. Sie verfügen über eine große Vielfalt an Formen- und Texturen – manche sind extrem silbern wie die filigranen Blätter der niedrigen, horstbildenden *Artemisia alba* 'Canescens', während andere eher grau sind wie *A. lactiflora*, eine hohe, eher massige Pflanze. Mir gefällt die kleine *A. schmidtiana* 'Nana', die einen silbernen Teppich bildet, sowie die zuverlässige *A.* 'Powis Castle', die mit ihrem hohen, fedrig silbernen Laub das vielfältige Bild der Stauden dämpft.

Die helle Tönung von silbernem Laub bildet einen Gegenpol zu dunkleren Grauwerten, insbesondere dunkelroten Laubsträuchern wie Formen des Perückenstrauchs oder der Berberitze, die etwas düster wirken können. Der silberne Kontrast unterstreicht solche Farben und kehrt ihre verborgene Schönheit heraus. So verträgt sich das gleißend silberne Laub der Ölweide *(Elaeagnus angustifolia)* etwa sehr gut mit dem Perückenstrauch *Cotinus coggygria* 'Royal Purple', des weiteren fügt sich auch der Schmetterlingsstrauch *(Buddleja fallowiana)* mit seinem schlanken grauen Laub und den blauen Blütenrispen im Spätsommer ausgezeichnet ein. Für den kleinerem Rahmen eignet sich die intensiv pflaumenviolette Weigelie *(Weigela florida* 'Foliis Purpureis'), ein kompakter Strauch, den man kaum erkennt, nachdem seine hellrosa Blüten abgefallen sind; kombiniert mit der silberweißen *Artemisia ludoviciana* var. *latiloba* kommen beide Stadien jedoch gut zur Geltung.

Auch andere silberlaubige Pflanzen lassen sich gut in die Blumenrabatte integrieren. Die niedrige winterharte Hundskamille *Anthemis punctata* subsp. *cupaniana* entfaltet im Frühsommer zwischen fein eingeschnittenem silbergrauem Laub weiße Margeritenblüten. Durch einen Rückschnitt nach der Blüte lässt sich die Pflanze oft zu einem zweiten Flor anregen. Die höhere Garbe *Achillea* 'Moonshine' hat fedrig feines silbernes Laub und hellgelbe Blüten. Kleinere Formen der Strauchveronika wie *Hebe pinguifolia* 'Pagei' bilden einen ausdauernden zinngrauen Bodendecker.

EIN MEDITERRANER KIESGARTEN

Wiederholt auftretende Pflanzen und Farben verbinden diese drei Pflanzengruppen. Das Laub ist meist schmal, fleischig oder silbergrau. Im Mittelpunkt des Beetes links steht die Kronwicke *Coronilla valentina* subsp. *glauca*, ein immergrüner Strauch mit bläulichem Laub und gelben Schmetterlingsblüten. Rechts davon Horste des blaulaubigen, bogenförmig überhängenden Blaustrahlhafers *(Helictotrichon sempervirens)*, kombiniert mit dem grauen Laub des Bärenohrs *(Arctotis acaulis)*; Letzteres bringt zusätzlich leuchtend orangefarbene, goldene und mahagonibraune Korbblüten hervor. Zwei Horste aus Sonnenröschen *(Helianthemum* 'Red Orient' und 'Double Yellow') greifen diese Farben auf und verschmelzen mit dem grauen wolligen Teppich des Thymians *(Thymus lanuginosus)*. Im Sommer erscheinen einige Lilien *(Lilium* 'Royal Gold'), die zwischen dem haarfeinen Federgras *(Stipa tenuissima)* hervorschimmern, während die dunkel purpurviolette Fetthenne *Sedum maximum* 'Atropurpureum' an anderer Stelle durch mauvevioletten Zierlauch ausgeglichen wird. Diese Farben wiederholen sich auf der rechten Seite, wo sich ein kriechendes Johanniskraut *(Hypericum balearicum)* zu *Rosmarinus officinalis* 'Prostratus' und einer silberlaubigen Winde *(Convolvulus cneorum)* gesellt. Eine panaschierte Yucca beherrscht das Bild; hinzu kommen rechts eine weitere purpurviolette Fetthenne sowie dahinter zart lavendelblaue Katzenminze *(Nepeta sibirica)* und im Vordergrund weitere Horste des Pfriemengrases. Drei kompakte *Hebe ochracea* 'James Stirling' fassen das Beet ein. Im unteren Beet bildet die große immergrüne Zistrose *(Cistus ladanifer)* einen Blickfang.

Zwei häufig verwendete niedrige immergrüne Sträucher mit grauem Laub, der Lavendel und das Heiligenkraut *(Santolina chamaecyparissus)*, lassen sich durch Schnittmaßnahmen leicht in Form halten und eignen sich auch als kleine Hecken. Ihr neutrales Silbergrau bildet einen idealen Hintergrund. Aber auch ihre Blüten verdienen Beachtung. Die des Heiligenkrauts sind leuchtend senfgelb, eine Farbe, die sich nur schwer einbinden lässt; sie werden deshalb auch meist entfernt. Die Mehrzahl der Lavendelblüten zeigt mit kühlem Lila, Mauve, Rosaviolett oder Violettblau jedoch eine Palette, die vielen Farbkombinationen schmeichelt.

Oben: Eine großflächige Bepflanzung aus silberlaubigen Stranddisteln *(Eryngium maritimum)*, denen die Hitze bestens zu bekommen scheint, bildet einen leuchtenden Kontrast zu den dunklen Weiden und der *Gunnera* im feuchteren Boden dahinter.

Rechts: Ein schönes Exemplar der Fackellilie *(Kniphofia* 'Percy's Pride').

Silber- und Blautöne

Silbergraues Laub zeigt vielfach einen durchgängigen Blauton, der in farbenprächtigen Staudenrabatten großartig zur Geltung kommt. Kaum zu übertreffen sind die *Eryngium*-Arten, stachelig belaubte Stauden mit distelartigen Blüten, die einer Pflanzung jene begehrten kühlen Töne verleihen können. Die Edeldistel *Eryngium* × *oliverianum* wirkt in einer gemischten Rabatte geradezu aufregend mit ihren stark verzweigten Stängeln und den silberblauen, stechenden Hüllblättern, die ganz ähnlich getönte kugelige Blüten umgeben. Zwischen größeren Horsten des winterharten zartfarbenen Bartfadens wirken die stacheligen Disteln auffallend bärtig – eine schmeichelnde Kombination, die die Intensität der Farben wirkungsvoll unterstreicht. Empfehlenswert dazu ist *Penstemon* 'Alice Hindley' mit leuchtend purpurblauen und pinkfarbenen Blüten oder die kleinwüchsigere blassere *R.* 'Stapleford Gem'.

Als Alternative lassen sich mit Edeldisteln aber auch unübersehbare Akzente setzen, wie etwa durch die kontrastreiche Kombination mit dem goldenen Sonnenhut *Rudbeckia fulgida* var. *sullivantii* 'Goldsturm' und einem Streifen karminroter Fackellilien *Kniphofia* 'Timothy', gedämpft durch ein längeres Band sepiabrauner Seggen *(Carex petrei)*. Ergänzt durch die grasartigen Horste des Blaustrahlhafers *(Helictotrichon sempervirens)* entfalten die beiden Blautöne zwischen den anderen Farben einen beinahe fluoreszierenden Effekt.

Links: **Auf einem warmen Kiesbeet präsentieren sich die silbernen schwertförmigen Blätter von *Astelia nervosa* mit graulaubigem purpurviolett blühendem *Erysimum*, Storchschnäbeln und zwergwüchsiger *Hebe*. Sie alle verbinden sich harmonisch mit den fleischig jadegrünen Rosetten von *Echeveria*, die in Blüte stehen. Das auffallend schwarze *Aeonium* 'Zwartkop' behauptet sich durch die kräftige farbliche Kontrastwirkung.**

Gegenüber unten: **Von selbst aufgegangener Goldmohn *(Eschscholzia californica)* bildet zusammen mit goldgelb und orangefarben blühenden Gazanien und cremefarbenem *Osteospermum* eine einzigartige Kombination für heiße, steinige Standorte.In voller Sonne leuchten die Farben wie Edelsteine.**

Schatten spendende Bäume

Unter gleißend hellem Licht verflacht die Tiefenwirkung des Gartens, sodass die Schatten messerscharf und schwarz wirken. Bäume sind allein deshalb schon unentbehrlich, weil sie das Raumgefühl wieder herstellen und an exponiert sonnigen Standorten Schatten bieten. Obwohl die Auswahl der Bäume von der Größe des Gartens abhängt, gilt generell, dass alle Blütenfarben von der Kontrastwirkung von Bäumen und immergrünen Sträuchern profitieren.

In einem großen Garten entfaltet der Schwarze Maulbeerbaum *(Morus nigra)* mit seinen dunkelrotvioletten Früchten ein dichtes Laubdach. Auf alkalischen Böden entwickelt er sich zu einem großen ausladenden Baum, dessen üppig grünes Laub tiefen Schatten wirft und einem Garten in glühender Sonne eine dramatische Note verleiht. Er stammt aus warmen Klimaten, verträgt aber kalte Winter und Frost; nur Wind bekommt ihm nicht. Die 3 m hoch werdende Feige *Ficus carica* 'Brown Turkey' bildet ein ausladendes »Dach« aus ansehnlichen großen Blättern, die durch ihre gelappte Form und schönes Jadegrün auffallen – der Baum ist eine Zierde für den Garten, gedeiht in kälteren Gegenden aber am besten im Schutz einer warmen Mauer. Der immergrüne Olivenbaum *(Olea europaea)* überlebt entgegen aller Erwartungen auch in nördlicheren Regionen, wo er hauptsächlich um der reizvoll silbergrauen, lanzettförmigen Blätter willen geschätzt wird. In rauen Lagen wird er im Kübel gehalten. Im Übrigen ist er mit etwa 10 m Höhe und Breite recht kompakt, sodass er auch für den kleineren Garten bestens geeignet ist. Der Feigenbaum verträgt auch einige Minusgrade, Olivenbäume sind jedoch frostempfindlich, was man bei der Wahl des Standorts bedenken sollte.

Nicht ganz so dicht belaubt zeigt sich die Halbschatten spendende immergrüne Silber-Akazie *(Acacia dealbata)*, die frostempfindlich ist und vom Spätwinter bis zum Frühling unzählige mimosengelbe Blüten zwischen dem duftigen silbergraublauen Laub entfaltet. Dieser Baum erreicht mit 15–30 m Höhe beachtliche Dimensionen, aber auffallend hohe Gehölze nehmen innerhalb der Gestaltung die Funktion einer alles zusammenhaltenden Klammer ein. Die Seidenakazie *(Albizia julibrissin)* ist mit 6 m Höhe wesentlich kleiner. Mit ihren fein gefiederten Blättern wirft sie lichten Schatten und entfaltet seidig gelbliche oder apricotfarbene, endständige Blüten. Über wasserspeicherndes Laub verfügt die kleine, zerbrechlich zart wirkende Tamariske *(Tamarix tetandra)*, die winterhart ist und im Spätsommer mit flaumigen hell pinkfarbenen Blüten bedeckt ist, aber kaum Schatten bietet.

Viele mediterrane Sträucher bieten einen tiefgrünen Hintergrund, wie etwa die winterharte, nach Honig duftende Wolfsmilch *(Euphorbia mellifera)* mit schmalen Blättern, die in bronzefarbenen Trugdolden enden. Ein weiterer Strauch ist der frostempfindliche immergrüne Klebsame *(Pittosporum tobira)*, der aus Japan stammt und im Sommer duftende cremefarbene Blüten trägt; er wird bis zu 10 m hoch. Beide Grüntöne bilden einen großartigen Hintergrund für die gold-orangefarbenen Keulen der Fackellilie *Kniphofia* 'Bees' Sunset' und die den ganzen Sommer über spektakulären tiefblauen Blüten der Kugeldistel *Echinops bannaticus* 'Taplow Blue'. Für einen ganz kleinen Garten wäre die Orangenblume *Choisya* 'Aztec Pearl' denkbar; ihre rosa-weißen, intensiv duftenden Blüten heben sich sehr schön von dem glänzenden dunkelgrünen Laub ab. Ein ausgezeichneter Begleiter ist die immergrüne Winde *Convolvulus cneorum* mit pergamentweißen Blüten und seidig glatten, silbergrau schimmernden Blättern. Wie Glanzlichter wirken dazwischen die leuchtend rosaroten Blüten von *Diascia rigescens*, die den ganzen Sommer erscheinen.

Farbkombinationen

Vor einem immergrünen Hintergrund und geschickt eingefügten silberlaubigen Pflanzen bietet sich ein reiches Experimentierfeld für kräftige Farben, wie sie die in Afrika heimischen Fackellilien, südafrikanische Gazanien, peruanische Inkalilien und kalifornischer Goldmohn *(Eschscholzia)* einbringen. Für Höhe sorgt die Schönmalve *Abutilon × hybridum* 'Cloth of Gold' mit dottergelben Blüten.

Für ein strahlendes Sommerbild können sich frostempfindliche Einjährige wie das südafrikanische Bärenohr *(Arctotis × hybrida)* darunter mischen; sie überziehen den Boden mit einem prächtigen Teppich aus unzähligen Margeritenblüten, die vor dem Hintergrund jadegrüner Rosetten in Rot-, Orange-, Bronze- und intensiven Pinktönen leuchten. Empfehlenswert sind Sorten wie 'Mahogany', 'Tangerine', 'Red Magic', 'Apricot' und 'Terracotta', die alle trockenen, steinigen Boden bevorzugen. Angesichts solcher Farbenpracht kann man dunklere Stauden einbringen, wie die blaugrün belaubte Fetthenne *Sedum telephium* subsp. *maximum* 'Atropurpureum', eine Pflanze mit fleischigen Blättern, die an heißen, trockenen Standorten bestens gedeiht, und um die Kontrastwirkung zu steigern, die dunklen porzellanblauen Blüten der graulaubigen Katzenminze *Nepeta sibirica* 'Souvenir d'André Chaudron'.

Ein ganz anderer Ansatz wäre es, Blautöne als »Leitmotiv« eines mediterranen Gartens zu wählen. Der frostempfindliche Natternkopf *Echium candicans* mit intensiv blauvioletten Blütenähren könnte das Thema vorgeben – mit bis zu 2,4 m Höhe handelt es sich um sehr große Pflanzen. Der Widerstoß oder Meerlavendel *(Limonium latifolium* 'Blue Cloud') ist für mich der »Natternkopf des kleinen Mannes« mit zierlicheren lilablauen Blütenmassen im Spätsommer – farblich und in der fühlbar trockenen Textur durchaus vergleichbar. Die silberblauen Formen der Edel- und Kugeldisteln haben sich als gute Sommerbegleiter bewährt, insbesondere kombiniert mit purpurvioletten Sorten von *Salvia officinalis* und silberlaubigen Artemisien. Eine frischere Note kann das üppige smaragdgrüne Laub des *Agapanthus* einbringen; die Auswahl reicht von kleinem blauem *A.* 'Lilliput' bis zu dem hohen violettblauen *A. caulescens*. Gewagt schrille Farbtupfer bringen im Spätsommer die magentaroten Blüten der graulaubigen Lichtnelke *(Lychnis coronaria)* ein. Denkbar wären aber auch Bereiche, vor denen sich wie ein transparenter Schleier das leuchtend purpurviolette Eisenkraut *(Verbena bonariensis)* erhebt – ein weiterer Spätblüher, der sich im Wind wiegt und seine Blütenköpfe über endständigen schlanken Stielen von 2 m Höhe entfaltet.

Auch Horste sommerblühender roter Spornblumen *(Centranthus ruber)* lassen sich einfügen. Die bläulich karminroten Blüten und die fleischigen graugrünen Blätter harmonieren gut mit zarten Pflanzkombinationen. Darüber hinaus gibt es eine weiße Form, die Frische ins Bild bringt. Einen Versuch wert ist aber auch die immergrüne grasartige *Libertia grandiflora*, eine Staude für den Frühsommer, die durch die anhaltend blühende, wollig weiße *Ballota acetabulosa* abgelöst werden könnte, und im Anschluss daran durch die weißen Blütendolden von *Agapanthus* 'Albus'.

Kühlender Kies

In mediterranen Bereichen ist der Boden im Sommer knochentrocken und meist sehr steinig – Voraussetzungen also, die für einen Kiesgarten sprechen. Eine 4 cm starke Schicht aus gewaschenem Kies hält die Wurzeln kühl und schützt die in mediterranen Klimaten heimischen Pflanzen vor Frost. Die Auswahl an Kies ist groß, sodass man sich farblich an den örtlichen Gegebenheiten orientieren kann. Bewährt hat sich eine Geotextilfolie, die unter der Kiesschicht ausgebreitet wird und kein Unkraut durchlässt; danach werden die Pflanzlöcher gegraben. Der Kies sollte sich wie ein Fluss über den ganzen Bereich ausbreiten, wobei die Wege nur dadurch erkennbar sind, dass hier keine Pflanzen wachsen.

Mehr Blütenfarbe lässt sich mit magentalila Schopflavendel *(Lavandula stoechas)* einbringen, den man mit zitronengelben Garben und vereinzelten Gruppen der kleinen elfenbeinfarbenen Fackellilie *Kniphofia* 'Little Maid' kombinieren könnte. Der Matten bildende graulaubige Wollziest *Stachys byzantina* 'Primrose Heron' mit hellgelben Blüten harmoniert schön mit den Sonnenröschen *Helianthemum* 'Wisley Primrose' und pinkfarben blühendem, graulaubigem Thymian *Thymus doerfleri* 'Bressingham'; hinzukommen könnte das Silberkissen *(Raoulia australis)* das sich an den Kies anzuschmiegen scheint, aber auch das bronze-blaue Stachelnüsschen *(Acaena* 'Blue Haze'). Eine farbliche Verbindung zum Lavendel knüpft das Eisenkraut *Verbena* 'La France', denn es setzt das sommerliche Bild violettblauer Blüten fort. Das ganz in der Nähe sich ausbreitende wollige Laub des Ziests lässt sich mit dem Brandkraut *Phlomis tuberosa* 'Amazone' erneut aufgreifen, dessen staubig pinkfarbene Blüten stängelaufwärts an mehreren Quirlen stehen, sowie der Katzenminze *(Nepeta tuberosa)*, einer weiteren Pflanze mit filzigem Überzug und purpurvioletten Blütenähren. Für einen auffallenden Laubkontrast sorgen die schwertförmigen silbernen Blätter von *Celmisia semicordata*; die Pflanze steuert überdies weiße Korbblüten bei.

Mit den erweiterten Reisemöglichkeiten sind auch unsere Erwartungen gestiegen, sodass sich der Wunsch, exotische Pflanzen auch in die Gärten gemäßigter Zonen aufzunehmen, nicht ignorieren lässt. Es muss wohl an den Klimaveränderungen liegen, dass sich solche Pflanzen unter bestimmten Bedingungen inzwischen als ausreichend frosthart erweisen und somit dem Gartenliebhaber faszinierende Perspektiven eröffnen, wenngleich nicht ohne Risiko. Was aber verstehen wir unter exotisch? Solange damit lediglich »aus fremden Ländern« gemeint ist, trifft dies für viele Gartenpflanzen zu. Unsere Staudenbeete enthalten Pflanzen aus allen Ecken der Welt – selbst Rosen und Rhododendren sind um den Globus gereist. Unter »exotisch« versteht man laut gartenbaulicher Definition Pflanzen subtropischen Ursprungs, von denen die Mehrzahl frostempfindlich ist. Da mit dem Begriff gemeinhin aber auch ungewöhnliche und dramatische Wuchsformen assoziiert werden, zählt man ebenfalls winterharte Pflanzen dazu, die zwar keineswegs subtropisch sind, dennoch aber den Anschein erwecken.

Oben: **Farbenprächtiges Laub steht im Mittelpunkt dieser subtropischen Pflanzenkombination. Zum frostempfindlichen Wesselschön, einer Blattpflanze *(Acaphylla wilkensiana)*, gesellen sich Kroton *(Codiaeum)* und das purpurviolette Federborstengras *Pennisetum setaceum* 'Purpureum' – im Hintergrund eine herrliche Bergkulisse auf Mauritius.**

Rechts: **Exotische Pflanzen, die um Tucson in Arizona heimisch sind, gedeihen in sengender Hitze. Die jadegrünen stacheligen Opuntien und Agaven wirken vor dieser Felslandschaft fluoreszierend. Leuchtend rosarote Farbtupfer bringt das Wandelröschen *Lantana montevidensis* ein.**

Exotischer Pflanzstil

Der exotische Pflanzstil

Dieser Pflanzstil ist nichts für zarte Gärtnerseelen, denn er zielt auf verwegene, dramatische und aufregende Effekte. Atmosphärisch unentbehrlich ist das Laub, das in der Regel durch seine Größe auffällt und reichlich Platz benötigt. Vorherrschend ist Grün – eine Farbe, wie sie skulptural wirkende Hanfpalmen, Bananenstauden, *Yucca* und *Cordyline* einbringen. Wer sich über die klimatischen Bedingungen des Standorts im Zweifel ist, kann mit der aus dem Mittelmeerraum stammenden, leuchtend grünen Zwergpalme *(Chamaerops humilis)*, die zu den frostverträglichsten Palmen gehört, experimentieren; es gibt auch die aus Nordafrika stammende Form, *C. humilis* var. *cerifera*, die durch wachsartiges stahlblaues Laub auffällt, ähnlich der frostempfindlichen, in Mexiko heimischen blauen Palme *(Brahea armata)*. Diese werden in der Regel 2,4–3 m hoch.

Die Bananenstaude *(Musa basjoo)* ist ebenfalls nicht winterhart und zeigt breite, paddelförmige Blätter, die auf Windschutz angewiesen sind, um nicht zerfetzt zu werden. Sie profitiert von einem warmen, abgeschirmten Standort und nährstoffreichem, feuchtem Boden, der im Sommer regelmäßig Wasser und Dünger benötigt. Im Winter sollte sie im Kübel ins Haus genommen werden.

Die Yuccas sind die »Agaven« der gemäßigten Zonen. Die Blätter dieser zuverlässig frostharten Pflanzen sind starr und gefährlich spitz und die hoch aufragenden Blütenstände mit cremefarbenen Glöckchen besetzt. Es gibt eine golden panaschierte Form, *Yucca filamentosa* 'Bright Edge', deren Blütentrauben über 2 m hoch werden. Bewährte Begleitpflanze sind Bambusse mit flatterndem Laub wie der goldene *Phyllostachys aurea* oder *P. nigra* mit schwarzen Trieben, beide etwa 4,5 m hoch.

Das üppige Grün dieser großen Blätter hält den Garten zusammen, denn das grüne Licht strahlt bis auf Bodenhöhe und bezieht die Farben darunter mit ein. Dieser Dschungel-Effekt weckt Assoziationen an den Regenwald, in dem sich die Blüten allerdings meist über Kopfhöhe befinden. Weil man im Garten aber die Erwartung hat, Farbe auf Augen- und Bodenhöhe zu sehen, sollten innerhalb der dichten, lichtarmen Einfassung Bereiche ausgespart bleiben, durch die Sonnenlicht dringt, denn hier bietet sich dann Raum für Blüten- und Blattpflanzen in leuchtenden Farben.

Der richtige Standort

In subtropischen Bereichen heimische Pflanzen sind auf eine klimatisch begünstigte, warme Gegend angewiesen, die weder dem Wind noch dem Frost ausgesetzt ist. Um zu einem geschützten Mikroklima beizutragen, kann man das Gelände zusätzlich mit Hecken umgeben. In Gärten innerhalb der Stadt haben sich mit Weinreben bewachsene Spaliere an einer warmen Begrenzungsmauer bewährt – eine weitaus bessere Lösung als Bäume mit überhängenden Zweigen, die den ganzen Winter über tropfen. In Gegenden, in denen mit abrupten Wetterumschlägen gerechnet werden muss, sollten die Pflanzen im Winter in ein spezielles Vlies gepackt oder in großen Kübeln gehalten werden – möglichst mit Laufrollen versehen, damit man sie in den Wintergarten oder ein Gewächshaus schaffen kann, wo sie dank Zentralheizung überleben. Auf keinen Fall dürfen sie in kalter, nasser Erde stehen.

Grundvoraussetzung für gutes Gedeihen ist nährstoffreicher, feuchter Boden, der allerdings jedes Jahr größere Düngergaben benötigt. In Gegenden mit anhaltend heißen Sommern bewährt sich ein automatisches Bewässerungssystem, ebenso für Pflanzen, die im Regenschatten einer Mauer wachsen.

Oben links: **Einen unübertrefflichen Blickfang bilden die hohen Blütenstände des frostempfindlichen Natternkopfes *Echium wildpretii*. Selbst dominierende Strukturpflanzen wie die Hanfpalme *(Trachycarpus fortunei)* können sich nicht mit ihnen messen.**

Links: **Exotisch aber weniger frostempfindlich: Die dunkelroten, pelzigen Blüten des Zylinderputzers *(Callistemon)* im Kontrast zu gelbem Pfriemenginster *(Spartium junceum)*.**

Für Farbe und Dramatik sorgen *Cordyline australis* 'Atropurpureum' oder 'Torbay Red' mit purpurvioletten, lanzettlichen Blättern, die beide 3–10 m hoch werden. Es gibt aber noch eine ganze Reihe anderer farbenprächtiger großer Blätter, die zu der aufregenden, manchmal geradezu überwältigenden Atmosphäre des exotischen Gartens beitragen. Eine mit der Yucca vergleichbare graulaubige Pflanze, *Beschorneria yuccoides*, mit scharfen, lanzenförmigen Blättern, die fleischig verdickt sind, bringt hohe Rispen aus schokoladenrotbraunen Brakteen mit grünlich cremefarbenen Blüten hervor. Die *Watsonia*-Arten, horstbildende Knollenpflanzen aus Südafrika, haben schwertförmige Blätter, die 40–100 cm hoch werden; vor allem aber zeichnen sie sich durch großartige Blütenähren aus. *Watsonia* 'Tresco Hybrid' beispielsweise bringt röhrenförmige orangefarbene, rosa und scharlachrote Blüten hervor. Da sie frostempfindlich sind, müssen sie im Winter vor Kälte und Nässe geschützt werden. Als schöner Kontrast empfiehlt sich der ebenfalls aus Südafrika stammende Honigstrauch *(Melianthus major)*.

Leuchtende Farbenpracht

Charakteristisch für den exotischen Stil sind auffallend lebhafte Farben, für die sich an einem vollsonnigen Standort eine breite Palette an Blütenpflanzen bietet. Der Zieringwer *(Hedychium gardnerianum)* ist eine frostempfindliche, aus dem nördlichen Indien stammende Pflanze, die bis zu 2,2 m hoch wird. Sie hat beeindruckend große, lanzettliche Blätter, aus denen eine keulenartige Ähre mit gelben, trompetenförmigen Blüten aufsteigt, die durch lange karminrote Staubfäden auffallen. Als Gruppe in lichtem Schatten und feuchter Erde entfalten sie eine spektakuläre Wirkung. Farblich erneut aufgreifen lassen sie sich anderswo in Form der aus Mexiko stammenden *Agastache cusickii* 'Firebird', einer buschigen Staude mit aromatisch duftendem grünem Laub und kupferfarbenen, 30 cm langen Blütenähren, die im Hoch- bis Spätsommer erscheinen. Einen dramatisch schrillen Farbfleck könnte die 60 cm hohe frostempfindliche Wunderblume *(Mirabilis jalapa)* einbringen, die an ein und derselben Pflanze rote, magenta- oder pinkfarbene, aber auch weiße oder gelbe Blüten

EXOTISCHES FLAIR FÜR EINEN KLEINEN GARTEN

Selbst kleine Gärten in Ländern der gemäßigten Zonen können exotisch anmuten. Ein Bambushorst mit schwarzen Halmen von *Phyllostachys nigra* erhebt sich über skulptural wirkenden Blattformen und kräftigen Farben. Auf der linken Seite steuert die robuste Zwergpalme *Chamaerops humilis* var. *cerigera* große bläuliche Blätter bei; rechts davon im Hintergrund, eine weitere spektakuläre, ebenfalls nicht frostharte Blattschmuckpflanze, *Cordyline australis* 'Purple Tower', die durch unzählige schwertförmige Blätter in rotviolett überlaufenem Grün ins Auge fällt. Bei uns ist sie eine beliebte Kübelpflanze. Um in einer so imposanten Umgebung nicht unterzugehen, bedarf es der imposanten Blüten flammender Fackellilien wie *Kniphofia* 'Royal Standard, deren Blütensäulen scharlachrote Spitzen zeigen; ihre schmalen graugrünen Blätter verbinden sich farblich mit der Zwergpalme. Zwischen den Gruppen imposanter Pflanzen windet sich ein Band der apricot-gelben Montbretien *Crocosmia* 'Solfatare'. Ihr bronzefarbenes Laub greift den dunklen Braunton der Dahlienblätter *(Dahlia* 'Bishop of Llandaff') auf; ihre großen zinnoberroten Blüten haben ein gelbes Auge. Wie ein Teppich breitet sich der Schlangenbart *(Ophiopogon planiscapus* 'Nigrescens') darunter aus.

entfaltet. An einem geschützten Standort blüht sie vom Frühling bis zum Spätsommer, vorausgesetzt, sie leidet nicht unter Staunässe.

In Gegenden mit heißen Sommern könnte auch *Dahlia merkii* für schrille Kontrastwirkung sorgen, eine aus Mexiko stammende mehrjährige Pflanze mit knolligem Wurzelstock und verzweigtem Wuchs (Höhe bis 2 m), die in warmen Bereichen den ganzen Sommer blüht. Die kleinen lila Blüten zeigen eine konisch hervortretende kastanienbraune Mitte mit gelben Staubgefäßen. Auch den frostempfindlichen Storchschnabel *Geranium maderense*, der mit seinen üppigen Blütensträußen ein ähnliches Magentarot einbringt, hält sich, umgeben von einem sattgrünen »Laubkragen«, den ganzen Sommer über – ein einzigartiger Storchschnabel, der sich von jeder Pflanzengemeinschaft abhebt. Beide Pflanzen sind auf gute Drainage und Winterschutz angewiesen.

Das hohe Blumenrohr *Canna iridiflora* 'King Humbert' bringt purpurviolettschwarze, paddelförmige Blätter von bis zu 1 m Länge und leuchtend rote, orchideenartige Blüten ein. Der Rizinus *Ricinus communis* 'Impala' zeigt dunkel braunschwarze, handförmig eingeschnittene Blätter von bis zu 45 cm Länge und grünlich gelbe Blütenähren, die 1,8 m hoch werden. In Kombination mit orangeroten Tigerblumen *(Tigridia)* ergibt sich ein vibrierend schriller Farbakkord; aber auch Taglilien in leuchtenden Farben wie *Hemerocallis* 'Gold Pride' oder *H.* 'Stafford' eignen sich als Begleitpflanzen.

Exotische Pflanzen in einem Garten in der Stadt

Ein Innenhof in der Stadt, in dem die Temperaturen eh etwas höher als normal sind, ist in der Regel von Begrenzungsmauern umgeben, die der Rahmenbepflanzung zugute kommen. Sie lassen sich für eine Reihe frostempfindlicher leuchtend bunter Kletterpflanzen nutzen, die auf Schutz angewiesen sind. Die Laub abwerfende Trompetenblume *(Campsis grandiflora)* ist eine winterharte bis bedingt winterharte chinesische Pflanze mit orangeroten Trauben trompetenförmiger Blüten, die einen weiten Schlund zeigen und im Spätsommer am schönsten sind. Eine zuverlässige Form ist *Campsis × tagliabuana* 'Madame Galen' mit großen lachsroten Blüten und dunklem Laub, das sich im Herbst gelb färbt. Sie wird bis zu 10 m hoch, ein windender Kletterstrauch, der sich nicht selbst festklammert.

Zwei immergrüne aus Chile stammende Kletterpflanzen bieten ein lebhaftes Farbenspiel: *Lapageria rosea*, eine verholzende Kletterpflanze, die sich um Drähte oder Spaliere windet und üppige rote bis muschelrosa Röhrenblüten hervorbringt. Auch die Schönranke *(Eccremocarpus scaber)* hat rote Blüten, wuchert aber und erfordert eine entsprechende Erziehung. Als bedingt winterharte bis frostempfindliche Kletterer sind beide auf einen geschützten, warmen Standort in der Sonne oder im lichten Schatten angewiesen.

Ein guter Begleiter für diese Kletterer ist die frostempfindliche, mehrjährige Seidenpflanze *(Asclepias tuberosa)* mit knolligem Wurzelstock, deren ungewöhnliche lanzettliche Blätter quirlständig an den 1 m hohen Stängeln sitzen; die orangeroten oder gelben endständigen Blütendolden erscheinen im Hoch- bis Spätsommer. Später im Gartenjahr bringt das Löwenohr *(Leonotis leonurus)*, ein aufrechter, ebenso hoher, halbimmergrüner Strauch, attraktive orangerote Blüten hervor.

Mit ihren aufregend flammenden Farben sind viele Knollenpflanzen eine Bereicherung für den Garten in der Stadt, so etwa im Frühsommer der Fransenschwertel *(Sparaxis tricolor)* aus Südafrika, mit grasartigem Laub und leuchtend orangefarbenen, roten oder purpurvioletten Blüten. Auch viele Gladiolen-Sorten können leuchtende Farbenpracht einbringen. Die Gladiolen der Grandiflorus-Gruppe blühen vom Früh- bis zum Spätsommer. Man pflanzt sie in Gruppen ungerader Zahl. Gladiolen können bis zu 1,7 m erreichen, wie etwa die kaffeebraune 'Mileesh', die kirschrote 'Cherry Pie', die blutrote 'Anitra', die mittelblaue 'Blue Delight' und die blaue 'Côte d'Azur'. Es gibt aber auch einige kleinere Sorten wie die goldene 'Georgette' mit 1,2 m Höhe oder die noch niedrigere, ungewöhnlich lachsrosa-gelbe Form 'Little Darling'. Die nur 1 m hohe Sorte 'Firestorm' hat gerüschte lebhaft scharlachrote Blüten.

Oben links: Flammende Fackellilien *(Kniphofia rooperi)* unterstreichen den explosiven Farbklang des orangeroten Blumenrohrs *(Canna striata)*, der scharlachroten Kaktusdahlie und einem Hintergrund aus goldgelben Sonnenblumen.

Links: Die winterharte Montbretie *Crocosmia* 'Lucifer' entfaltet vor rotlaubigem Blumenrohr eine geradezu dramatische Wirkung.

Rechts: Ein Rasenweg lädt ein, in subtropische Bepflanzungen vorzudringen, die sich an Farbenfreude zu übertreffen scheinen. Das Spektrum der Pflanzen enthält Begonien, Springkraut, *Alocasia*, den Drachenbaum *(Dracaena)* und den Geweihfarn *(Platycerium bifurcatum)*, eine epiphytische Pflanze, die sich an einem Baum festkrallt.

Exotische Blätter für den Schatten

Obwohl man sich unter exotischen Bereichen heiße, sonnendurchflutete Standorte vorstellt, sind die tropischen Wälder von einem dichten Laubdach überschattet. Im Garten wirken solche Bereiche geradezu dramatisch – Grund genug, sie nachzuahmen, zumal sie nicht nur die Möglichkeit bieten, das Beste aus dem verfügbaren Schatten zu machen, sondern auch dicht belaubte, hohe Pflanzen einzubringen. Ich denke etwa an die Wollmispel *(Eriobotrya japonica)*, einen kleinen, 8 m hohen und breiten Baum, oder vielleicht auch eine Magnolie wie die immergrüne *Magnolia grandiflora* 'Goliath' mit 6–8 m Höhe, die gleichermaßen große elfenbeinweiße Blüten hervorbringt. Unter solchen Bäumen entstehen Bereiche mit spärlichem, grün schimmerndem Licht, die wie geschaffen sind als Lebensraum für üppige Farne, sei es für *Woodwardia radicans*, den in Europa heimischen Kettenfarn mit dicken, lanzettlichen, aber fein gezähnten dunkelgrünen Wedeln oder den aus Japan stammenden Ilexfarn *(Cyrtomium falcatum)*, der frosthart bis bedingt winterhart ist und am besten an einem geschützten halbschattigen Standort gedeiht, wo er noch mehr sattgrünes, üppiges Blattwerk entwickelt.

Solange der Boden feucht gehalten wird, lässt sich auch die echte Kalla *Zantedeschia aethiopica* 'Crowborough' im lichten Schatten ansiedeln. Auch die blaugrün überlaufene Sorte 'Green Goddess' ist empfehlenswert. Hinzu kommen könnten aber auch einige Zwiebelblumen wie die hohe Knotenblume *Leucojum aestivum* 'Gravetye Giant' und Lilien, wie etwa die goldgefleckte *Lilium* 'Citronella' mit elegant zurückgebogenen Blütenblättern. Die Klivie *(Clivia miniata)*, eine aus Südafrika stammende frostempfindliche, immergrüne Waldpflanze, gilt ebenfalls als Schattenpflanze. Im Wintergarten entfaltet auch die Stinkende Nieswurz *(Helleborus foetidus)* exotisches Flair.

Täuschend exotisch

Zu den nicht-subtropischen Pflanzen, die in ihrer Wuchsform aber durchaus »exotisch« wirken, gehören winterharte Zwiebelblumen mit architektonischem Laub, wie etwa die Lilien. *Lilium* 'African Queen' wirkt mit den bis zu 1,5 m hoch aufragenden Stängeln apricot-orangefarbener Blüten durchaus exotisch. Ähnlich im Wuchs ist die intensiv gelbe Form 'Golden Splendour', die bis zu 2 m hoch wird; farblich ließe sie sich durch die kleinere 'Monte Negro' mit tief kastanienroten, einfach blühenden Blüten ausgleichen. Die karminrote Form 'Stargazer' zeigt weiß umrandete Blütenblätter und duftet intensiv. Solche Imitationen exotischer Pflanzen fügen sich gut in den Kreis echter »Exoten« ein.

Einen Schuss Farbe bringen große Gruppen der Inkalilie *(Alstroemeria-*Ligtu-Hybriden) ein, Stauden mit kleinen Lilienblüten in leuchtendem Orange, zartem Apricot, Bernsteingelb, Altgold, Rubinrot, staubigem Pink und Zimtrot, alle mit tiefroten, purpurvioletten oder braunen Kontraststreifen entlang der inneren Petalen. Aber auch anderen mehrjährigen Gartenpflanzen könnte man das Etikett »exotisch« verleihen. Man denke nur an Fackellilien wie *Kniphofia* 'Prince Igor' mit säulenartig aufragenden, leuchtend orange-roten Blütenständen im Spätsommer, oder an die etwas kleinere rot- und gelbblühende Form *K.* 'Atlanta' für den Frühsommer, auf die im Hochsommer *K.* 'Shining Sceptre' mit orangefarben überlaufenen gelben Blüten folgen könnte. Fluoreszierende Farben bringt die kleinere *Gazania*-Chansonette-Serie ein. Auch Montbretien mit schwertförmigen Blättern und farbenfroh leuchtenden Blüten überzeugen als exotisch wirkende Partner, so etwa die bekannte feuerrote *Crocosmia* 'Lucifer', die über 1 m hoch wird, und die kleinere *C.* 'Solfatare' mit apricotgelben Blüten und bronzefarbenem Laub.

Pflanzenlexikon – nach Farben geordnet

Pflanzen, nach Farben geordnet

Ich beziehe mich in diesem Buch auf eine Vielzahl von Pflanzen. Die meisten sind bekannt, manche der neueren sind in den letzten Jahren überall erhältlich, während andere ausgesprochene Neulinge darstellen und als Hybridformen oder Sorten bislang nur über die Züchter bezogen werden können. Eine ausgezeichnete Informationsquelle für Großbritannien ist der von der Royal Horticultural Society herausgegebene *Plant Finder,* dem für andere Länder, darunter auch Deutschland, der *PPPIndex* entspricht. Beide Bücher werden jährlich neu aufgelegt.

Der Leser wird selbstverständlich auch seine persönlichen Lieblingspflanzen haben, und manch einer wird gern experimentieren. Was die Pflanzenkombinationen in diesem Buch angeht, so lassen sich einige der Pflanzen natürlich auch auswechseln. Die im Folgenden aufgeführten Listen bieten Alternativen innerhalb einer bestimmten Farbgruppe. Dabei sind auch die Größen zu berücksichtigen, die durchgängig verzeichnet sind. Des weiteren wird auch auf spezielle Ansprüche der Pflanzen eingegangen, wie etwa sauren Boden oder feuchte Standorte.

SCHLÜSSEL

M	Staude (mehrjährige Pflanze)
Str	Strauch
B	Baum
E	Ein- oder zweijährige Pflanze bzw. kurzlebige Staude, die als Einjährige zu behandeln ist
Z	Zwiebelpflanze (einschließlich Knollen- sowie Rhizompflanzen)
K	Kletterpflanze (ohne Höhenangaben)
N	Nadelgehölz (Konifere)
G	Gras oder Segge (Sauergras)
Ste	Steingartenpflanze (bzw. kleine Alpinumpflanze)

HÄRTEZONEN

Die in diesem Buch verwendeten Angaben zur Frostverträglichkeit der Pflanzen (wo nötig angegeben) sind wie folgt definiert:

- **Völlig frostharte Pflanzen** vertragen Temperaturen bis –15 °C
- **Frostharte Pflanzen** vertragen Temperaturen bis –5 °C
- **Bedingt frostharte Pflanzen** vertragen Temperaturen bis 0 °C
- **Frostempfindliche Pflanzen** sind bereits bei Temperaturen unter 5 °C gefährdet.

Blütenfarben

Rottöne

Intensive Rottöne (Scharlach-, Blutrot)

Astilbe 'Fanal' M
45 cm mal 40 cm (feuchter Boden)

Crocosmia 'Lucifer' M
1,2 m mal 8 cm

Dahlia 'Bishop of Llandaff' Z
1,1 m mal 45 cm

Dahlia 'Alva's Doris' Z
1,2 m mal 60 cm

Eccremocarpus scaber K

Geum 'Mrs. J. Bradshaw' M
60 cm mal 60 cm

Gladiolus 'Anitra' Z
1,7 m mal 15 cm

Hemerocallis 'Christmas Is' M
80 cm mal m

Hemerocallis 'Stafford' M
70 cm mal 1 m

Heuchera 'Red Spangles' M
50 cm mal 25 cm

Kniphofia 'Prince Igor' M
1,6 m mal 90 cm

Lapageria rosea K

Lychnis × arkwrightii 'Vesuvius' M
45 cm mal 30 cm

Lychnis chalcedonica M
1,2 m mal 30 cm

Monarda 'Cambridge Scarlet' M
90 cm mal 45 cm

Papaver orientale 'Beauty of Livermere' M
1,2 m mal 90 cm

Papaver orientale 'Türkenlouis' M
90 cm mal 90 cm

Potentilla 'Etna' M
45 cm mal 60 cm

Potentilla 'Flamenco' M
45 cm mal 60 cm

Potentilla 'Volcan' M
60 cm mal 60 cm

Rhododendron 'Koster's Brilliant Red' Str (saurer Boden)
1,2 mal 1,2 m

Rosa 'Danse de Feu' Str
2,5 m mal 2,5 m

Schizostylis coccinea 'Major' M
60 cm mal 30 cm

Tulipa 'Couleur Cardinal' Z
35 cm

Kühle Rottöne (Karmin-, Kirsch-, Magentarot)

Achillea millefolium 'Cerise Queen' M
60 cm mal 60 cm

Centranthus ruber M
1 m mal 1 m

Geranium psilostemon M
90 cm mal 60 cm

Geranium × riversleaianum 'Russell Prichard' M
30 cm mal 1 m

Gladiolus 'Cherry Pie' Z
1,7 m mal 15 cm

Hemerocallis 'Summer Wine' M
60 cm mal 70 cm

Iris 'Gypsy Jewels' M
90 cm mal 80 cm

Lavatera 'Burgundy Wine' Str
2 m mal 2 m

Lychnis coronaria M (silbernes Laub)
80 cm mal 45 cm

Penstemon 'Garnet' M
75 cm mal 60 cm

Phlox paniculata 'Starfire' M
90 cm mal 60 cm

Rhododendron 'Cynthia' Str
6 m mal 6 m (saurer Boden)

Tanacetum coccineum 'Brenda' M
80 cm mal 45 cm

Blasse Rottöne (Pink, Rosa, Altrosa)

Anemone × hybrida 'Margarete' (= 'Lady Gilmour') M
1,2 m mal 1,2 m

Astilbe × arendsii 'Cattleya' M
90 cm mal 60 cm

Dahlia 'Conway' M
1,1 m mal 60 cm

Deutzia × elegantissima 'Rosealind' Str
1,2 m mal 1,5 m

Diascia rigescens M
30 cm mal 50 cm

Filipendula purpurea M
1,2 m mal 60 cm (feuchter Boden)

Fuchsia 'Jack Shahan' Str
45 cm mal 60 cm

Geranium cinereum 'Ballerina' Str
15 cm mal 30 cm

Linaria purpurea 'Canon Went' M
90 cm mal 30 cm

Malva moschata M
90 cm mal 60 cm

Monarda 'Beauty of Cobham' M
90 cm mal 45 cm

Papaver orientale 'Cedric's Pink' M
90 cm mal 90 cm

Papaver orientale 'Patty's Plum' M
75 cm mal 60 cm

Phlox paniculata 'Bright Eyes' M
1,2 m mal 60 cm

Phlomis tuberosa 'Amazone' M
1,5 m mal 75 cm

Rhododendron 'Hino-mayo' Str
60 cm mal 60 cm (saurer Boden)

Sidalcea malviflora 'Loveliness' M
75 cm mal 45 cm

Sedum 'Herbstfreude' M
60 cm mal 60 cm

Dunkle Rottöne (Schokoladen-, Wein-, Kastanienrot)

Alstroemeria 'Margaret' Z
1,1 m mal 75 cm

Astrantia major 'Hadspen Blood' M
60 cm mal 45 cm

Allium sphaerocephalon Z
90 cm mal 8 cm

Cirsium rivulare 'Atropurpureum' M
1,2 m mal 60 cm

C. 'Niobe' K

Cosmos atrosanguineus M
75 cm mal 45 cm

Fuchsia 'Margaret' Str
1,2 m mal 1,2 m

Geranium phaeum 'Samobor' M
80 cm mal 45 cm

Helianthemum 'Velvet Queen' E
2 m mal 1,2 m

Helianthus 'Claret' E
2 m mal 45 cm

Iris 'Red Lion' Z
90 cm mal 70 cm

Knautia macedonica M
80 cm mal 45 cm

Lilium 'Black Beauty' Z
2 m mal 40 cm

Lilium 'Monte Negro' Z
60 cm

Penstemon 'Burgundy' M
90 cm mal 45 cm

Rhododendron 'Purple Splendour' Str
3 m mal 3 m (saurer Boden)

Rosa 'Charles de Mills' Str
1,2 m mal 1,2 m

Rosa 'Guinee' K

Rosa 'Sympathie' K

Rosa 'William Shakespeare' Str
1,2 m mal 1,2 m

Paeonia officinalis 'Rubra Plena' M
75 cm mal 75 cm

Phlox paniculata 'Düsterlohe' M
1,2 m mal 60 cm

Tulipa 'Burgundy' Z
75 cm

Tulipa 'Queen of Night' Z
70 cm

Blau

Intensive Blautöne (Kobalt-, Saphir-, Kornblumenblau)

Agapanthus 'Headbourne Hybriden' Z
90 cm mal 60 cm

Agapanthus 'Lilliput' M
40 cm mal 40 cm

Ceratostigma plumbaginoides Str
45 cm mal 30 cm

Clematis 'Polish Spirit' K

Delphinium 'Atlantis' (Belladonna-Gruppe) M
1–1,2 m mal 90 cm

Delphinium 'Blue Nile' M
1,7 m mal 90 cm

Echinops ritro 'Veitch's Blue' M
90 cm mal 45 cm

Geranium 'Rozanne' M
50 cm mal 90 cm

Geranium wallichianum 'Buxton's Variety' M
30 cm mal 1,2 m

Gladiolus 'Blue Delight' Z
1,7 m mal 15 cm

Hibiscus syriacus 'Blue Bird' Str
3 m mal 2 m

Hydrangea macrophylla 'Blue Wave' Str
1,5 cm mal 2,4 m

Nigella damascena 'Miss Jekyll' E
45 cm mal 23 cm

Rosmarinus officinalis 'Benenden Blue' Str
1,5 m mal 1,5 m

Salvia guaranitica 'Blue Enigma' M
1,5 m mal 90 cm

Salvia nemorosa 'Ostfriesland' M
60 cm mal 45 cm

Solanum crispum 'Glasnevin' K

Veronica austriaca subsp. *teucrium* 'Crater Lake Blue' M
25 cm mal 40 cm

Blasse Blautöne (Himmel-, Pastell-, Lavendelblau)

Campanula persicifolia 'Telham Beauty' M
90 cm mal 30 cm

Campanula lactiflora 'Prichard's Variety' M
1 m mal 60 cm

Ceanothus 'Cascade' Str
4 m mal 4 m

Ceanothus 'Gloire de Versailles' Str
1,5 m mal 1,5 m

Delphinium 'Blue Bees' (Belladonna-Gruppe) M
1 m mal 1,2 m

Geranium pratense 'Mrs. Kendall Clarke' M
80 cm mal 60 cm

Iris 'Jane Phillips' Z
85 cm

Iris sibirica 'Flight of Butterflies' M
75 cm

Limonium latifolium 'Blue Cloud' M
60 cm mal 45 cm

Linum grandiflorum 'Caeruleum' E
45 cm mal 15 cm

Nigella damascena A
40 cm mal 23 cm

Perovskia atriplicifolia 'Blue Spire' Str
1,2 m mal 1 m

Scabiosa caucasica 'Clive Greaves' M
76 cm mal 60 cm

Scabiosa 'Butterfly Blue' M
40 cm mal 40 cm

Dunkle Blautöne (Preußisch-, Indigo-, Tinten- und Marineblau)

Aconitum carmichaelii M
1,8 m mal 40 cm

Aconitum 'Spark's Variety' M
1,2 m mal 1,5 m

Agapanthus campanulatus 'Isis' M
75 cm mal 30 cm

Agapanthus inapertus M
80 cm mal 60 cm

Campanula glomerata 'Superba' M
60 cm mal 45 cm

Caryopteris × *clandonensis* 'Heavenly Blue' Str
1 m mal 1,5 m

Ceanothus 'Concha' Str
2,4–3 m mal 3 m

Clematis × *durandii* K

Clematis 'The President' K

Delphinium 'Blue Tit' M
1,7 m mal 90 cm

Geranium ibericum M
45 cm mal 60 cm

Iris 'Titan's Glory' Z
60 cm

Lupinus 'Blueberry Pie' M
90 cm mal 75 cm

Myosotis sylvatica 'Ultramarine' E
15 cm mal 20 cm

Nepeta 'Souvenir d'André Chaudron' M
45 cm mal 45 cm

Salvia farinacea 'Victoria' E
60 cm mal 30 cm

Salvia nemorosa 'Mainacht' M
70 cm mal 45 cm

Salvia patens M
60 cm mal 45 cm

Gelb

Intensive Gelbtöne (Gold-, Rahm-, Senfgelb)

Achillea filipendula 'Gold Plate' M
1,2 m mal 45 cm

Centaurea macrocephala M
1,5 m mal 60 cm

Coreopsis grandiflora 'Early Sunrise' E
45 cm mal 45 cm

Coreopsis grandiflora 'Mayfield Giant' M
90 cm mal 45 cm

Coronilla valentina Str
1,5 m mal 1,5 m

Crocosmia × crocosmiiflora 'Solfatare' M
60 cm mal 8 cm

Dahlia 'Yellow Hammer' Z (braunes Laub)
60 cm mal 45 cm

Fremontodendron 'California Glory' K

Geum 'Lady Stratheden' M
60 cm mal 60 cm

Hedychium gardnerianum Z
2,2 m mal 1 m (frostempfindlich)

Helenium 'Goldrausch' M
1,5 m mal 60 cm

Hemerocallis 'Berlin Yellow' M
90 cm mal 90 cm

Hemerocallis 'Corky' M
70 cm mal 40 cm

Inula magnifica M
1,8 mal 1 m

Lilium 'Connecticut King' Z
1 m mal 40 cm

Lilium 'Golden Splendour' Z
2 m mal 50 cm

Rosa 'Gloire de Dijon' K

Rudbeckia 'Herbstsonne' M
2 m mal 90 cm

Rudbeckia laciniata 'Goldquelle' M
90 cm mal 45 cm

Rudbeckia fulgida var. sullivantii 'Goldsturm' M
60 cm mal 45 cm

Solidago 'Crown of Rays' M
60 cm mal 45 cm

Solidago 'Linner Gold' M
90 cm mal 45 cm

Thermopsis montana M
90 cm mal 60 cm

Tulipa 'West Point' Z
50 cm

Verbascum 'Cotswold Queen' M
1,2 m mal 30 cm

Blasse Gelbtöne (Zitronen-, Primel-, Cremegelb)

Achillea 'Taygetea' M
60 cm mal 45 cm

Achillea × lewisii 'King Edward' Ste
12 cm mal 23 cm

Aconitum 'Ivorine' M
90 cm mal 45 cm

Anthemis tinctoria 'E.C. Buxton' M
45 cm mal 90 cm

Anthemis tinctoria 'Sauce Hollandaise' M
60 cm mal 60 cm

Argyranthemum frutescens 'Jamaica Primrose' M
1 m mal 1 m

Cephalaria gigantea M
2,5 m mal 60 cm

Coreopsis verticillata 'Moonbeam' M
50 cm mal 45 cm

Cytisus × kewensis Str
30 cm mal 1,5 m

Helianthemum 'Wisley Primrose' Str
30 cm mal 45 cm

Helianthus 'Lemon Queen' M
1,7 m mal 1,2 m

Helichrysum 'Schweffellicht' M (graulaubig)
40 cm mal 30 cm

Hemerocallis 'Marion Vaughn' M
85 cm mal 75 cm

Kniphofia 'Little Maid' M
60 cm mal 45 cm

Kniphofia 'Shining Sceptre' M
1,2 m mal 60 cm

Lupinus arboreus Str
2 m mal 2 m

Lupinus 'Chandelier' M
90 cm mal 75 cm

Nepeta govaniana M
90 cm mal 60 cm

Phlomis russeliana M
90 cm mal 75 cm

Phygelius aequalis 'Yellow Trumpet' Str
90 cm mal 90 cm

Potentilla fruticosa 'Primrose Beauty' Str
75 cm mal 1,2 m

Potentilla fruticosa 'Tilford Cream' Str
60 cm mal 1 m

Rhododendron 'Chink' Str (saurer Boden)
60 cm mal 60 cm

Santolina chamaecyparissus var. *nana* (Syn.: *S. c.* var. *corsica)* 'Lemon Queen' Str
60 cm mal 60 cm

Santolina rosmarinifolia 'Primrose Gem' Str
60 cm mal 90 cm

Santolina pinnata subsp. *neapolitana* 'Sulphurea' Str (graulaubig)
75 cm mal 90 cm

Scabiosa columbaria var. *ochroleuca* M
60 cm mal 40 cm

Sisyrinchium striatum M
60 cm mal 60 cm

Thalictrum flavum subsp. *glaucum* M
90 cm mal 60 cm

Verbascum 'Gainsborough' M
1,2 m mal 30 cm

Purpurviolett

Dunkle Purpurviolett-Töne (Tiefes Violett, Kardinalpurpur)

Campanula latifolia var. *macrantha* M
90 cm mal 60 cm

Dahlia 'Hillcrest Royal' Z
1,1 m mal 60 cm

Delphinium 'Piccolo' (Belladonna-Gruppe) M
1–1,2 m mal 90 cm

Geranium clarkei × *collinum* 'Kashmir Purple' M
50 cm mal 45 cm

Geranium × *magnificum* M
60 cm mal 60 cm

Heliotropium arborescens 'Marine' E
45 cm mal 30 cm

Helleborus × *hybridus* 'Pluto' M
45 cm mal 45 cm

Iris 'Black Swan' M
75 cm

Iris 'Demon' Z
30 cm

Iris 'Langport Chapter' M
50 cm

Lavandula angustifolia 'Hidcote' Str (graulaubig)
60 cm mal 75 cm

Limonium latifolium 'Violetta' M
60 cm mal 45 cm

Lupinus 'Storm' M
90 cm mal 75 cm

Phlox paniculata 'Blue Paradise' M
90 cm mal 70 cm

Thalictrum aquilegiifolium 'Thundercloud' M
1 m mal 45 cm

Veronica spicata 'Romiley Purple' M
90 cm mal 30 cm

Blasse Purpurviolett-Töne (Lila und Mauve)

Geranium sylvaticum 'Mayflower' M
75 cm mal 60 cm

Hemerocallis 'Lilac Wine' M
40 cm mal 40 cm

Nepeta 'Six Hills Giant' M
90 cm mal 60 cm

Penstemon 'Alice Hindley' M
90 cm mal 45 cm

Penstemon 'Sour Grapes' M
60 cm mal 45 cm

Penstemon 'Stapleford Gem' M
60 cm mal 45 cm

Phlox paniculata 'Eventide' M
90 cm mal 60 cm

Phlox paniculata 'Toits de Paris' M
90 cm mal 60 cm

Rhododendron 'Blue Diamond' Str (saurer Boden)
1 m mal 1,2 m

Rosa 'Bleu Magenta' Str
3,6 m mal 3 m

Salvia nemorosa 'Dear Anja' M
60 cm mal 45 cm

Syringa pubescens subsp. *patula* 'Miss Kim' Str
2 m mal 1,5 m)

Thalictrum delavayi 'Hewitt's Double' M
1,2 m mal 60 cm

Tulipa 'Bleu Aimable' Z
55 cm

Verbena bonariensis M
1,5 m mal 45 cm

Viola 'Inverurie Beauty' M
15 cm mal 20 cm

Viola cornuta 'Boughton Blue' M
15 cm mal 15 cm

Wisteria floribunda 'Macrobotrys' K

Orange

Intensive Orangetöne (Flammenfarben)

Achillea 'Forncett Fletton' M
75 cm mal 45 cm

Alstroemeria aurea 'Dover Orange' Z
80 cm mal 75 cm

Berberis darwinii 'Flame' Str
1,5 mal 1,5 m

Campsis × *tagliabuana* 'Madame Galen' K

Colutea × *media* Str (blaugrün)
3 m mal 3 m

Crocosmia × *crocosmiiflora* 'Emily McKenzie' M
60 cm mal 8 cm

Dahlia 'David Howard' Z
90 cm mal 50 cm

Euphorbia griffithii 'Fireglow' M
75 cm mal 1 m

Fritillaria imperialis 'Aurora' Z
90 cm

Geum coccineum 'Borisii' (Syn.: *Geum* × *borisii*) M
60 cm mal 30 cm

Helenium 'Sahin's Early Flowerer' M
75 cm mal 60 cm

Hemerocallis 'Mikado' M
90 cm mal 90 cm

Iris spuria 'Imperial Bronze' M
90 cm

Iris 'Gingerbread Man' M
35 cm

Kniphofia 'Bees' Sunset' M
90 cm mal 60 cm

Leonotis leonurus M
2 m mal 1 m

Lilium 'African Queen' Z
1,5–2 m

Lilium lancifolium var. *splendens* (Syn.: *L. tigrinum*) Z (saurer Boden)
60 cm–5 m

Lilium superbum Z (saurer Boden)
60–90 m

Phygelius × *rectus* 'African Queen' Str
90 cm mal 1,2 m

Pilosella aurantiaca (Syn.: *Hieracium aurantiacum*) M
20 cm mal 90 cm

Potentilla fruticosa 'Tangerine' Str
1 m mal 1 m

Rhododendron 'Spek's Brilliant' (Azalee) Str (saurer Boden)
2,5 m mal 2,5 m

Rosa 'Orange Sensation' Str
70 cm mal 60 cm

Rosa 'Warm Welcome' Str
2 m mal 1,5 m

Blasse Orangetöne (Apricot-, Pfirsichtöne)

Diascia barberae 'Hopley's Apricot' Ste
25 cm mal 25 cm

Digitalis ferruginea 'Apricot Hybrids' E
1 m mal 45 cm

Kniphofia 'Shining Sceptre' M
1 m mal 60 cm

Lupinus 'Amber Glow' M
45 cm mal 60 cm

Hemerocallis 'Michelle Coe' M
1 m mal 75 cm

Rosa 'Meg' K

Tulipa 'Apricot Beauty' Z
40 cm

Dunkle Orangetöne (Kupfer-, Zimt- und Rosttöne)

Achillea 'Walther Funcke' M
60 cm mal 45 cm

Chrysanthemum 'Bronze Elegance' M
90 cm mal 60 cm

Helenium 'Coppelia' M
90 cm mal 60 cm

Helenium 'Julisamt' M
90 cm mal 60 cm

Helenium 'Moerheim Beauty' M
90 cm mal 60 cm

Helianthus 'Velvet Queen' E
1,5 m mal 60 cm

Hemerocallis 'Mauna Loa' M
50 cm mal 1 m

Iris 'Tuscan' Z
90 cm

Kniphofia 'Cobra' M
1 m mal 45 cm

Rudbeckia 'Chim Chiminee' E
60 cm mal 45 cm

Grün

Mittlere und dunkle Grüntöne (Gras-, Apfel-, Jade- und Smaragdgrün)

Angelica archangelica M
2 m mal 1,2 m

Aquilegia viridiflora M
30 cm mal 20 cm

Astrantia major subsp. *involucrata* 'Shaggy' M
90 cm mal 60 cm

Bupleurum fruticosum Str
2 m mal 2,5 m

Chenopodium botrys 'Green Magic' E
1,2 m mal 60 cm

Euphorbia characias subsp. *wulfenii* Str
1,2 m mal 1,2 m

Euphorbia polychroma M
40 cm mal 60 cm

Helleborus argutifolius (Syn.: *Helleborus corsicus)* M
1,2 m mal 90 cm

Helleborus foetidus M
80 cm mal 45 cm

Heuchera 'Green Ivory' M
5 cm mal 75 cm

Iris 'Green Ice' Z
86 cm

Iris 'Cleo Murrell' Z
90 cm

Itea ilicifolia Str
5 m mal 3 m

Kniphofia 'Green Jade' M
1,5 m mal 60 cm

Kniphofia 'Percy's Pride' M
1,2 m mal 60 cm

Molucella laevis A
90 cm mal 23 cm

Nicotiana langsdorfii A
1,5 m mal 35 cm

Nicotiana 'Lime Green' E
60 cm mal 25 cm

Paris polyphylla M
90 cm mal 30 cm

Smyrnium perfoliatum M
80 cm mal 60 cm

Stachyurus praecox Str
4 m mal 3 m

Tulipa 'Spring Green' Z
45 cm

Weiß

Anemone × hybrida 'Luise Uhink' M
1,2 m mal 60 cm

Anemone × hybrida 'Wirbelwind' M
1,2 m mal 60 cm

Anthemis cupaniana Str (silberlaubig)
30 cm mal 50 cm

Aquilegia vulgaris 'Nivea' M
90 cm mal 45 cm

Campanula persicifolia 'Hampstead White' M
90 cm mal 30 cm

Chaenomeles speciosa 'Nivalis' Str
2,5 m mal 5 m

Chaenomeles × superba 'Jet Trail' Str
1,5 m mal 2 m

Choisya 'Aztec Pearl' Str
2,5 m mal 2,5 m

Cistus × cyprius Str
1,5 m mal 1,5 m

Dicentra spectabilis 'Alba' M
1,2 m mal 45 cm

Escallonia 'Iveyi' Str
3 m mal 3 m

Hydrangea arborescens 'Annabelle' Str
2,5 m mal 2,5 m

Hydrangea quercifolia 'Snow Flake' Str
2 m mal 2,5 m

Leucanthemum × superbum 'Phyllis Smith' M
90 cm mal 60 cm

Leucanthemum × superbum 'Wirral Supreme' M
90 cm mal 75 cm

Lilium regale var. *album* Z
1,5 m

Myrtus communis 'Tarentina' Str
1,5 m mal 1,5 m

Papaver orientale 'Black and White' M
1,2 m mal 90 cm

Phlox paniculata 'Fujiyama' M
75 cm mal 60 cm

Romneya coulteri Str (graulaubig)
2,5 m mal 3 m

Syringa vulgaris 'Mme Lemoine' Str
7 m mal 7 m

Trachelospermum jasminoides 'Album' K

Tulipa 'White Triumphator' Z
75 cm

Andere Farben

Braun (Sepia-, Kastanien-, Bronzebraun)

Chrysanthemum 'Brennpunkt' M
80 cm mal 45 cm

Gladiolus 'Mileesh' Z
1,7 m mal 15 cm

Kniphofia 'Toffee Nosed' M
1 m mal 60 cm

Rosa 'Edith Holden' Str
1,5 m mal 1 m

»Schwarz« (extremes Dunkelbraun, tiefes Purpurviolett, Nachtblau)

Alcea rosea 'Nigra' E
2 m mal 45 cm

Alcea rosea 'Jet Black' E
1,8 m mal 45 cm

Aquilegia vulgaris var. *stellata* 'Black Barlow' M

Centaurea cyanus 'Black Ball' E
35 cm mal 25 cm

Delphinium 'Faust' M
2 m mal 75 cm

Dianthus barbatus Nigrescens-Gruppe 'Sooty' E (zweijährig)
45 cm mal 45 cm

Ipomoea purpurea 'Kniolan's Black' E K

Iris 'Black Taffeta' Z
80 cm

Iris 'Midnight Oil' Z
90 cm

Ranunculus asiaticus Turban-Guppe 'Nearly Black' Z
45 cm mal 20 cm

Scabiosa 'Chile Black' M
45 cm mal 30 cm

Viola 'Blackjack' Ste
15 cm mal 15 cm

Viola 'Molly Sanderson' Ste
15 cm mal 15 cm

Viola tricolor 'Bowles' Black' E
10 cm to 20 cm

Viola × wittrockiana 'Black Moon' E
20 cm mal 30 cm

Gemischte und gedämpfte Töne

Digitalis ferruginea M (rehbraun, gelb, braun)
1,2 m mal 45 cm

Erysimum 'Jacob's Jacket' M (bronze, orange, lila)
30 cm mal 45 cm

Iris 'Brown Lasso' M (lavendel, braun und golden)
90 cm

Iris 'Langport Duchess' M (violett, kaffeebraun, bronzefarben und golden)
40 cm

Lantana camara Str oder E (orange, pinkfarben, gelb und creme)
2 m mal 2 m

Viola × wittrockiana Joker Serie Ste (zweifarbig, Stiefmütterchen-Gesicht mit Blau, Mahagoni, Gold und Violett)
23 cm mal 30 cm

Laubfarben

Grün

Mittelgrün (frisches Minz-, Apfel-, Jadetöne)

Choisya ternata Str
2,5 m mal 2,5 m

Euphorbia characias subsp. *wulfenii* 'John Tomlinson' Str
1,2 m mal 1,2 m

Ficus carica 'Brown Turkey' Str/B
3 m mal 4 m

Foeniculum vulgare M
1,8 m mal 45 cm

Griselinia littoralis Str
8 m mal 5 m

Hebe albicans Str
60 cm mal 90 cm

Paris polyphylla (Syn.: *Daiswa polyphylla* M
90 cm mal 30 cm

Pittosporum tenuifolium 'Irene Paterson' Str
1,2 m mal 60 cm

Santolina chamaecyparissus 'Lemon Queen' Str
60 cm mal 60 cm

Dunkle Grüntöne (Flaschen-, Olivgrün)

Aucuba japonica 'Rozannie' Str
1 m mal 1 m

Osmanthus delavayi Str
6 m mal 4 m

Prunus laurocerasus 'Zabeliana' Str
1 m mal 2,5 m

Prunus lusitanica Str
20 m mal 20 m

Pyracantha in Sorten Str

Taxus baccata N
20 m mal 10 m

Viburnum tinus 'Eve Price' Str
5 m mal 4 m

Rot- und Purpurviolett

(Pflaumen-, Wein- und Kastanienrot)

Acer platanoides 'Crimson Sentry' B
12 m mal 5 m

Berberis thunbergii 'Atropurpurea' Str
2,5 m mal 2,5 m

Cercis canadensis 'Forest Pansy' Str
5 m mal 5 m

Cordyline australis 'Purple Tower' B
3–10 m by 1–4 m

Cordyline australis 'Torbay Red' B
3–10 m by 1–4 m

Cotinus coggygria 'Royal Purple' Str
5 m mal 5 m

Dahlia 'Bishop of Llandaff' M
1,1 m mal 45 cm

Dahlia 'David Howard' M
1 m mal 50 cm

Gleditsia triacanthos 'Rubylace' B
15 m mal 10 m

Heuchera micrantha var. *diversifolia* 'Palace Purple' M (Ähnliche *Heuchera*-Sorten sind: 'Chocolate Ruffles', 'Black Velvet', 'Velvet Night', 'Purple Ace', 'Rachael', 'Harry Hay' und 'Can Can')
alle 45–60 cm mal 45–60 cm

Lobelia 'Dark Crusader' M (feuchter Boden)
90 cm mal 30 cm

Phormium tenax 'Purpureum' M
3 m mal 2 m

Prunus pissardii 'Nigra' (Syn.: *Prunus cerasifera* 'Pissardii') B
10 m mal 10 m

Weigela florida 'Foliis Purpureis' Str
1 m mal 1,5 m

Brauntöne und Schwarz

(Bronze-, Schokoladen-, Kastanien-, Schwarzbraun- und Ebenholztöne)

Acer palmatum 'Chitosayama' Str
2 m mal 3 m

Carex buchananii G
60 cm mal 90 cm

Carex comans 'Bronze Form' G
35 cm mal 75 cm

Carex flagellifera G
1,1 m mal 90 cm

Carex petrei G (pink-braun)
25 cm mal 15 cm

Cimicifuga simplex 'Brunette' M
1,2 m mal 60 cm

Corylus maxima 'Purpurea' Str
7 m mal 5 m

Eupatorium rugosum 'Chocolate' M
1,8 m mal 60 cm

Euphorbia dulcis 'Chameleon' M
30 cm mal 30 cm

Fagus sylvatica 'Dawyck Purple' B
20 m mal 5 m

Fagus sylvatica 'Purpurea Pendula' B
3 m mal 3 m

Fagus sylvatica 'Riversii' B
25 m mal 15 m

Foeniculum vulgare 'Purpureum' M
1,8 m mal 45 cm

Lychnis × arkwrightii 'Vesuvius' M
45 cm mal 30 cm

Lysimachia ciliata 'Firecracker' M
1,2 m mal 60 cm

Ophiopogon planiscapus 'Nigrescens' M
20 cm mal 30 cm

Phormium tenax 'Bronze Baby' Str
80 cm mal 80 cm

Physocarpus opulifolius 'Diabolo' Str
1,2.m mal 2 m

Pittosporum tenuifolium 'Nigricans' Str
3 m mal 1,5 m

Ranunculus ficaria 'Brazen Hussy' Ste
5 cm mal 30 cm

Ricinus communis 'Impala' Str
1,2 m mal 1,2 m

Sambucus nigra 'Black Beauty' (= 'Gerda') Str
2 m mal 2 m

Sambucus nigra 'Guincho Purple' Str
2 m mal 2 m

Uncinia rubra G
30 cm mal 35 cm

Viburnum sargentii 'Onondaga' Str
2 m mal 2 m

Gelb

(Gold-, Primel-, Rahm- und Limonengelb)

Gleditsia triacanthos 'Sunburst' B
12 m mal 10 m

Helichrysum 'Schwefellicht' M
40 cm

Hosta 'August Moon' M
50 cm mal 75 cm

Hosta 'Zounds' M
55 cm mal 1 m

Luzula sylvatica 'Aurea' G
70 cm mal 45 cm

Milium effusum 'Aureum' G
60 cm mal 30 cm

Philadelphus coronarius 'Aureus' Str
2,5 m mal 1,5 m

Pittosporum tenuifolium 'Warnham Gold' Str
8 m mal 4 m

Stachys byzantina 'Primrose Heron' Str
45 cm mal 60 cm

Silber und Grau

Anthemis punctata subsp. *cupaniana* M
30 cm mal 90 cm

Artemisia alba 'Canescens' M
45 cm mal 30 cm

Artemisia ludoviciana 'Valerie Finnis' M
60 cm mal 60 cm

Artemisia schmidtiana 'Nana' M
30 cm mal 45 cm

Artemisia 'Powis Castle' M
60 cm mal 90 cm

Convolvulus cneorum Str
60 cm mal 90 cm

Elaeagnus angustifolia 'Quicksilver' Str
4 m mal 4 m

Elymus hispidus G
75 cm mal 40 cm

Hebe 'Pewter Dome' Str
40 cm mal 60 cm

Hebe pimeleiodes 'Quicksilver' Str
45 cm mal 60 cm

Heuchera 'Pewter Moon' M
40 cm mal 30 cm

Lavandula angustifolia 'Hidcote' Str
60 cm mal 75 cm

Macleaya cordata M
2,5 m mal 1 m

Melianthus major M
3 m mal 3 m

Pyrus salicifolia 'Pendula' B
5 m mal 4 m

Santolina chamaecyparissus Str
50 cm mal 1 m

Stachys byzantina 'Silver Carpet' Str
45 cm mal 60 cm

Blau

Brahea armata Str (frostempfindliche Palme)
15 m mal 7 m

Elymus magellanicus G
15 cm mal 30 cm

Eryngium amethystinum M
70 cm mal 70 cm

Eryngium × oliverianum M
90 cm mal 45 cm

Festuca glauca 'Elijah Blue' G
30 cm mal 25 cm

Helictotrichon sempervirens (Syn.: *Avena candida*) G
1,4 m mal 60 cm

Hosta 'Blue Angel' M
1 m mal 1,2 m

Hosta 'Halcyon' M
40 cm mal 70 cm

Leymus arenarius G
1,5 m

Ruta graveolens 'Jackman's Blue' Str
60 cm mal 75 cm

Panaschiert

(Weiße und gelbe Panaschierung)

Astrantia major 'Sunningdale Variegated' M
90 cm mal 45 cm

Cornus alba 'Elegantissima' Str
3 m mal 3 m

Cornus alba 'Spaethii' Str
3 m mal 3 m

Euonymus fortunei 'Emerald Gaiety' Str
90 cm mal 1,5 m

Iris pallida 'Argentea Variegata' M
1,2 m

Ophiopogon jaburan 'Vittatus' M
60 cm mal 30 cm

Phormium 'Sundowner' Str
2 m mal 2 m

Philadelphus coronarius 'Variegatus' Str
2,5 m mal 2 m

Sisyrinchium striatum 'Aunt May' M
50 cm mal 25 cm

Weigela florida 'Variegata' Str
2,5 m mal 2,5 m

Stichwortverzeichnis

Kursiv gesetzte Seitenzahlen beziehen sich auf Abbildungen.

Danksagung

Danksagung der Autorin

Mein Dank gilt dem Quadrille-Verlagsteam, das sich wie immer durch Gründlichkeit, Kooperationsbereitschaft und Professionalität auszeichnete. Danken möchte ich aber auch der Royal Horticultural Society, denn beide haben wesentlich zum Entstehen dieses Buches beigetragen. Jane O'Shea begleitete dieses Projekt von Anfang an mit großem Interesse und gleichbleibender Unterstützung. Françoise Dietrich gelang es erneut, ein Buch zu schaffen, das Originalität und Atmosphäre ausstrahlt, während Lynne Robinson und Richard Lowther meine Pflanzpläne in stilvolle Illustrationen umzusetzen wussten, die die Freude und dekorative Wirkung von Farbe zum Ausdruck bringen. Die ausgezeichneten Fotografien von Marianne Majerus zeigen Gärten, die beispielhaft für den einfühlsamen Umgang mit Farbe stehen. Nicht zuletzt möchte ich Carole McGlynn meine Anerkennung für die sorgfältige Redaktion aussprechen. Sie begrüßt jedes neue Projekt mit Enthusiasmus und war mir mit ihrem klaren Kopf eine wertvolle Hilfe, wenn ich angesichts der Materialflut den Überblick zu verlieren glaubte.

Bildnachweis

1 Nicola Browne/Piet Oudolf; 2-3 Andrew Lawson/ Sticky Wicket, Dorchester, Dorset; 4-5 Marianne Majerus; 6-7 Marianne Majerus/RHS Wisley; 9 Jill Billington/ Design: Tom Hobbs, Vancouver; 10-11 Marianne Majerus; 12-13 Carol Fulton; 14 Jill Billington/Mrs Marnie McNeill, Victoria, British Columbia, Canada; 15 Marianne Majerus/Design: Tom Stuart-Smith; 18 oben Gary Rogers; 18 unten Marianne Majerus/RHS Wisley; 19 links S & O Mathews/The White House Sussex; 19 Mitte Nicola Browne; 19 rechts Marianne Majerus/ Cherry Tree Lodge Nursery, Lancs; 20 S & O Mathews/Design: Phillippa Lambert; 21 oben S & O Mathews/The Little Cottage, Hampshire; 21 unten Marcus Harpur; 22 links Jerry Harpur; 22 rechts Marianne Majerus/Charney Well, Cumbria; 23 oben Marianne Majerus/Cherry Tree Lodge Nursery, Lancs; 23 unten Marianne Majerus; 24 Jerry Harpur/Design: Ian Pollard, Wiltshire; 25 Marianne Majerus/Clos Normand; 26-7 Marianne Majerus/Weir House, Design: Jill Billington & Barbara Hunt; 27 S & O Mathews/RHS Wisley; 28 oben Marianne Majerus/RHS Rosemoor; 28 Mitte oben Marianne Majerus/RHS Rosemoor; 28 Mitte unten Marianne Majerus/RHS Chelsea; 28 unten Marianne Majerus 29 oben links Marianne Majerus/Hadspen House, Somerset, Design: Nori & Sandra Pope; 29 oben rechts Marianne Majerus; 29 oben Mitte links Marianne Majerus; 29oben Mitte rechts Marianne Majerus/RHS Wisley; 29 unten Mitte links Marianne Majerus/RHS Rosemoor; 29 unten Mitte rechts Marianne Majerus/ Westonbirt Arboretum; 29 unten links Marianne Majerus; 29 unten rechts Marianne Majerus/ The Garden House, Buckland Monachorum; 30-1 Marianne Majerus/Glen Chantry, Essex; 32-3 Marianne Majerus; 33 S & O Mathews/Merrie Cottage, Hampshire; 34 Andrew Lawson; 35 Marianne Majerus/ RHS Wisley; 36 Jerry Harpur/RHS Chelsea 1998, Design Sarah Raven; 37 Marianne Majerus/The Garden House, Buckland Monachorum; 38-9 Marianne Majerus; 40-1 Mariyke Heuff/Design: Ton ter Linden; 42-3 Marianne Majerus/Design: Tessa Hobbs; 44 Marianne Majerus/ Design: Lee Heyhoop; 45 Marianne Majerus/The Garden House, Buckland Monachorum; 46 Marianne Majerus/Hadspen House, Somerset, Design: Nori & Sandra Pope; 49 Andrew Lawson/ Hampton Court Flower Show 2000, Design: Land Art; 50-1 Marianne Majerus/Hampton Court Flower Show 2001; 51 Christian Sarramon 52 S & O Mathews/RHS Wisley; 53 Marianne Majerus/Glen Chantry, Essex; 54 Marianne Majerus/Lady Farm, Glos; 57 links Nicola Browne/ Design: Bosvigo; 57 rechts Marianne Majerus/ Bourton House, Glos; 58-9 Marianne Majerus; 59 Marianne Majerus; 60 Marianne Majerus/Coton Manor, Northants; 61 links Andrew Lawson/RHS Chelsea 2000, Design: Piet Ouldolf & Arne Maynard; 61 rechts Marianne Majerus; 62 Marianne Majerus; 63 Andrew Lawson/ Sticky Wicket, Dorchester, Dorset; 64-5 Marianne Majerus/ The Old Vicarage, East Ruston; 66-7 Marianne Majerus/RHS Wisley; 67 Marianne Majerus; 68 links Marianne Majerus/The Garden House, Buckland Monachorum; 68 rechts Jonathan Buckley/Glen Chantry, Essex, Design: Sue & Wol Staines; 69 Marianne Majerus/Vann, Surrey; 70 Marianne Majerus; 73 oben Anthony Lord/The Manor House, Heslington; 73 unten S & 0 Mathews/RHS Wisley; 74-5 Marianne Majerus; 76 Marianne Majerus; 77 Gary Rogers 79 oben Jerry Harpur/Annie Wilkes, Sydney, Australia; 79 unten Clive Nichols/RHS Chelsea 2000, Design: Piet Oudolf & Arne Maynard; 80 oben Marianne Majerus; 80 unten Marianne Majerus; 80 S & O Mathews/Broadhatch House, Hampshire; 82-3 Nicola Browne/Design: Piet Oudolf; 84-5 Jerry Harpur/Design: Penelope Hobhouse, Spain; 86-7 Anthony Lord/Great Dixter; 88 links Jerry Harpur/ Wollerton Old Hall, Shropshire; 88-9 John Glover/ RHS Wisley, Design: Penelope Hobhouse; 90 oben Anthony Lord; 90 unten Jill Billington/ Chaumont 2001; 92 Marianne Majerus/Trewithen, Cornwall; 93 links Nicola Browne/Design: Dan Pearson; 93 rechts Jerry Harpur/ Chateau Pontrancart, France; 94 links John Glover/ Sticky Wicket, Dorset; 94 rechts Andrew Lawson; 95 Nicola Browne/The Garden House, Buckland Monachorum, Devon; 96 Marianne Majerus/Design: Beth Chatto; 96-7 Nicola Browne/Design: Dan Pearson; 97 Nicola Browne/Design: Piet Oudolf; 98-9 Georgia Glynn-Smith/Garden Picture Library; 99 Marianne Majerus/The Garden House, Buckland Monachorum, Devon; 100 Marianne Majerus/Wretham Lodge, Norfolk; 101 Marianne Majerus/RHS Rosemoor; 103 Jerry Harpur/Design: Beth Chatto; 104 Marianne Majerus/Design: Lee Heykoop; 105 Marianne Majerus/ Hadspen Garden, Somerset, Design: Nori & Sandra Pope; 106 Marianne Majerus/RHS Rosemoor; 107 Clive Nichols/Mr Poulton, Swinton Lane, Worcs; 108 Marianne Majerus/ Cartier Garden, RHS Chelsea 2000, Design: Mark Anthony Walker; 109 Jerry Harpur/Ian Pollard; 110-11 Marianne Majerus/The Garden House, Buckland Monachorum, Devon; 112 Marianne Majerus; 113 oben Marianne Majerus; 113 unten Nicola Browne/Design: Dan Pearson; 114 oben Andrew Lawson/ Hampton Court Flower Show; 114 unten S & O Mathews/RHS Wisley; 116 Marianne Majerus; 117 Nicola Browne/Design: Piet Oudolf; 118 Andrew Lawson; 120 Marianne Majerus; 122 oben Jill Billington/Il Biviere Lentini, Sicily; 122 unten Jerry Harpur/Great Dixter, East Sussex; 124 Marianne Majerus/The Garden House, Buckland Monachorum, Devon; 126-7 Marianne Majerus/Design: George Carter; 128-9 Marianne Majerus/ Levens Hall, Cumbria; 130 Marianne Majerus/Elton Hall, Herefordshire; 131 Marianne Majerus/ Glen Chantry, Essex; 133 oben Marianne Majerus; 133 unten Marianne Majerus/RHS Rosemoor; 134 oben Marianne Majerus/RHS Wisley; 134 unten Marianne Majerus/ Glen Chantry, Essex; 135 unten Marianne Majerus/ Glen Chantry, Essex; 135 Marianne Majerus/Benington Lordship; 136 Marianne Majerus; 136-7 Marianne Majerus/Design: Tom Stuart-Smith; 139 oben Marianne Majerus/Grafton Cottage, Staffs; 139 unten Marianne Majerus/Charney Well, Cumbria; 141 oben Marianne Majerus/The Cartier Garden, RHS Chelsea 2000, Design: Mark Anthony; 141 unten Marianne Majerus Grafton Cottage Staffs; 142 Marianne Majerus/RHS Wisley; 142-3 Marianne Majerus; 144 Marianne Majerus/RHS Chelsea 2001, Design: Norwood Hall ETC; 145 Marianne Majerus/ Design: Jill Billington; 146 oben Marianne Majerus; 146 Mitte Marianne Majerus/Design: George Carter; 146 unten Marianne Majerus/Pots & Pithoi; 148-9 Marianne Majerus; 150-1 Marianne Majerus/ Hadspen Garden, Somerset, Design: Nori & Sandra Hope; 152 oben Marianne Majerus; 152 unten Marianne Majerus/Design: Tom Stuart-Smith; 153 links Marianne Majerus/The Garden of the Elements, RHS Chelsea 2001; 153 Mitte Marianne Majerus/Design: Mark Brown; 153 rechts Marianne Majerus/Turn End, Bucks, Design: Peter Aldington; 155 Marianne Majerus; 156 Marcus Harpur/Dr Mary Giblin, Essex; 157 Marianne Majerus/ Design: Lee Heykoop; 158-9 Marianne Majerus Great Comp, Kent; 160 Marianne Majerus; 161 Jerry Harpur/Design: Beth Chatto; 162 oben Marianne Majerus/Saling Hall, Essex; 162 unten Marianne Majerus/ Westonbirt, Aboretum, Glos; 164-5 Christian Sarramon; 167 oben Marianne Majerus; 167 unten Marianne Majerus; 168 Marianne Majerus/The Old Vicarage, East Rushton, Norfolk; 169 Andrew Lawson/Tresco, Isles of Scilly; 170 Marianne Majerus; 170-1 Peter Anderson/Tuscan Arizona, USA; 172 oben Marianne Majerus/The Old Vicarage, East Rushton, Norfolk; 172 unten Marianne Majerus/ Beeston Hall, Norfolk; 174 oben Marianne Majerus/ RHS Wisley; 174 unten Marianne Majerus/RHS Rosemoor; 175 Marianne Majerus; 176 Clay Perry.